Sylke Tempel

Israel

Reise durch ein altes
neues Land

Rowohlt · Berlin

für Judith

3. Auflage Januar 2012
Copyright © 2008 by Rowohlt·Berlin
Verlag GmbH, Berlin
Alle Rechte vorbehalten
Lektorat Julia Kühn
Karten auf den Vorsätzen und im Innenteil:
Peter Palm, Berlin
Satz aus der Documenta PostScript
Pinkuin Satz und Datentechnik, Berlin
Druck und Bindung CPI – Clausen & Bosse, Leck
Printed in Germany
ISBN 978 3 87134 590 6

Inhalt

Vorbemerkung	7
Moses und seine Kindeskinder	13

I. «Machet euch das Land untertan»
In der Wüste

Exodus als Therapie	21
Fette Kühe im Sand	35
Im Auftrag Gottes	59

II. «Sollte ich dein je vergessen ...»
Jerusalem

Besuch bei der alten Dame	87
Der Berg der Erinnerung	113

III. «Wenn ihr wollt, ist es kein Traum»
Galiläa

Sehnsuchtsort der Pioniere	133
Fremd im eigenen Land	161
Rekruten, Reservisten und Regierungschefs	185

IV. «Der Messias kommt nicht,
     er ruft auch nicht an»
     Tel Aviv

Big Orange   215

Anhang

Zeittafel   241
Dank   254

Vorbemerkung

«Hast du denn keine Angst?», war die Frage, die ich am häufigsten hörte, sobald ich wieder einmal nach Israel aufbrach, gefolgt von der besorgten Mahnung: «Komm bloß heil wieder!»

Es wäre gelogen, würde ich behaupten, nie ein mulmiges Gefühl gehabt zu haben, wenn ich an einer Ampel hinter einem Bus stoppte, mich in großen Menschenmengen aufhielt, im Café saß oder durch die Gemüsemärkte in Tel Aviv oder Jerusalem streifte. Wer konnte schon wissen, ob sich nicht ein Selbstmordattentäter gerade hier und jetzt in die Luft sprengen würde? Dennoch gewöhnte ich mich erstaunlich schnell an die Taschenkontrollen vor Supermärkten, Kinos oder Restaurants. Und ebenso rasch eignete ich mir die trotzige Haltung an, mit der Israelis ihrem Alltag nachgehen, als gäbe es keine Attentate und als könnte ein harmloses Vergnügen wie der Besuch einer Diskothek nicht unvermittelt in einer grauenhaften Tragödie enden. Nein, wiegelte ich ab, Angst hätte ich nicht. Die Wahrscheinlichkeit, von einem der ebenso schlechten wie halsbrecherischen israelischen Autofahrer von der Straße gefegt zu werden, sei wesentlich höher. Was vermutlich auch nicht zur Beruhigung beitrug.

Empfand ich die Fragen und Mahnungen von Familie und Freunden anfänglich noch als Zeichen liebevoller Sorge, gingen sie mir nach geraumer Zeit gehörig auf die Nerven. Nimmt man Israel denn wirklich nur als eine der Parteien in dem seit Generationen andauernden Konflikt mit den Palästinensern wahr und nicht auch als ein westliches, modernes Land, in dem man sogar ein recht angenehmes Leben führen kann?

Ich hatte meine Arbeit als Nahostkorrespondentin 1993, in den euphorischen Zeiten nach dem Abschluss der Osloer Grundsatzabkommen, begonnen. Natürlich nahmen die Anerkennung der Palästinensischen Befreiungsorganisation, die Ankunft Jassir Arafats in Gaza, die ersten Wahlen in den besetzten Gebieten und der Rückzug der israelischen Armee aus palästinensischen Städten meine ganze Aufmerksamkeit in Anspruch. Die ersten Selbstmordattentate islamistischer Fundamentalisten, die Proteste der Siedler und die Ermordung Jitzchak Rabins zeigten, dass die Freude auf ein ganz normales Leben für Palästinenser und Israelis verfrüht war. Rasant ging es weiter mit der Wahl einer rechten israelischen Regierung, die keinesfalls gewillt war, allzu schnell einen palästinensischen Staat entstehen zu lassen, und wenig später von einer linken abgelöst wurde, die in den Verhandlungen von Camp David eine endgültige «Endstatus-Lösung» herbeiführen wollte. Dieser Versuch endete in der Zweiten Intifada, einer Welle von Selbstmordattentaten, der Wiederbesetzung großer Teile der West Bank und dem Bau des israelischen Sicherheitswalls. Journalisten sind auf tagespolitische Ereignisse fixiert, und darin besteht in Israel ja kein Mangel. Allerdings ist das, als würde man aus einem Film die gesamte Rahmenhandlung herausschneiden und nur die dramatischen Szenen übrig lassen.

Aber was wäre denn die Rahmenhandlung? Zunächst wäre da die bemerkenswerte Tatsache, dass Israel überhaupt existiert. Sicher, auch andere Staaten wie Bosnien, Slowenien, Pakistan, der Libanon, Syrien oder Jordanien, um nur einige zu nennen, wurden neu gegründet. Aber keiner entstand allein aufgrund der Kraft einer Idee. Keiner verfügt über eine dermaßen lange, fast 2000 Jahre unterbrochene Geschichte, die überdies auf ein Ereignis zurückgeht, die Offenbarung am Berg Sinai, die vor vielleicht 3000 Jahren stattgefunden hat. In den sechzig Jahren seit seiner Gründung entwickelte sich Israel von einer Art kollektivistisch organisiertem Familienbetrieb zu einem modernen Hightechland und diskutiert dennoch immer noch so heftig über den Charakter eines «jüdischen Staates», die Rolle der Religion oder die Bedeutung der Gesetze der Thora in dieser Gesellschaft, als habe Moses die Gesetzestafeln erst gestern am Sinai erhalten. Wenige Orte beschäftigten über Jahrhunderte die Phantasie der Menschen so sehr wie Israel, an kaum einen Staat werden so viele Erwartungen gestellt, und nur wenige haben die Herausforderungen zu bestehen, denen Israel ausgesetzt ist.

Seit 2003 lebe ich nicht mehr dort. Ich kam immer nur für wenige Tage, um Freunde zu besuchen. Über die Jahre ist dabei der Wunsch entstanden, Israel noch einmal neu kennenzulernen. Ich wollte es nicht mit dem Blick einer Korrespondentin betrachten und es mir so erschließen wie vor 25 Jahren, als ich das Land zum ersten Mal betrat. Mit sehr viel Zeit, zu Fuß, per Anhalter und mit dem Bus; keine Interviews mit wichtigen Persönlichkeiten vereinbaren, sondern «ganz normale» Menschen treffen, die ein gewöhnliches Leben in einem ungewöhnlichen Land führen.

Dieses Buch beschreibt eine Reise von Gott zu Google. Sie beginnt im Sinai als «Ursprungsort», führt in den Negev, den sich Landwirte in einer Neuinterpretation des biblischen Auftrags mit wissenschaftlichen und nicht mit militärischen Mitteln untertan zu machen versuchen; von dort nach Massada in der Judäischen Wüste, wo sich eine Handvoll Zeloten erbittert gegen die Römer wehrte und damit den Fall Jerusalems beschleunigte, und weiter nach Hebron und in die Siedlung Kirjat Arba, in der die Zeloten der Neuzeit leben, die ebenfalls glauben, im direkten Auftrag Gottes zu handeln. Von Jerusalem, der «Hauptstadt der Erinnerungen», um die so erbittert gestritten wird, nach Galiläa, wo Zionisten den ersten Kibbuz gründeten. Und schließlich in die moderne Metropole Tel Aviv. Eine Reise, die gleichsam durch alle Schichten der jüdischen Historie hindurchführte. Ich wollte wissen, wie eine Handvoll Idealisten gleichsam aus dem Nichts einen Staat gründen, danach Millionen von Einwanderern unterschiedlichster Herkunft aufnehmen und aus einem Volk, das über so lange Zeit zu viel Geschichte und zu wenig Geographie besaß, eine Nation mit einer ganz spezifischen Kultur und Mentalität formen konnte. Ginge es allein darum, müsste man Israel uneingeschränkt als eines der erfolgreichsten Experimente der Neuzeit bezeichnen.

Nur geht es eben nicht allein darum. Einer der größten Misserfolge des Zionismus ist immer noch nicht bereinigt. Die Pioniere hatten lange, allzu lange übersehen, dass ein anderes Volk, die Araber, den gleichen Anspruch auf einen eigenen Staat erhoben. Sie hatten sich auch nicht vorstellen können, dass ihr kleines jüdisches Musterländle mehrere Kriege führen würde, dass Generationen von Israelis einen nicht geringen Teil ihrer Jugend in der Armee verbringen müssen und gar selbst zu Besatzern werden könnten. Der Frage, wie eine Gesellschaft mit den moralischen Herausforderungen einer andauernden Herrschaft über ein anderes Volk umgeht, ist ein weiteres Kapitel gewidmet. Womit wir doch wieder beim Nahostkonflikt gelandet wären.

Die Teilnehmer des Gipfels von Annapolis im November 2007, zu denen neben Israelis und Palästinensern zum ersten Mal auch Syrien und Saudi-Arabien gehörten, setzten sich ein ambitioniertes Ziel. «Innerhalb von Jahresfrist» solle in den besetzten Gebieten ein unabhängiger palästinensischer Staat entstehen. Ich habe mir erlaubt, die Ergebnisse optimistisch vorwegzunehmen, und meine Reise deshalb auf das Kernland Israel in den Grenzen von 1967 beschränkt. Allerdings empfand ich einen Besuch bei den Siedlern von Kirjat Arba und Hebron in der West Bank als notwendig. Sie sind die extremsten Vertreter einer Gruppierung, die einen so unheilvollen Einfluss auf die israelische Politik ausübt. Aber sie sind keineswegs die «neuen zionistischen Pioniere», als die sie sich selbst betrachten, sondern schlichtweg Bürger des israelischen Staates, die auf fremdem Territorium leben.

Sofern es sich nicht um arabische Staatsbürger Israels handelt, kommen die Palästinenser als eigene Stimme in diesem Buch nicht vor. Ihnen wünsche ich einen eigenen Staat und einen eigenen Chronisten.

Moses und seine Kindeskinder

Kein Boulevard, keine Straße, nicht einmal ein schmales Gässchen trägt seinen Namen: Mosche Rabbeinu, «Moses, unser Meister», Sohn israelitischer Fronarbeiter, ausgesetzt in einem Schilfkörbchen auf dem Nil und von einer Prinzessin am Hof des Pharaos aufgezogen. Ein Wüterich, der, so würde es wohl in einer sprachlich modernen Version der Bibel heißen, seine kulturellen Wurzeln buchstäblich mit einem Schlag wiederentdeckt: dem tödlichen Schlag für einen ägyptischen Aufseher nämlich, der einen hebräischen Sklaven über das damals anscheinend übliche Maß hinaus prügelte. Dass Moses sich zuvor «nach hierhin und dorthin» umgesehen hatte, lässt nicht gerade auf eine Tat im Affekt schließen. Um dem Zorn des Pharaos zu entgehen, flüchtet er in die Wüste Sinai. Als Moses die Schafe seines Schwiegervaters hütet, spricht Gott aus einem brennenden Dornbusch zu ihm. Nach Generationen der Knechtschaft dauere den Herrn das Los der Kinder Israels. Nun endlich wolle Er Sein Versprechen wahr machen und Sein Volk ins Gelobte Land führen. Dazu brauche Er Moses' Hilfe.

Unter strafrechtlichen Gesichtspunkten betrachtet, hatte sich der Herr für die Leitung Seines großen Unterfangens einen Totschläger ausgesucht. Einen Mann, weder von eindeutig vorbildlichem Charakter noch außergewöhnlichem Charisma, so unvollkommen wie alle großen Gestalten des Alten Testaments und deshalb für kniefällige Verehrung gänzlich ungeeignet. Dem göttlichen Auftrag versucht sich der «Mann Moses» zunächst so demütig wie spitzfindig zu entziehen. Wie er diesen Gott denn nennen dürfe, will er wissen. Wer ihm glauben solle, dass dieser tatsächlich mit ihm gesprochen habe. Im Übrigen habe er «eine schwere Sprache und eine schwere Zunge».

Derlei Argumente entkräftet der Herr mit einer rätselhaften Antwort («Ich bin, der ich bin»), einer Wundertat (Er verleiht Moses die Fähigkeit, seinen Stab in eine Schlange zu verwandeln) und einem Trost: Er solle sich nur keine Sorgen machen, Moses' Bruder Aaron sei recht eloquent und werde das Reden für ihn übernehmen.

So fällt es dem israelitischen Findelkind zu, zum größten und widersprüchlichsten Protagonisten der Bibel zu werden. Einem, der an seiner Aufgabe wächst und immer wieder ein gutes Wort für sein ständig nörgelndes und widerspenstiges Volk bei Gott einlegt. Der Lohn seiner Mühen jedoch bleibt ihm vorenthalten.

Dass «Mosche Rabbeinu» auf dem Stadtplan Tel Avivs fehlt, mag nicht weiter verwundern. Für die Ehrung biblischer Helden oder rabbinischer Autoritäten ist in der lichten Stadt am Mittelmeer wenig Platz. Als vor hundert Jahren die Dünen für breit angelegte Boulevards planiert und Akazien gepflanzt wurden, in deren Schatten Israelis heute ihre Hunde spazieren führen und Latte macchiato aus Pappbechern schlürfen, da ehrten die Stadtväter lieber weltliche Größen: den unermüdlichen Finanzier der ersten jüdischen Pioniere in Palästina, Baron Eduard de Rothschild, einen Spross des französischen Zweigs der europäischen Bankiersfamilie; den britischen General Allenby, der 1917 Palästina von den Türken erobert hatte; selbstverständlich auch die Vordenker des Zionismus, die eine religiöse Sehnsucht in eine politische Idee verwandelten: Theodor Herzl, Autor der programmatischen Schrift «Der Judenstaat»; Elieser Ben Jehuda, Vater des modernen Ivrit; oder den Essayisten Zwi Ascher Ginzberg, der sich das Pseudonym Achad Ha'am, «einer aus dem Volk», zulegte und bis zu seinem Tod im Jahr 1927 ein kleines Häuschen in der nämlichen Straße bewohnte. Ihm, der heute fast vergessen ist, bezeugten die Tel Aviver Stadtväter obendrein auf eine praktische Weise Achtung: Zwischen 14 und 16 Uhr wurde die Straße für den Durchgangsverkehr gesperrt. Um diese Zeit nämlich pflegte Achad Ha'am seine heilige «Schlafstunde». Das Wort hat Eingang ins hebräische Vokabular gefunden, nicht zuletzt, weil auch die deutschen Einwanderer auf der Einhaltung ihrer nachmittäglichen Ruhezeit bestanden.

Intellektuellen mochte man derlei zuvorkommenden Respekt erweisen. Doch an Moses erinnert in ganz Tel Aviv nur dessen Getreuer und Feldherr Joschua Ben Nun, der laut Bibel an der Spitze der Israeliten das Land Kanaan eroberte. Versteckt zwischen Hibiskushecken und ausladenden Feigenbäumen führt die keine dreihundert Meter lange Gasse sinnigerweise zum Basel-Platz, benannt nach dem Tagungsort des ersten zionistischen Kongresses.

Unter den Straßennamen des alten Jerusalem fehlt es nicht an biblischen Helden oder rabbinischen Autoritäten. Aber eine «Mosche Rabbeinu» ist auch hier weder zwischen den verschachtelten Häusern des ultraorthodoxen Viertels Mea Schearim noch im Gewirr des jüdischen Viertels der Altstadt zu finden. (Ihr muslimisches Pendant – eine Prophet-Mussa-Straße – sucht man ebenfalls vergeblich.)

Anders als im weltlichen Tel Aviv, wo die Frage, warum das so ist, eher auf überraschtes Staunen stößt, weiß man unter den religiösen Gelehrten Jerusalems eine Antwort: Moses bedarf einer solchen Ehrung nicht, ja, sie würde den einzigen Menschen, der jemals von Angesicht zu Angesicht mit Gott sprach, sogar entwürdigen. Im Übrigen lebt er seit Jahrtausenden im kulturellen Gedächtnis gläubiger wie säkularer Juden. Weil das Judentum der immerwährende Versuch ist, die am Berg Sinai offenbarten insgesamt 613 Ge- und Verbote zu erfüllen. (Oder bei Nichterfüllung wenigstens ein ordentlich schlechtes Gewissen zu haben.) Weil, sehr zum Verdruss seiner säkularen Bewohner, im modernen Israel noch Gesetze gelten, die vor etwa 2500 Jahren schriftlich niedergelegt wurden und wenigstens zum Teil auf die frühe Bronzezeit zurückgehen: «Am siebten Tage aber sollst du ruhen», heißt es im vierten der Zehn Gebote, weshalb von Freitagabend bis zum Erscheinen des ersten Sterns am Samstag weder Busse der staatlichen Transportgesellschaft Egged verkehren noch Flugzeuge der El Al in Tel Aviv starten oder landen. Jüdische Israelis dürfen unter der gestrengen Überwachung rabbinischer Gerichte noch heute nur nach Gesetzen heiraten oder sich scheiden lassen, die im Wesentlichen schon zur Zeit des Tempels in Jerusalem galten.

Moses steht jedoch für weit mehr als die Übermittlung einer Rechtssammlung, die die erste Kombination von Verfassung, Strafgesetz und Zivilrecht war. Wenn jährlich zu Pessach die Geschichte des Auszugs aus Ägypten von Neuem erzählt wird, dann nicht nur, weil sie vor allem in der langen Periode des jüdischen Exils mit dem inbrünstigen und tröstlichen Wunsch «Nächstes Jahr in Jerusalem» endete. Sie ist auch Ermahnung, Auftrag und Selbstvergewisserung: Die Erfahrung der Sklaverei lehrt den Wert der

Freiheit. Die Israeliten durften erst ins Gelobte Land einziehen und ihre eigenen politischen Institutionen errichten, nachdem die Generation ausgestorben war, die noch unter der Knechtschaft gelebt hatte. Doch das Geschenk der Freiheit gilt nicht nur für das Auserwählte Volk. «Ihr sollt den Fremdling nicht bedrücken, denn ihr wart bedrückt in Ägypten», heißt es Dutzende Male in der Schrift. Keine Ermahnung wird in den Fünf Büchern Mose so oft wiederholt wie diese. (Umso verwunderlicher ist es, dass gerade die nationalreligiösen Siedler in der West Bank diese Lehre der Bibel derart eklatant missachten – wobei man die schon seit Jahrhunderten in Palästina lebenden Araber wohl kaum als Fremdlinge bezeichnen kann.)

Die Erzählung von Moses und dem Exodus der Israeliten ist aber vor allem von so großer Bedeutung, weil erst in den vierzig Jahren mühevoller Wüstenwanderung aus einer Stammesgesellschaft mit noch diffuser Auffassung einer gemeinsamen Herkunft eine Nation mit einem klaren Sinn für eine gemeinsame Identität wurde. Wo sonst also sollte ein Buch über Israel beginnen als in der Wüste Sinai?

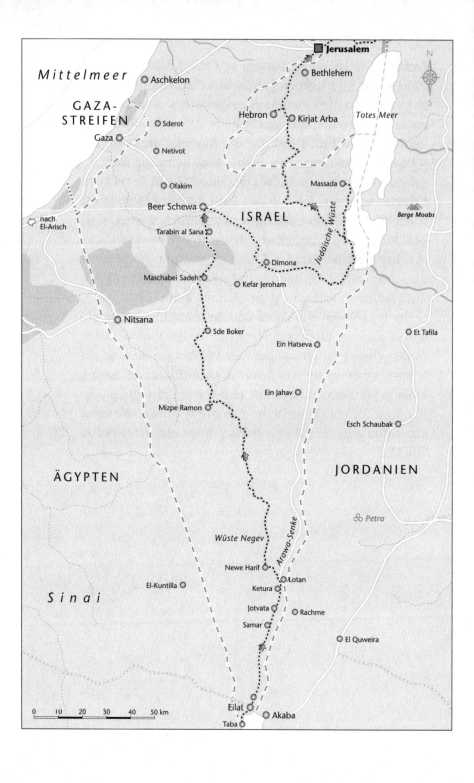

I. «Machet euch das Land untertan»

In der Wüste

Exodus als Therapie

Es lohnt sich, einen frühen Flug von Kairo nach Scharm El-Scheich an der Südküste der Sinai-Halbinsel zu nehmen. Im gleißenden Sonnenlicht verschwimmen die Konturen der Stadt in der sandfarbenen Umgebung. Noch im ersten Morgengrauen aber sind die gigantischen Ausmaße Kairos sichtbar. Von Laternen gesäumte Straßen kreuzen und ziehen sich wie auf einem unordentlich markierten Schachbrett ins Unendliche: Wie Figuren ragen die grün beleuchteten Spitzen der Moscheen aus den verbogenen Feldern heraus. Sobald jedoch das Flugzeug gen Südosten dreht und im milchigen Dämmerlicht den Golf von Suez überquert, verschwinden fast alle Zeichen wildwuchernder Zivilisation. Ein paar spärliche Lichter hier und dort, sonst schimmert nur der zartrötliche Schein der Wüste unter uns.

Für die alten Ägypter begann der Schrecken der Fremde dort, wo die fruchtbaren Niederungen des Nils endeten. Jenseits der Städte, Tempel und vor allem Grabstätten; außerhalb des beruhigenden Rhythmus der jährlichen Überschwemmungen und eines wohlgeordneten Lebens in Gemeinschaft und sozialer Geborgenheit. In der Wüstenei der Halbinsel, die Afrika von den unerforschlichen Weiten des asiatischen Kontinents trennt, schien ihnen kein

Leben möglich. Für gelegentliche Feldzüge gegen Feinde und aufmüpfige Vasallen im Philisterland ließen ägyptische Herrscher eine Heerstraße errichten, die, gleichsam mit der Küste des Mittelmeeres als festem Geländer, vom heutigen Alexandria nach Rafach im südlichen Gazastreifen und von dort aus weiter bis nach Jerusalem führte.

Wer wollte sich schon in die sandige Ödnis und granitenen Bergmassive des Sinai begeben? Dort fristeten nur Flüchtige, Ausgestoßene und frühgeschichtliche Lumpenproletarier ihr kärgliches Dasein, wie die Bergarbeiter, die in den Gruben der Pharaonen Türkise, Kupfer und Gold schürften. Und solche, die, unfassbar für die alten Ägypter, freiwillig die ungebundene Selbstgenügsamkeit der Sicherheit staatlicher Strukturen vorzogen. Beduinen, und mit dem Beginn des Christentums Mönche, die in der Einsamkeit ein gottesfürchtiges Leben suchten.

Wie genau die Mönche unter den Hunderten Dornbüschen und zahlreichen Gipfeln des Sinai just jene ausmachten, die Gott als Orte der direkten Kommunikation mit Moses ausgesucht haben soll, ist nicht bekannt. Praktische Erwägungen und nicht nur die geographischen Angaben der Bibel mögen eine Rolle gespielt haben. Am Fuß des Mosesberges sprudelt eine Quelle, die ein wenig Landwirtschaft und damit die Versorgung mit dem Notwendigsten ermöglichte.

Besonders sicher kann die Gegend nicht gewesen sein. Frühe Überlieferungen berichten von regelmäßigen Raubzügen der offensichtlich nicht gerade gastfreundlichen Nomaden. Erst nachdem der byzantinische Kaiser Justinian um das Jahr 550 nach unserer Zeitrechnung hier auf Bitten der Mönche ein Kloster errichten ließ, fanden diese hinter wuchtigen Mauern Schutz. Vorsichtshalber schick-

te der Herrscher obendrein eine Wachmannschaft von
200 Legionären, die er aus Ägypten und der «Gegend des
schwarzen Berges» abkommandiert hatte. Man vermutet,
dass es sich dabei um eine Region im Balkan oder heutigen Rumänien handelt. Blaue Augen und blonde Haare jedenfalls kommen unter den Nachkommen der Legionäre,
den «Bergbeduinen» der Dschebalija (von arabisch «Dschebel» – Berg), bis heute vor. Nicht dass die Dschebalija lange
Christen geblieben wären. Mit dem Siegeszug der Truppen
Mohammeds im Nahen und Mittleren Osten traten auch
sie zum Islam über. Dem Kloster aber sind sie bis in die
Gegenwart treu geblieben.

Niemand muss heute mehr die Mühsal der Pilger vergangener Zeiten auf sich nehmen. Pauschaltouristen reisen in
klimatisierten Reisebussen oder Taxis von den Badeorten
an der Küste zu einer Stippvisite im Katharinenkloster an.
In den vergangenen Jahren sind die alten Karawanenrou-
ten breiten geteerten Straßen gewichen, und die einzig
lästige Unannehmlichkeit besteht in den Checkpoints der
ägyptischen Armee. Wer sich nicht mit einem schnellen
Besuch im Kloster begnügen will, ist auf die Dschebalija
angewiesen. Wanderungen im Naturschutzgebiet rund
um den Mosesberg sind ohne ihre Führung nicht möglich.
Alle haben sich beim Stammesoberhaupt Scheich Mussa
im Dorf St. Katharina zu melden.

Romantische Vorstellungen von einem würdigen älteren Herrn, der seine Gäste im Zelt aus Ziegenhaar emp-
fängt und versonnen an der Wasserpfeife schmaucht, sind
fehl am Platz. Ein Zelt gibt es noch, das allerdings steht,
um für ein wenig Beduinenexotik zu sorgen, im Innenhof
des gemauerten «Al Malga Camps», in dem sich die etwas
abenteuerlustigeren Touristen einfinden. Scheich Mussa,

ein rundlicher, kettenrauchender Mann mit zerknittertem Gesicht, ist Chef eines florierenden kleinen Familienunternehmens, den Großteil der Geschäfte führt sein flinker, Englisch sprechender Sohn, der sich *general manager* nennt. Die Formalitäten sind schnell erledigt. «Welcome, welcome», strahlt er. «Wie lange soll die Tour denn dauern? Wir brauchen Ihren Pass, der wird in der Polizeistation deponiert. Sollte etwas passieren, muss man in etwa wissen, wo Sie sich aufhalten. Ihr Reiseführer erwartet Sie heute Abend im Gemeinschaftsraum des Camps.»

Mein Reiseführer trägt den malerischen Namen Selim Suleiman und sieht aus wie Omar Sharif im Film «Lawrence von Arabien». Groß, schlank, ein sorgfältig gestutzter Knebelbart im schmalen Gesicht. Sein skeptischer Blick fällt zunächst auf eine Gruppe schwarzer Riesen, die sich schlotternd um ein Holzkohlenfeuer in der Gemeinschaftsküche des Camps schart – die Soldaten von den Fidschi-Inseln gehören den UN-Friedenstruppen an, die nach dem Rückzug der Israelis aus dem Sinai 1982 hier stationiert wurden. Am nächsten Morgen wollen sie zum Sonnenaufgang auf dem Mosesberg sein. Ob die kleine Truppe in der Lage wäre, tatsächlich einen Konflikt zwischen Israel und Ägypten zu verhindern, wage ich zu bezweifeln. Die martialischen Befehle aber, mit denen der Kommandeur seine Mannschaft mitten in der Nacht aus den Betten scheuchen sollte, waren beeindruckend.

Selims Skepsis weicht ganz und gar nicht, als er mich sieht. Sein Gesichtsausdruck verrät ein klares «Was hat diese westliche Verrückte wohl dazu getrieben, mitten im Winter allein eine Wüstentour antreten zu wollen?». Mein Gesichtsausdruck hingegen verrät hoffentlich nicht allzu deutlich mein Entzücken, die Tour mit einem gutaussehenden Guide antreten zu dürfen.

«Die Nächte sind sehr kalt», sagt er nach einer ersten förmlichen Begrüßung.

«Ich habe einen Daunenschlafsack und eine Isomatte.» Dass ich die erst zwei Tage vor der Abfahrt bei einem Ausrüster für Abenteuerreisen erstanden und dass ich das letzte Mal als Teenager im Freien und ohne ein Mindestmaß an Komfort übernachtet habe, behalte ich lieber für mich.

«Wir werden mehrstündige Tagestouren mit leichterem Gepäck machen. Abends bringt ein Kameljunge Verpflegung und den Rest der Ausrüstung an die verabredete Stelle. Bist du Bergwandern gewöhnt?»

Das ja. Zum Beweis zeige ich die in den Alpen erprobten schweren Stiefel an meinen Füßen. Das wenigstens quittiert er mit einem anerkennenden Nicken.

Kleine Überheblichkeiten bestraft Gott zuerst. Am Nachmittag unserer ersten, recht beschaulichen Tagestour hatte mich noch ein schäbiges Triumphgefühl gepackt, nachdem es mir gelungen war, mich durch eine enge Felsspalte zu zwängen, in der laut Selim schon der eine oder andere Wohlstandstourist stecken geblieben sei und die gesamte Gruppe nach kräftiger Hievarbeit zur Umkehr gezwungen habe. Offensichtlich verursachen Wüstenwanderungen zunächst eher einen absonderlichen Ehrgeiz denn ein Gefühl der spirituellen Reinigung. Als wir jedoch in unserem Nachtquartier ankommen, einer winzigen, aus grob behauenen Granitblöcken zusammengefügten Hütte in einem Olivenhain, mache ich schlapp. Mein Kopf will zerspringen. Dass sich Selim und der inzwischen mit der Verpflegung eingetroffene Kameljunge Jussuf leicht abfällige Blicke zuwerfen, bemerke ich aber wohl. Beflissen schüren sie ein Lagerfeuer aus trockenem

Gestrüpp und Kameldung, der die kleine Hütte mit bei-
ßendem Rauch erfüllt. Mir ist speiübel. Selim schneidet
im Schein seiner am Kopf befestigten Bergarbeiterlampe
Gemüse und setzt Nudelwasser auf. Ich kauere in komatö-
sem Zustand zwischen Rucksäcken und Vorratskisten. Am
Feuer ist es zu verqualmt, in meiner Ecke zieht ein eisiger
Wind durch die Steinritzen. Ein Blick in mein vermutlich
käseweißes Gesicht reicht für eine Schnelldiagnose: Zu
wenig Wasser getrunken, stellt Selim lapidar fest. Unver-
schämtheit, schließlich war ich schon oft in der Wüste.
«Migräne», erwidere ich nuschelnd. Toll. Das klingt noch
mehr nach verweichlichtem Luxusgeschöpf.

Schon in dieser ersten Nacht verfalle ich hoffnungslos
der Schönheit des Sinai. Stundenlang hatte der Wind an
den Wänden des Zeltes gerissen, das Jussuf in weiser Vor-
aussicht auf sein Kamel gepackt hatte. Unentwegt schienen kleine Steinchen gegen die dünne Plastikhaut zu pras-
seln. Doch als ich vor Sonnenaufgang aus dem Schlafsack
krieche, schimmern körnige Schneekristalle im Silber des
Mondlichts. Manna, kein Zweifel. Zum Teufel mit allen
Theorien über den weißen Saft des Tamarindenbaums,
mit dem der Herr Sein Volk in der kargen Wüste ernährt
haben soll. Die Gabe, die in dieser Nacht vom Himmel fiel,
ist viel wundersamer. Von Kopfschmerz und Erschöpfung
keine Spur mehr.

Fortan zählt nur noch der befreiend meditative Rhythmus unserer Schritte, das Lauschen auf den Atem. Ras-
selnd auf den ersten Höhenmetern, die trockene Luft ein
einziges Kratzen, dann immer ruhiger und tiefer. Unsere
Nachtlager schlagen wir in leeren Steinhütten auf, die,
dem Geruch nach zu urteilen, des Öfteren als Ziegenstäl-
le dienen. Es stört mich nicht im Geringsten, den Dung
nur flüchtig mit den Stiefeln zur Seite zu fegen und zum

Schutz vor dem nächtlichen Frost eine alte Kameldecke um Isomatte und Schlafsack zu wickeln, die den Staub zahlreicher Karawanen geschluckt haben muss. Das Handy ist, längst ausgeschaltet, in eine tiefe Seitentasche meines Rucksacks gerutscht. Jahrtausende seit dem Auszug der Israeliten sind in einem dunklen Loch der Geschichte verschwunden. Auch die wenigen Beduinen, denen wir begegnen, scheinen aus der Zeit gefallen.

An ihrer Lebensweise scheint sich, wenigstens oberflächlich betrachtet, nicht viel geändert zu haben. Die Einrichtung ihrer kargen Behausungen besteht aus ein paar um die Feuerstellen gruppierten dünnen Schlafmatten, die wenige Habe baumelt wegen Platzmangels in Säcken von Dachbalken. Die langen Abende vergehen in endlosen Gesprächen über weitläufige Familienangelegenheiten. Dass irgendwo da draußen eine moderne Welt existiert, ist nur in deren Rückständen zu erkennen, die allesamt verwertet werden. Plastiksäcke dichten die Stroh- und Palmblattdächer ab, eine aufgeschnittene Coladose wird zur Teekanne umfunktioniert. (Spätestens beim Anblick der braunen Zahnstumpen allerdings, die mir so oft freundlich entgegengrinsen – die Folge von Kettenrauchen und ständigem Genuss schwarzen Tees mit Tonnen von Zucker –, weiß man den einfachen Zugang zu Schmerztabletten und einer ordentlichen zahnärztlichen Versorgung doch zu schätzen.)

Selim ist bewusst, dass seine Klientel dem stillen Zauber der Wüste leicht verfällt. Er muss schon einige zivilisationsmüde Zeitgenossen durch die Wüste geführt und beobachtet haben, wie sie ihre je eigenen Kummerpäckchen während der langen, schweigsamen Wanderungen Stück für Stück abwarfen. Jedenfalls scheint ihm bislang eher ein Blick auf die düsteren Seiten im Leben seiner Kund-

27

schaft vergönnt, ausreichend, um ein wenig weiter nach-
zuforschen.

«Besuchst du manchmal deine Eltern?», überfällt er
mich während des Abstiegs vom Dschebel Katharina.

«Ja, regelmäßig.»

«Manche erzählen mir, sie würden ihre Eltern nie sehen.»

Ein Unterton der Empörung ist herauszuhören. Für ihn,
eines von zehn Geschwistern, der sich ein Leben außerhalb des dichtgewebten Familienverbands nicht vorstellen
kann, ist das ein Skandal.

Nach einer langen Pause: «Gehst du manchmal in die
Kirche?»

«Ja», antworte ich etwas zögerlich. Gleich wird er zu
der einen Frage ansetzen, die in den meisten westlichen
Gesellschaften als größere Indiskretion denn die Beichte
diverser Seitensprünge betrachtet würde, dazu angetan,
Partys zu sprengen und jede Tischgesellschaft in betrete-
nes Schweigen verfallen zu lassen.

«Glaubst du an Gott?»

«Ja.»

Er bleibt stehen, ich weiß nicht, ob ihm das Herz über
meine Antwort aufgeht oder wegen des Blicks auf den er-
habenen Gipfel des Mosesbergs.

«Wie kann man angesichts all dessen nicht an Gott
glauben?», strahlt er mit weit ausholender Geste.

Der Exodus war eine Entwöhnung von den Verlockungen
und Annehmlichkeiten einer durchorganisierten und
rundum versorgten Gesellschaft, eine Entziehungskur
gigantischen Ausmaßes. Und wie bei strengen Suchtthe-
rapien üblich, war das für diese Prüfung auserwählte Volk
bei seinen häufigen Rückfällen nur mit einer Mischung

aus Maßregelungen und Überzeugungskraft per Wundertat zu kurieren. «Haben wir's dir nicht schon in Ägypten gesagt, es wäre besser für uns, den Ägyptern zu dienen, denn in der Wüste zu sterben?», beschweren sich die Kinder Israels bei Moses, als die Streitmacht des Pharaos ihnen nachsetzt. Da lässt der Herr die ägyptischen Soldaten samt und sonders im Schilfmeer ertrinken. Etwa zwei Monate nach dieser für die Israeliten zwar lebensrettenden, aber nicht eben menschenfreundlichen Tat Jachwes murren sie erneut. Diesmal mangelt es an Brot. «Wollte Gott, wir wären in Ägypten gestorben, als wir bei den Fleischtöpfen saßen und hatten genug zu essen.» Fortan regnet es jeden Morgen und Abend Manna vom Himmel, das obendrein auch gehobenen kulinarischen Ansprüchen gerecht wird, denn es «hatte einen Geschmack wie Honigkuchen» – wie es in der Übersetzung von Martin Buber und Franz Rosenzweig heißt. Wenig später ist es der Wassermangel, der den Israeliten zu schaffen macht. Wieder wünschen sie sich zurück nach Ägypten, selbst wenn dies Strafe und Sklaverei bedeutete. Gunstbeweise Gottes hin oder her – die Hebräer stehen kurz vor einem Lynchmord an Moses, der sich bang an den Herrn wendet: «Was soll ich mit dem Volk tun? Es fehlt nicht viel, so werden sie mich noch steinigen.» Wieder bewahrt nur eine Wundertat vor dem vorzeitigen Abbruch des Unternehmens Exodus. Am Berg Horeb schlägt Moses mit seinem Stab gegen den Felsen, aus dem flugs eine Quelle sprudelt.

Kein Ort wäre für die göttliche Erziehungsaufgabe geeigneter gewesen als die Wüste Sinai. Sie ist erhaben, aber nicht schroff. Wind und Wetter haben ihre granitenen Kanten zu sanften Rundungen abgeschliffen, ihre Felsen wirken wie von rötlich schimmernder, faltiger Elefantenhaut überzogen. Gegen Arroganz zeigt sie sich abweisend, bescheidener Anpassung hingegen ist sie gnädig. Vom Palast, den sich der misanthropische ägyptische Herrscher Abbas Pascha vor etwa 200 Jahren auf einem Gipfel errichten ließ, sind jedenfalls nur noch von Eiskristallen überzogene Ruinen übrig. Zeugnis eines jener fruchtlosen Versuche, gegen die Zumutung der Sterblichkeit mit architektonischem Größenwahn aufzubegehren. Auch von der militärischen Präsenz der Israelis während der Jahre zwischen dem Sechstagekrieg 1967 und der Rückgabe des Sinai an Ägypten 1982 zeugt nur noch ein vom Wind zerfledderter Horchposten auf einem Nebengipfel des Dschebel Katharina.

Demut, aber nicht Unterwerfung und Liebedienerei sollten die Kinder Israels während ihrer Wanderung erlernen; der Versorgung durch eine weltliche Macht entsagen und dafür Gottvertrauen und Furchtlosigkeit erwerben. Nicht mehr Untertanen sollten sie sein, nicht einmal Untertanen Gottes, sondern, und das ist das Revolutionäre daran, gleichberechtigte Bündnispartner. Anders als alle anderen Rechtssysteme großer Zivilisationen jener Zeit ist das Gesetz, das Moses auf dem Berg Sinai diktiert wird, kein Geschenk eines Herrschers an seine Untertanen, ihm allein zur Ehre und Erhöhung, ohne ihn in die Verpflichtungen einzuschließen, die er an sie stellt. Es erhöht ganz im Gegenteil jeden Einzelnen. Bettelarme und Besitzende, Knecht und Krieger, Sünder und Gerechte. Wie sich die Israeliten im Gelobten Land politisch organisieren wollen, überlässt Jachwe ihnen. Aber herrschaftliche Willkür wird abgeschafft. «Es steht euch frei, einen König zu wählen, doch soll auch er das Gesetz studieren und regelmäßig seinem Volk vortragen», heißt es in der Thora.

Die Bücher der Bibel, besonders die Zeugnisse der Propheten, sind schriftlich festgelegte Respektlosigkeiten

30

gegenüber Autoritäten. Der Talmud ist ein fortgesetzter Disput über Gottes Offenbarung am Sinai, in dem sogar Jachwe selbst zuweilen für nicht mehr zuständig erklärt wird. Da Er Seinem Volk das Gesetz übergab, hat sich fortan Sein Volk um dessen Auslegung zu kümmern. Disput und Hinterfragen sind den Hebräern offensichtlich in Fleisch und Blut übergegangen. In kaum einer Gesellschaft wird jedenfalls mit so viel Leidenschaft gestritten, ist so wenig Autoritätshörigkeit zu finden wie in der israelischen.

Welche herausragende Geschichte der Berg Sinai für Israeliten und die jüdische Religion auch gespielt haben mag: als geographischer Ort wurde er belanglos. Die meisten Israelis bevorzugen, sofern es die politische Lage erlaubt, für einen Besuch im Sinai die Badeorte an der Küste. Es blieb den Christen und, in geringerem Maß, den Muslimen vorbehalten, ihn gewissermaßen in Besitz zu nehmen und in die Reihe ihrer Pilgerstätten einzufügen. Doch hat es etwas Eigentümliches auf sich mit heiligen Stätten. Eine Patina religiöser Inbrunst überzieht sie, als hätten sie sich in der Verehrung verschlissen, die ihnen von allen Seiten entgegengebracht wird. Je zügiger aber die Kraft des Glaubens schwindet, desto stärker werden sie zum Gegenstand sentimentaler Nostalgie.

Schon lange wird den modernen Pilgern nicht mehr die Beichte abgenommen, damit sie reinen Herzens den Berg der Offenbarung besteigen. Wie zu einem Goa der Wüste keucht heute eine skurril-hippieeske Truppe die steilen Steinstufen zum Gipfel des Mosesbergs hinauf, um den spektakulären Sonnenuntergang mitzuerleben. Wohl inspiriert vom «Posaunenschall», mit dem Martin Luther in seiner Übersetzung das Schauspiel der Offenbarung Gottes untermalt, hat ein junger Mann eine Trompete mitgebracht, auf der er in unregelmäßigen Abständen ebenso schmetternde wie schiefe Töne bläst. Zwei französische Touristinnen flirten mit den attraktiveren der jungen Männer. Im Schatten der griechisch-orthodoxen Kapelle raucht eine von Kopf bis Fuß in die schwarze Abaja gehüllte Ägypterin genüsslich eine Zigarette. «Ich wusste gar nicht, dass Muslimas auch rauchen», wagt eine resolut aussehende Dame den Versuch eines interkulturellen Dialogs. Was wohl nicht recht ankommt, die ägyptische Bergdohle jedenfalls wendet sich angewidert ab.

Inzwischen ist der Berg der Offenbarung eher Touristenattraktion als religiöse Pilgerstätte. Doch die erhabene Aussicht über die ins Abendlicht getauchten Gipfel bis hin zum blau schimmernden Golf von Akaba weit im Westen ermuntert scheinbar dazu, die Reste biblischen Wissens hervorzukramen. «Hier in der Gegend hat sich so manches Wunder zugetragen», erklärt ein älterer Herr seinem erwachsenen Sohn. «Hier hat der liebe Gott das Rote Meer geteilt. Und der Prophet Elias, der ist hierhin geflüchtet – mir fällt jetzt grad nicht ein, warum. Ja, und Jesus ist übers Wasser gewandelt, na ja, das war ein bisschen weiter nördlich.» Richtig überzeugend ist das alles wohl nicht. «Ach», erwidert der Sohnemann in breitestem Rheinisch: «Ich jlaub dat ja all nit.»

Recht könnte er haben. Archäologisch ist der Exodus nie belegt worden. Doch kaum eine Erzählung der Bibel hat eine solch enorme Kraft entwickelt. Der Bund, der am Sinai geschlossen wurde, schuf eine Bindung zwischen Gott, Seinem Auserwählten Volk und dem Gelobten Land. Dass sich Gott ein Volk erkoren hat, stellt es allerdings in keiner Weise über andere. Es erlegt ihm aber ganz besondere Prüfungen auf, die nicht mit einem Mal, gleichsam kathartisch, zu absolvieren sind, sondern fortwährend

32

von Neuem bestanden werden müssen. Von der Einhaltung des Gesetzes ist nicht nur des Einzelnen Seelenheil abhängig, sondern das Wohlergehen des Kollektivs. Der Besitz des Landes ist das Heilsversprechen, das Gott Seinem Volk gab.

Besiegelt wurde der Bund am Sinai mit einer kurzen Segens- und einer schauerlichen Fluchformel, die angesichts der jüngsten Geschichte das Blut in den Adern gefrieren lässt. Die Ernten würden reich, die Weiber fruchtbar und die Feinde zaghaft und schwach sein, sollten die Israeliten sich an des Herrn Gebote und Satzungen halten, verspricht Jachwe. Sollten sie Seiner aber vergessen, so werde Er sie «verstreuen unter alle Völker von einem Ende der Erde bis zum andern», und es werde «der Ewige ein Volk hochheben über dich, ein Volk, von frechem Angesicht, das keine Rücksicht kennt für den Greis und keine Gnade für den Knaben», und «du wirst unter jenen Völkern keine Ruhe finden und der Ewige wird dir geben ein zitternd Herz und schmachtend Aug und zage Seele».

Die Wüste Sinai verließen die Kinder Israels mit dem Auftrag, das Land, das ihnen versprochen war, in Besitz zu nehmen. Und mit einem abstrakten, unsichtbaren Gott, der nicht mehr in die Götterfamilien anderer Völker aufgenommen werden konnte, eifersüchtig auf seiner einzigartigen Stellung beharrte und damit auch seinem Volk eine unverwechselbare Eigenart und oft dramatisch einsame Stellung verschaffte. Abstraktion und Einzigartigkeit sind Kern des Monotheismus. Der Eifer des jüdischen Gottes jedoch zeitigte einen zuweilen unbeugsamen Eifer unter dem Auserwählten Volk. Einen Eigensinn, der die Juden des Exils selbst angesichts der unermüdlichen Nachstellungen ihrer Feinde auf ihrer eigenen Religion beharren ließ. Der aber oft auch die Form eines hauptsächlich

33

nach innen, gegen die eigenen Glaubensbrüder gerichteten selbstzerstörerischen Fanatismus annahm. Als es an Brot und Wasser mangelte, begehrten die Israeliten auf; als Moses hingegen nach dem Tanz um das Goldene Kalb die Söhne Levis beauftragt, «das Schwert zu gürten» und alle «zügellos Gewordenen» im Lager zu erschlagen, «jeder seinen Bruder, jeder seinen Freund und jeder seinen Verwandten»; als «an dreitausend Mann» dahingemetzelt werden, da wird kein Wort des Widerspruchs oder Entsetzens laut. (Jedenfalls ist keines überliefert.) Dies ist der Preis des Bundes.

Mit der Eroberung Jerusalems durch die Römer im Jahr 71 unserer Zeitrechnung und der Vertreibung der Juden ins Exil wurde die Dreieinigkeit zwischen Gott, Volk und Land zerbrochen. Erst der Zionismus sollte die geographische Verbindung mit «Erez Israel», dem Land Israel, wiederherstellen. Als moderner Nationalbewegung jedoch war dem Zionismus in großen Teilen Gott abhandengekommen.

Der Eifer aber, die Überzeugung, den wahren Gott auf seiner Seite zu haben, sich nicht nur gegen eine so erdrückende Übermacht wie das Römische Reich auflehnen zu können, sondern auch gegen die eigenen Glaubensbrüder «das Schwert zu gürten» oder zumindest mit unverrückbarer Härte selbst gegen eine Mehrheit an der ganz eigenen Auffassung dessen, was den Satzungen des Herrn entspricht, festzuhalten – dieser Fanatismus macht noch dem modernen Staatswesen Israel zu schaffen.

Fette Kühe im Sand

Meine Güte, welche Ordnung! Schnurgerade Reihen hoch-
gewachsener Tamarisken schützen gegen den Wüstenwind. Meterlange Beete mit Tomaten, Kartoffeln und
Jojoba, Lupinen, Klatschmohn und Petunien sind penibel
wie auf einer Säuglingsstation mit Tafeln beschriftet:
Name, Geburtsdatum, fehlt nur die Angabe der Eltern.
In der Werkstatt liegen die Ersatzteile für die schweren
landwirtschaftlichen Maschinen sauber gestapelt wie im
Baumarkt. Selbst die schwarz-weiß gefleckten Schleswig-
Holsteiner Milchkühe des Kibbuz Jotvata scheinen sich an
ein gestrenges Regiment zu halten. In Schichten traben
sie dreimal täglich zur Melkstation, setzen gemessen ihre
Hufe auf ein Hightech-Karussell und lassen sich ohne mu-
henden Widerspruch die Maschine am Euter anbringen.
Die Melkleistung leuchtet in roten Digitalziffern auf. Glu-
ckernd fließt die Milch durch Plastikschläuche direkt zum
Kühlhaus. Nach zehn bis fünfzehn Litern fällt die Melk-
maschine automatisch ab. Ein kurzer, maschinell gesteu-
erter Wasserspritzer ins Auge lässt die Tiere nach heiterer
Runde rückwärts wieder rausstaksen. Falls Kuhgesichter
Stimmungen verraten, sind dies ausgeglichene Rindvie-
cher. Anscheinend können sie auch ohne grüne Wiesen
glücklich werden.

Es lässt sich nicht mehr mit Gewissheit ausmachen, wie Jotvatas Milchwirtschaft begann. Man wird sich die Geschichte zu oft in immer farbigeren Ausschmückungen erzählt haben. Sicher ist nur, dass eines vermutlich wolkenlosen Tages im Jahr 1953 zwei Urkühe mit den schönen Namen Avrona Alef und Avrona Bet eine Reise auf der Ladefläche eines Lkws antraten, die sie in ein Containerlager mitten in der Arava-Senke führte. (Auch diese Namen haben einen biblischen Hintergrund – «sie brachen auf von Jotvata», heißt es zum Wüstenzug in Exodus, «und lagerten in Avrona».) Bei der Ankunft dürften sie ebenso verdattert mitten in der Wüste gestanden haben wie ihre neuen Besitzer. Aber Milch gaben sie, und das Futter, das vermutliche aus vertrockneten Strünken bestanden hat, vertrugen sie ebenfalls.

Zwei Kühe hatten schon die wesentlichste Leistung erbracht, nämlich unter ungewohnten Bedingungen am Leben zu bleiben – warum dann nicht gleich Rinder züchten und eine Molkerei aufziehen? Avrona Alef und Bet traten bald ihre nächste Reise zu einem stattlichen Bullen an. Leider bekamen sie weder den noch ihre neue Heimat je wieder zu sehen. Veterinäre stellten – irrtümlich, wie sich später zeigen sollte – eine ansteckende Krankheit fest. Die Tiere wurden auf der Stelle notgeschlachtet. Die Idee jedoch war geboren. Man kaufte mehr Kühe; man baute an der Landstraße nach Eilat eine kleine Automatenmilchbar für durchreisende Fernfahrer. In den siebziger Jahren war ausreichend Geld für eine hochmoderne Molkerei vorhanden. Heute ist Jotvata berühmt für seine Produkte. Die Milch aus der Wüste schmeckt satter, der Joghurt cremiger, der Kakao gilt als Delikatesse. Offensichtlich wirkt sich nicht nur das nach neuesten wissenschaftlichen Erkenntnissen zusammengestellte Futter positiv auf die Qualität

36

der Milch aus, sondern auch die niedrige Luftfeuchtigkeit. Inzwischen stehen über sechshundert Kühe in den Ställen Jotvatas. Aus der kleinen Milchbar ist ein Restaurant mit Supermarkt geworden, mein erster Stopp, nachdem ich in Taba die ägyptisch-israelische Grenze überschritten und den Badeort Eilat mit seinen Hotelburgen und Schnellrestaurants hinter mir gelassen hatte.

Vor kurzem kaufte sich Israels größter Lebensmittelkonzern Strauss in den Betrieb ein. Das letzte Wort über Löhne und Management jedoch haben sich die knapp 300 «Chaverim» (Mitglieder des Kibbuz, in der ursprünglichen Bedeutung aber «Freunde») vertraglich zugesichert. Jotvata wird immer noch gemeinschaftlich verwaltet; gegessen wird überwiegend im Speisesaal, selbst wenn die neuen Häuser längst schon über eigene Küchen verfügen; die Schmutzwäsche wird – versehen mit Namensschildern und fein säuberlich in helles und dunkles Buntes, Weißes, Kunststoff, Baumwolle und Leinen, Oberhemden, Jacken und Blusen, Arbeitskleidung und Unterwäsche getrennt – in der Wäscherei abgegeben und kommt schrankfertig wieder zurück; das Kollektiv entscheidet über Investitionen, wem das Studium finanziert und wer als neues Mitglied aufgenommen wird. An Bewerbern fehlt es nicht.

Alte Fotos und Filmaufnahmen der Kibbuzarchivarin Bat Ami Jogev zeigen schnurrbärtige Männer mit kurzen Hosen und klobigen Schuhen, einige in Feinrippleibchen, andere in offenen Armeehemden. Jotvata, das etwa vierzig Kilometer nördlich von Eilat liegt, begann 1953 als Posten des «Nahal», einer zionistischen Pioniereinheit, gegründet nur zu dem Zweck, neue landwirtschaftliche Siedlungen zu errichten und sie, falls nötig, auch verteidigen zu können. Von Ackerbau und Viehzucht hatten die wenigsten eine Ahnung. Dass die aus Marokko stammenden Gründer derlei Mangel mit einem geradezu irrwitzigen Optimismus wettmachten, einer Phantasielosigkeit, die sich Scheitern nicht vorstellen, und einer Willenskraft, die Berge versetzen möchte, zeigt sich bereits in der Namensgebung: Nachdem die Kinder Israels die Gesetzestafeln erhalten, Aaron «am Brunnen der Bnei Jakov gestorben war und begraben wurde und dessen Sohn Elasar Hohepriester wurde an seiner statt», heißt es im Deuteronomium, «zogen die Kinder Israels weiter nach HaGudgod und von dort nach Jotvata, einer Landschaft mit Wasserbächen». Zur Zeit der Niederschrift des Fünften Buchs Mose dürfte diese Angabe noch der Wahrheit entsprochen haben – davon zeugen alte Bewässerungssysteme der Nabatäer, die im nahen Petra ihre Hauptstadt in den Fels schlugen –, doch mit dem Zerfall des Römischen Reichs samt seiner Infrastruktur verschwanden auch die Handelsstraßen, Karawansereien und Bewässerungssysteme im Sand. Der Negev, das «untergründige Edom des wilden Esau» aus Thomas Manns «Joseph und seine Brüder», wurde zur abgeschiedenen Region in der ohnehin hinterwäldlerischen osmanischen Provinz Palästina. Wasserbäche waren in dieser Landschaft weit und breit nicht mehr zu finden. Sollte die erste Siedlung in der Negevwüste eine Zukunft haben, wurde zweierlei benötigt: Wasser für Kühe und Pflanzen und Frauen zum Zweck der Familiengründung.

Die Veteranen unter den Kibbuzniks erinnern sich an die Nervosität, die sich ausbreitete, wenn der Besuch potenzieller Bräute angekündigt wurde, eingeladen von der Leitung des Kibbuzverbandes. Noch heute tragen die Männer verbeulte Leinenhosen und klobige Stiefel. Nur spannen sich die Feinripphemden nicht mehr über ganz so muskulöse Oberkörper, die Gesichter sind von der Sonne zerfurcht, und in diesen rauen Händen wirken sogar die derben Plastiktassen des Kibbuz-Speisesaals wie chinesisches Porzellan. So zerbrechlich hätten die jungen Frauen ausgesehen, wie sie aus Bussen stiegen, schwärmen die Alten und lachen ein wenig verlegen. Die Keckeren trugen Glockenröcke und weiße Blusen; die Patenteren Shorts. Die Tanzveranstaltungen unter freiem Himmel müssen willkommene Abwechslung gewesen sein.

Liebe wäre wohl ein zu zartes Wort, um die robusten Ehen zu beschreiben, die damals eingegangen wurden. Gehalten haben die meisten. Man habe gewusst, dass das Leben in der Wüste kein Zuckerschlecken sein würde, sagt Naomi, deren Lächeln immer noch Grübchen in die Wangen zaubert. Doch wo im Israel der fünfziger Jahre wäre das Leben schon leicht gewesen? Für Romantik blieb wenig Raum. Hunderttausende Einwanderer aus den arabischen Staaten mussten integriert werden; viele saßen noch in Notunterkünften, den «Ma'abarot». Ganz zu schweigen von den Überlebenden aus Europa, die nach der Katastrophe versuchten, ein neues Leben zu beginnen.

An Israels Frontlinien, nur einen Steinwurf von der jordanischen Grenze entfernt, eine landwirtschaftliche Siedlung aufzubauen, versprach harte Arbeit, aber auch die Aussicht, unter irrwitzigen Bedingungen Außergewöhnliches zu leisten. Erste Pflanzungen wurden von Heuschreckenschwärmen zerfressen; im Winter rissen immer wieder sintflutartige Regenfälle die Schösslinge aus dem Boden. Seit Jahrhunderten war hier nichts mehr gewachsen – nicht einmal Dattelpalmen. Die letzten Bäume hatten die Römer gefällt, um ihren Bedarf an Holz für Legionärsunterkünfte und Schanzgeräte zu decken. Dass heute in der gesamten Arava-Senke Dattelhaine wie ein grüner Reißverschluss zwischen dem rötlichen Moabge-

39

birge und den weißen Felsen des Negev stehen, ist einem Diebstahl zu verdanken. Mit falschen Papieren riskierte Jitzchak Misrachi, einer der Gründer Jotvatas, eine Reise in den verfeindeten Irak, um Schösslinge nach Israel zu schmuggeln. Dann habe man vergeblich darauf gewartet, dass sie Früchte tragen würden. Es war ihnen nicht klar, dass es weibliche und männliche Dattelpalmen gibt, die zusammen angepflanzt werden müssen.

Kinder sind Zukunft. Die ersten wurden mit gemeinschaftlichem Jubel begrüßt. Mochten sich manche in der Kibbuzorganisation und sogar der Regierung von den anfänglichen Rückschlägen entmutigen lassen und die Einstellung des Projekts Jotvata fordern – dass ein Kindergarten und bald eine Schule gebaut werden mussten, entwaffnete die Skeptiker. Hier wuchs die nächste Generation heran, die mit der Wüste vertraut wäre und das notwendige Rüstzeug mitbringen würde, das, was ihre Väter und Mütter begonnen hatten, fortzusetzen.

Als weit aufwendiger denn die Wahl der Ehefrauen und Zeugung des Nachwuchses erwies sich die Lösung des Wasserproblems. Was für Pflanzungen und Kühe notwendig war, musste zunächst in Tankwagen aus Eilat herbeigekarrt werden, das per Pipeline an die nationale Wasserversorgung angeschlossen war. Die Farmer experimentierten mit Plastikfolien, um sich den aus den extremen Temperaturschwankungen zwischen heißem Tag und kühler Nacht entstehenden Tau zunutze zu machen. Einige widmeten sich dem Studium der alten nabatäischen Bewässerungssysteme. Die Wasserversorgung blieb unzuverlässig. Erst seit den siebziger Jahren wird der Negev mit recyceltem Wasser aus dem Landeszentrum versorgt. 115 Millionen Kubikmeter fließen jährlich durch die Pipelines; die Hälfte des Verbrauchs ist damit gedeckt.

Die andere Hälfte stammt weitgehend aus einem Schatz, der zunächst ein schlechter Scherz zu sein schien: Ölbohrungen der Ägypter in der Sinai-Halbinsel zu Beginn der achtziger Jahre förderten nicht etwa das schwarze Gold zutage, sondern Wasser. Seismographische Untersuchungen ergaben schnell, dass etwa 1000 Meter unter dem Sinai und weiten Teilen des Negev ein fast unerschöpfliches Reservoir liegt. Heraufpumpen ließ es sich ohne großen Aufwand, nur war es salzhaltiges Brackwasser, unbrauchbar für die Landwirtschaft, glaubten die Farmer des Negev zunächst. Doch in Jahren intensiver Forschung züchteten Wissenschaftler Pflanzen, die besser mit Salz- als mit Süßwasser gedeihen. Melonen und Tomaten jedenfalls zeigen ein «Stresssymptom» und gleichen ihren Salzgehalt mit einer höheren Glukoseproduktion aus. Sie werden süßer und gelten zur Freude der Wüstenfarmer in den Bioläden der westlichen Welt als Delikatesse. Die Kibbuzniks von Maschabei Sadeh südlich der Stadt Beer Schewa verwenden das Wasser mehrfach. Es fließt zunächst in riesige Pools, in denen Shrimps gezüchtet werden (die als nicht koschere Delikatesse in Tel Avivs Restaurants reißenden Absatz finden), und wird anschließend auf die Jojoba- und Avocadofelder gepumpt. Hätte es die Felder der Arava-Senke schon zu Zeiten des Exodus gegeben, die Kinder Israels hätten ihre Späher gar nicht bis in das fruchtbare Hügelland Judäas schicken müssen.

Zwischen Campus und Beduinenzelt

Zwölf Kundschafter, je einen Mann für den Stamm seiner Väter, entsandte Moses auf den Befehl des Herrn, zu sehen «was es für ein Land ist (...) und wie der Boden ist, ob fett oder mager, ob Bäume darin sind oder nicht. Und erkühnt euch und nehmt von der Frucht des Landes!» Tatsächlich kehrten die Spione nach vierzig Tagen zurück, zwei Männer «trugen an einer Stange eine Rebe mit einer Weintraube» – bis heute das Emblem des israelischen Tourismusverbandes. Von den Granatäpfeln und Feigen hatten sie ebenfalls reichlich mitgebracht. «Wir sind in das Land gekommen, dahin du uns gesendet hast, und es fließt auch von Milch und Honig, und dies ist seine Frucht.» Nur leider gebe es einen kleinen Haken. Die Bewohner nämlich seien recht unangenehme Zeitgenossen. «Das Land, das wir abgeschritten haben, ist ein Land, das seine Bewohner frisst, und alle Menschen, die wir darin gesehen, sind Männer von Ausmaß. Dort haben wir die Söhne des Anak gesehen von dem Geschlecht der Riesen; wir waren in unseren Augen wie Heuschrecken, und so waren wir es in ihren Augen.» Nein, mit diesen Riesen würden sich die Israeliten gewiss nicht anlegen.

An dieser Stelle zeigt sich von Neuem das ganze Wesen des Mannes Moses – und des Judentums. Der nämlich scheut keinen Disput mit dem Allmächtigen, der kurz davorsteht, aus Zorn über die Verzagtheit der Kinder Israels «das gesamte Volk mit Pest zu schlagen und sie zu vertilgen». Er appelliert an den Stolz seines Gottes und weist darauf hin, dass Jachwe sich durch eine solche Tat um seine eigene Größe bringen würde: «Wenn du nun dieses Volk tötest wie einen Mann, dann werden die Völker, die von dir gehört, sprechen: ‹Weil der Ewige nicht imstande war, dies Volk in sein Land zu bringen, das er ihnen zugeschworen, hat er sie in der Wüste dahingeschlachtet.›»

Offensichtlich verfängt das Argument: Zwar beschließt der Herr, die Israeliten zur Strafe und Läuterung weitere vierzig Jahre in die Wüste zu schicken, den endlichen Einzug ins Gelobte Land aber, der nach biblischen Angaben einige hundert Kilometer weiter nördlich stattgefunden haben soll, lässt er mit Glanz und Gloria über die Bühne gehen. Zum Auftakt trocknet Er den Jordan aus. Als die «Könige der Kanaaniter das hörten, da verzagte ihr Herz, und es wagte keiner mehr zu atmen vor Israel». Die Befestigungen der Stadt Jericho fallen laut Bibel durch den Schall von Posaunen. (Eher dürfte es sich um einen frühen Fall psychologischer Kriegsführung gehandelt haben. Die Israeliten zermürbten die Bewohner Jerichos sieben Tage lang mit ihren Blasinstrumenten, deren Töne man sich vermutlich eher schrill vorstellen muss, danach erhoben sie ein «Kriegsgeschrei».) Damit nicht genug: Am Tag, als «der Herr die Amoriter vor den Israeliten dahingab, sprach Er in Gegenwart Israels: Sonne, steh still zu Gibeon, und Mond, im Tal Ajalon. Da stand die Sonne still, und der Mond blieb stehen, bis sich das Volk an seinen Feinden gerächt hatte.»

Unter militärischen Gesichtspunkten betrachtet, verlief die Eroberung des Negev während des Unabhängigkeitskrieges 1948/49 weit unspektakulärer. Zwei Bataillone und eine kluge, Waffenstillstände geschickt ausnutzende Taktik genügten, um die ägyptischen Truppen zurückzuschlagen. Am 10. März gelang es den Israelis, eine verlassene Polizeistation am Golf von Akaba namens Um Raschrasch einzunehmen. Da sie keine Fahne bei sich hatten, hissten die Soldaten ein weißes Laken, auf das sie mit blauer Tinte den Davidstern und die beiden Streifen gepinselt hatten; wenig später siedelte man Neueinwanderer an und benannte den Ort in Eilat um. Der Zugang zum Persischen Golf war gesichert; der ganze Negev – und damit sechzig Prozent des gesamten Staatsgebietes – befand sich, wie im UN-Teilungsplan von 1947 vorgesehen, in israelischer

Hand. Die wirkliche Eroberung der Wüste aber stand noch aus.

«Im Negev werden Einfallsreichtum und Pioniergeist Israels auf die Probe gestellt werden. Wissenschaftler müssen neue Technologien entwickeln, auch Solarenergie, um unseren Bedarf zu decken. Denn der Negev ist die Wiege unserer Nation; es ist eine gefährliche, verletzliche Region, aber von enormem Potenzial», notierte Israels erster Premierminister David Ben Gurion in sein Tagebuch. Er meinte, was er schrieb. Auf dem Rückweg von einer Reise nach Eilat im Frühjahr 1953 lässt er den Wagen wenige Kilometer südlich von Beer Schewa bei einer Reihe von Holzhütten halten und beginnt ein Gespräch mit den jungen Leuten, die dort arbeiten. Sie hatten während des Krieges in diesem Abschnitt gekämpft und beschlossen, eine neue Siedlung aufzubauen, die sie «Hirtenfeld», Sde Boker, nannten. Wenig später überrascht er die Israelis und seine Regierung mit einem Entschluss. Er wird, im Alter von 67 Jahren, sein Amt niederlegen und eine neue Herausforderung annehmen. Im Dezember desselben Jahres schafft ein Umzugswagen die Habe des Ehepaars Paula und David Ben Gurion nach Sde Boker. Der ehemalige Premier vertauscht Anzug und Krawatte mit grobem Drillich und lässt sich zur Arbeit einteilen. Doch selbst wenn seine Hütte, in der sich heute ein kleines Museum befindet, haargenau den anderen Hütten gleicht, selbst wenn die neuen «Chaverim» Paula und David ihre Mahlzeiten im Speisesaal einnehmen und der Staatsgründer sich nun damit beschäftigt, Dünger auf die Felder zu karren und Schafe zu hüten, so ist er im Kollektiv gleicher als die anderen. Über die Vorgänge in Jerusalem wird er genau informiert. Nach wie vor erledigt er penibel seine Korrespondenz. Die Schwarzweißaufnahmen an den Wänden des spartanischen Wohnzimmers und der Bibliothek mit den eng aneinandergedrängten Lederrücken zeigen ihn mit zahlreichen Besuchern: Delegationen aus dem In- und Ausland, Journalisten, Staatsmänner.

Vielleicht zog ihn nicht nur die Sehnsucht nach dem gleichzeitig einfachen und doch so schweren Pionierleben, das er selbst nach seiner Ankunft in Palästina 1906 geführt hatte, nach Sde Boker. Anfang der fünfziger Jahre hatte Ben Gurion «nichts weiter» geleistet, als einen zweitausend Jahre alten Traum zu verwirklichen, einen jüdischen Staat auf die Landkarte zu setzen und ihn zu verteidigen. Sollte ein so rastloser und energetischer Mann wie er sich tatsächlich damit zufriedengeben, Kabinettssitzungen zu leiten und in nicht enden wollenden Verhandlungen Kompromisse über so gewöhnliche Dinge wie das Gesundheitssystem oder ein öffentliches Transportwesen auszuhandeln? Durch seinen Umzug stellte er sich an die Spitze einer weiteren Revolution: sich die Wüste untertan zu machen.

Ben Gurion mochte sich leidenschaftlich mit der Landwirtschaft befassen und Befriedigung beim Hüten der Schafe empfinden. Doch nur dreizehn Monate und eine politische Krise wegen eines Geheimdienstskandals später lässt er sich als Retter der Nation wieder zum Ministerpräsidenten der Regierung in Jerusalem ernennen. Erst nach seinem endgültigen Rücktritt 1963 zieht er sich ganz nach Sde Boker zurück. Er und seine Frau Paula liegen dort begraben. Zahlreiche Besucher pilgern zum «Alten» in den Negev; Jugendliche werden in Scharen durch das Museum geführt; junge Rekruten zollen dem Staatsgründer an dessen schlichter Grabstätte mit Blick über die weißen Kalksteinhügel ihren Respekt.

Der Negev hat den Charakter des «untergründigen Landes des wilden Esau» nicht verloren. Er wurde auch Deponie für vorerst Unbrauchbares und Überflüssiges, ein Abstellplatz, auf dem abgeladen wird, was im Haus keine Verwendung mehr findet. Hier stampften staatliche Bauunternehmen ganze Städte aus dem Boden: Mizpe Ramon am Rand eines urgeschichtlichen Kraters von atemberaubender Schönheit, Ofakim, Sderot und Netivot, wenige Kilometer vom Gazastreifen entfernt; Dimona, wo der israelische Versuchsreaktor steht. Angesiedelt wurden hier Einwanderer aus Nordafrika, die nach der Gründung Israels vor den Verfolgungen autokratischer Regime zu Hunderttausenden in den jüdischen Staat flüchteten. In den vergangenen zehn Jahren gesellten sich Neubürger aus der ehemaligen Sowjetunion und Äthiopien hinzu.

«Entwicklungsstädte» heißen diese Siedlungen bis heute, obgleich sich dort nichts zu entwickeln scheint, jedenfalls keine nennenswerte Industrie. Die Arbeitslosenquote liegt mit durchschnittlich zehn Prozent weit höher als im Rest des Landes. Die Hauptstraßen tragen die großspurige Bezeichnung «Boulevard» und sind wahlweise nach Theodor Herzl, der «Unabhängigkeit» oder dem jeweils ersten Bürgermeister des Ortes benannt. Stets führen sie, vorbei an mehrstöckigen graubraunen Wohnsilos mit ihren Wäscheleinen zwischen den Balkons, zu den zentralen Busstationen – Betonbauten, an deren Wänden zerfledderte Plakate noch immer eine schon längst vergangene Theateraufführung ankündigen und an deren Imbissbuden sich Soldaten Salat und Falafel in Pitabrote schaufeln.

Große Teile des Negev sind militärisches Sperrgebiet, Artillerieübungsplätze, Probestrecken für Panzerfahrzeuge. Mit einer Bevölkerung von nur einer halben Million bietet er noch Platz in einem engen, dicht besiedelten

Land – auch für den Müll. Nur wenige Kilometer südwestlich des Kibbuz Maschabei Sadeh befindet sich Israels größte Halde für toxische Abfälle. Der Gestank ist nicht nur im heißen Sommer unerträglich. Beduinen, die in unmittelbarer Nähe ihre Lager aufgeschlagen haben und ihre Ziegenherden hüten, tragen neben den traditionellen Kopftüchern einen weißen Mundschutz. Und die Bewohner in der Nähe des Kernreaktors von Dimona, in dem auch Wissenschaftler aus der ehemaligen Sowjetunion forschen (und vermutlich Israels Nukleararsenal hüten), sind überzeugt, dass sie Gesundheitsbelastungen durch radioaktive Strahlung ausgesetzt sind.

Nichts könnte deutlicher die ambivalente Bilanz der Herausforderung Negev symbolisieren, das Schwanken zwischen tatkräftigem Einfallsreichtum und müder Kapitulation, als die beiden markantesten Gebäude der Provinzhauptstadt Beer Schewa: die Universität, natürlich nach Ben Gurion benannt, und der Justizpalast.

Einem riesigen Bienenstock ähnelt die neue Bibliothek der Ben-Gurion-Universität, die Fenster ragen heraus wie Waben, die in der Abendsonne golden glänzen. Hier ist ein ultramoderner Campus entstanden, licht, weitläufig, offen. Es ist wohl Avischai Bravermann, dem ehemaligen Präsidenten der Universität, zu verdanken, dass aus einem kleinen College eine international renommierte Hochschule geworden ist. Zu den Professoren gehören die Schriftsteller Amos Oz und Aharon Appelfeld. Die Zahl der Studenten hat sich unter Bravermanns Ägide mehr als verdreifacht – sie stieg von 5000 auf 16000. Besonders stolz ist man, dass auch viele junge Beduinenfrauen hier ihren Abschluss gemacht haben.

250 Millionen Dollar hat der ehemalige Wirtschaftsprofessor der Stanford University in den elf Jahren seiner Prä-

sidentschaft von privaten Geldgebern für sein Projekt aufgetrieben und kühne Pläne entworfen: Beer Schewa, die «Stadt der sieben Brunnen», in der zu biblischen Zeiten Urvater Abraham lagerte, soll ein «Hightechzentrum» werden. Fakultäten für Biotechnologie und Pharmazie wurden jüngst eröffnet, die *International School for Desert Studies* in Sde Boker wird ebenfalls zu einem großen Teil von der Ben-Gurion-Universität finanziert. «Eine erfolgreiche Wirtschaft beruht auf Know-how. Die großen Metropolen werden sich um erfolgreiche Universitäten entwickeln. Beer Schewa hat das Potenzial, zur großen Metropole zu werden», sagt Bravermann. Der Professor ist – ungewöhnlich für Israel – selten ohne Anzug und Krawatte anzutreffen. Doch seine Philosophie unterscheidet sich wenig von der Ben Gurions, der die Kluft des Staatsmanns mit dem Arbeitsanzug eines Kibbuzniks vertauschte, da er der Überzeugung war: «Wir müssen den Negev besiegen, sonst wird die Wüste uns besiegen.»

Nur wenige hundert Meter von den Universitätsgebäuden entfernt, finden sich im Gebäude des Obersten Gerichts jene ein, die den Anforderungen eines Hightech-Negev nicht gewachsen sind. Dickliche Mütter unter weiten Gewändern, die nervös an ihren Kopftüchern zupfen und ihre Essenspakete durch den Röntgenapparat der Sicherheitsschleuse schicken. Wenn man den auf die schiefe Bahn geratenen Söhnen schon sonst nicht helfen kann, so mag vielleicht ein wenig Brot und Ziegenkäse trösten.

In Raum 350 B führt Richterin Orit Levavi den Vorsitz, eine kleine Frau mit kurzem, blond gefärbtem Haar, die kaum über ihr Pult hinausragt und die Angeklagten durch dicke Brillengläser mustert. Nabil Z., ein schmaler Mann mit schüchternem Auftreten, ist des Drogenhandels angeklagt. Seit Jahren hat der Beduine einen guten Job als Sicherheitschef in einer Flaschenabfüllung. Dummerweise ließ er sich dazu verleiten, nebenher Marihuana zu verkaufen. Als Entschuldigung führt er an, er habe damit dem jüngeren Bruder das Medizinstudium in Deutschland finanzieren wollen. Nabil hat gute Chancen, mit einem blauen Auge davonzukommen, glaubt sein Anwalt, denn er verfügt über beste Leumundszeugnisse.

Nach welchem Protokoll die Verhandlungen ablaufen, ist nicht ersichtlich. Im Minutentakt wird die schwere Tür geöffnet, erweisen Pflichtverteidiger in billigen Anzügen der Richterin mit einem Kopfnicken ihre Reverenz und platzieren die Mandanten auf den modernen Holzstühlen. Zuweilen müssen die beiden jungen Staatsanwältinnen in den für eine Gerichtsverhandlung ungewöhnlich engen Blusen den Anwälten mit ein paar Tipps aushelfen. Verhandelt wird alles, was unter die Rubrik «Kleinkriminalität» fällt: Diebstahl, leichte Körperverletzung, vor allem Drogendelikte. Die überwiegende Mehrzahl der Angeklagten sind Beduinen.

Etwa 30 000 Beduinen lebten 1948 im Negev, gewöhnt, ungestört ihrer Wege zu ziehen und ihre Lager zu errichten, wo ihre Schaf- und Ziegenherden grasen konnten. Die Grenzziehung nach den Waffenstillstandsverhandlungen von 1948/49 trennte ganze Clans von den Verwandten im ägyptischen Sinai und Jordanien. Mit der Loyalität zum neuen jüdischen Staat gab es erstaunlich wenige Probleme. Warum auch? Über die Jahrhunderte hatten Beduinen, ohne sich weiter gestört zu fühlen, zahlreiche Herrscher kommen und gehen sehen. An der alten Lebensweise hatte das nichts geändert. Das Familienoberhaupt blieb unbestrittene Autorität. Als Kinder gezählt wurden nur die Söhne, Mädchen dienten als Mägde, bis sie selbst heirateten, möglichst viele Söhne gebaren und sich damit Respekt erwarben. Geschäfte wurden auf Treu und Glauben geschlossen, wer durch Verbrechen oder Vergehen die Ehre seines Stammes beschmutzte, wurde ohne Mitwirkung einer staatlichen Autorität zur Rechenschaft gezogen.

Die Beduinen erhielten die israelische Staatsbürgerschaft. Viele ihrer Männer dienen in der Armee, ihre Dienste als Kundschafter und Fährtensucher werden hoch geschätzt. Aber wer so lange – nach Überlieferung der Beduinen seit Menschengedenken – in einer Welt lebte, die von Stolz, Ehre und Loyalität zum eigenen Clan geprägt war, ist schlecht gewappnet für Herausforderungen einer modernen Gesellschaft, in der abstraktes Gesetz und schriftliche Verträge zählen und nicht Abmachungen auf Treu und Glauben.

Eigentumstitel, die schon die osmanischen Behörden vergaben und die bis heute in Israel gültig sind, besitzen nur die wenigsten Beduinen. Welcher Stamm welches Gebiet sein Eigen nannte, war per Handschlag geregelt worden. Einige Clans konnten sich mit den israelischen Autoritäten auf eine Zuteilung von Land verständigen, um darauf ihre Siedlungen zu errichten.

Sieben neue Dörfer und Kleinstädte rund um Beer Schewa wurden schon gebaut, Tarabin entsteht gerade. Bulldozer planieren Parzellen in den Sand, Strommasten stehen bereits, die Wasserleitungen sind verlegt; auf den Straßen ist keine Menschenseele zu sehen, was vermutlich am kalten Regenwetter dieses Wintertages liegt. Marktplatz, Café und Rathaus in einem ist der Supermarkt direkt am Dorfeingang. Alle naselang watet jemand über den matschigen Eingangsweg, schiebt Kapuze oder Mütze aus dem Gesicht und grüßt respektvoll Dorfgründer und Bürgermeister Scheich Mohammed Tarabin al Sana, der auf einem Plastiksessel neben der Kasse sitzt, Kaffee trinkt und eine Zigarette nach der anderen raucht. Jahrelang hat er mit den Behörden verhandelt, bis er endlich dieses Stück Land erhielt. Man müsse sich schließlich den modernen Zeiten anpassen, sagt er. Aber wenn ich mich umschaue, habe ich eher das Gefühl, dass die modernen Zeiten sich der Tradition anpassen: Die Parzellen werden nach Familien verteilt, grundsätzlich baut man zuerst das Haus des Oberhaupts, erst dann entstehen direkt daneben die Unterkünfte der Söhne. Wie in einer amerikanischen Vorstadt scheint man auch in Tarabin reichlich Energie in Ausstattung und Dekor der Häuser zu stecken. Aber im Garten stehen oft noch Ziegenhaarzelte als Empfangsraum für Gäste. Die Küchen mögen mit neuestem Komfort ausgestattet sein, doch der obligatorische Tee wird über offenem Feuer im Zelt gekocht.

Viele andere Stämme haben es weit weniger gut getroffen; knapp die Hälfte der heute etwa 120 000 Beduinen des Negev leben ohne Strom, Wasser und Schulen in «illegalen Städten» – Wellblechhütten, Zelten und Rohbauten aus rauen Zementblöcken stehen wild durcheinandergewürfelt am Rand neu asphaltierter Straßen und militärischer Sperrgebiete. Rechtsstreitigkeiten mit den Behörden ziehen sich seit Jahren hin. Die Beduinen berufen sich auf ihr Gewohnheitsrecht, und die Behörden möchten sie dort ansiedeln, wo Land bereits erschlossen wurde. Würden an jeden einzelnen der rasch wachsenden Clans Landtitel vergeben, wäre der Negev bald in privater Hand. Und für eine nomadische Lebensweise bleibt in einem modernen Staat nicht mehr viel Raum, es sei denn als exotische Touristenattraktion. Im Grunde findet ein ähnlicher Prozess statt wie bei der «Eroberung» Kanaans durch die Israeliten, die neuesten archäologischen Erkenntnissen zufolge in Wirklichkeit ein Jahrhunderte währender Anpassungsprozess der israelitischen Nomaden an eine städtische Kultur war. Nur dass es heute die arabischen Nomaden sind, die sich an die städtische Kultur der Israelis anpassen müssen.

Auch Scheich Tarabin bekommt zu spüren, was das im Einzelnen bedeutet – man mag ihm für das neue Dorf und die schönen, vom Staat subventionierten Häuser dankbar sein, aber wenn die Beduinendörfer nicht zu Entwicklungsstädten ohne Zukunft heranwuchern sollen, dann müssen dort auch Arbeitsplätze entstehen. Und uneingeschränkt wollen sich die Jüngeren nicht mehr den alten Stammesautoritäten beugen. Sie rüsten zum Sturz der väterlichen Macht und fordern ordentliche Bürgermeisterwahlen.

Ob die jungen Männer in Zukunft das Sagen haben werden und, falls ja, ob sie ihre Sache besser machen, muss sich erst noch herausstellen. Dass die Mädchen, wenn sie erst einmal die Schule besuchen dürfen, großen Ehrgeiz entwickeln und nicht selten ihre Brüder überflügeln, dass Frauen sich nicht mehr mit der hergebrachten Rolle als Untertanin ihres Mannes oder gar als Zweitfrau zufriedengeben, sorgt für Verdruss. Oft genug macht er sich in dem allen modernen Gesellschaften vertrauten Halbstarkentum Luft, das im Justizgebäude zu Beer Schewa verhandelt wird.

Lehranstalt Negev

Hätten die Ägypter ihren Willen bekommen, wäre der Negev heute ein unabhängiger arabischer Pufferstaat zwischen Israel, Jordanien und Ägypten. «Vielleicht täusche ich mich im Charakter und den Absichten des jüdischen Staates», teilte der ägyptische Unterhändler Abdel

Monaim Mustafa den israelischen Delegierten Elijahu Sasson und Ruben Schiloach in einem vertraulichen Gespräch während der Waffenstillstandsverhandlungen auf der Insel Rhodos im August 1949 mit, aber Ägypten könne «sich nicht sicher fühlen angesichts drei oder vier Millionen qualifizierter, tatkräftiger und aufopferungswilliger Juden jenseits seiner Grenzen. Ägypten wünscht keine Grenze mit Israel.»

Damit war der Kern des Konflikts angesprochen. Nicht nur hätten die arabischen Nachbarn alles getan, die Entstehung eines «Fremdkörpers inmitten eines arabischen Ozeans zu verhindern», wie Monaim Mustafa offen zugab. Israel würde, das erkannte er klarsichtig, nicht allein wegen seiner religiösen und ethnischen Andersartigkeit den Arabern ein Dorn im Auge bleiben. Vielmehr würden «Aufopferungsbereitschaft und Tatkraft» der Israelis – also genau das, was sie zum Überleben brauchten – die arabischen Nachbarn unter permanenten Druck setzen. Während jemand wie der ehemalige Präsident der Ben-Gurion-Universität, Avischai Bravermann, fordert, die Israelis sollten zeigen, dass sie in die Region gehören und «nicht allein in den städtischen Ballungszentren, sondern auch in der Wüste leben können», macht genau das sie für die Nachbarn zum Störfaktor. Wie löst man ein solches Dilemma?

Zwanzig Jahre blieben die Kibbuzniks von Jotvata einsame Idealisten in der Wüste des südlichen Negev. Aber sie zogen andere an, die ihre je eigene Philosophie besaßen. Im November 1973 gründete eine Gruppe junger Texaner etwa zwanzig Kilometer nördlich von Jotvata den Kibbuz Ketura. Ihnen reichte es nicht, als Mitglieder der Jugendorganisation «Young Judaea» zionistische Trockenschwimmübungen zu absolvieren. Wenn sie von ihren Prinzipien erzählten, klang das nach einer Mischung aus Pioniergeist und Studentenbewegung. Sie wollten nicht nur den Negev begrünen – schon das ein leicht größenwahnsinniger Plan für eine Gruppe Zwanzigjähriger, die gerade eine viermonatige Ausbildung in einer Nahal-Einheit absolviert hatte –, sondern auch die «Gleichheit zwischen den Geschlechtern und das Individuum respektieren» und ein religiöses Leben führen. Drei Jahre später entstand Samar, dessen Mitglieder die in Kibbuzim geltende Regel der Arbeitseinteilung über Bord warfen. Jeder Einzelne sollte über ein eigenes Budget verfügen und das tun können, wozu er am besten geeignet war. In Jahel, das junge amerikanische Neueinwanderer 1977 mit Hilfe der Organisation «Progressive Judaism» aus dem Boden stampften, sprachen die Mitglieder wie einstmals die zionistischen Pioniere fortan ausschließlich Hebräisch. Die Gemeinschaftsküche war streng koscher, und für alle sollte das hehre Prinzip «Liebe deinen Nachbarn wie dich selbst» gelten. Sechs Jahre später wurde Jahel B (das heutige Lotan) gegründet. Neve Harif entstand auf eine Zeitungsanzeige hin: «Pioniere gesucht. Kibbuzerfahrung nicht notwendig.»

Mit welch unterschiedlichen Vorstellungen auch immer die Siedler der Arava-Senke antraten, vieles ist ihnen gemeinsam. Der Anfang war mühselig und langwierig. Es kam zu Missernten, neue Pflanzungen erwiesen sich als doch nicht wüstentauglich. Von der Truthahnzucht, die die Texaner von Ketura einst aufbauten, blieb nur noch ein Foto im ehemaligen Gehege, gewidmet den «ersten Anwohnern seligen Angedenkens»; die Tiere wurden allesamt von einer «Seuche biblischen Ausmaßes» dahingerafft. Aber heute schreiben die Kibbuzim in der Arava schwarze Zahlen. Ein Großteil des Einkommens stammt aus dem Anbau von Datteln, von Schnittblumen für den Export und aus der Milchwirtschaft. Schwarz-weiße Kühe und riesige Palmenhaine sind zu einem vertrauten Anblick westlich der Berge Moabs geworden.

Dass zur Eroberung dieses Landes ein gerüttelt Maß Meschuggenheit und die Lust gehört, sich mit Bestehendem nicht abzufinden, ist allen bewusst. Gleich, ob säkular oder religiös – ein wesentliches Merkmal des Judentums mag dabei helfen: Als Gott, laut Genesis, am sechsten Tag Mann und Frau nach Seinem Bild geschaffen hatte, «da segnete Er sie und sprach zu ihnen: Seid fruchtbar und mehret euch und füllet die Erde und machet sie euch untertan und herrschet über die Fische im Meer und über die Vögel unter dem Himmel und über das Vieh und über alles Getier, das auf Erden kriecht. Und Gott sprach: Sehet, ich habe euch gegeben alle Pflanzen, die Samen bringen, auf der ganzen Erde, und alle Bäume mit Früchten, die Samen bringen, zu eurer Speise.» Der Mensch ist Verwalter der Schöpfung, mit allem Respekt für das Werk Jachwes, das diese Aufgabe gebietet. Vorstellungen von einer unberührten oder gar unberührbaren Natur, wie sie vor allem die deutsche Romantik und bis heute Teile der Umweltbewegung pflegen, sind dem Judentum fremd. Die Natur wandelt sich ständig, und der Mensch darf nach bestem Wissen und Gewissen, aber auch nach Kräften eingreifen.

Algen sind wahrlich keine natürliche Spezies der Wüste. Doch mitten in Ketura, in einer Anlage aus meterlangen Plexiglasrohren, die der Ausstatter eines Science-Fiction-Films erdacht haben könnte, schwimmen rote «Astaxanthia» in gluckerndem Brackwasser aus dem Wüstenboden. Gebraucht werden sie für die Kosmetikindustrie. Wenige Meter entfernt wird nichts Neues gezüchtet, sondern ein

Stück vergangener Natur wiederhergestellt: «Methusala», eine inzwischen ungefähr ein Meter fünfzig große Dattelpalme, ist der Stolz Keturas und ihrer Pflegerin, der Biologin Elaine Solowey, und wuchs unter aufreibender Pflege, «nächtlicher Bewachung und gutem Zureden» aus einem fast zweitausend Jahre alten Dattelkern, der bei Ausgrabungen in der Feste Massada gefunden worden war. Methusala ist das letzte und zugleich erste lebende Exemplar der längst ausgestorbenen judäischen Palme. An die Grenzen des Möglichen wolle man gehen, sagt Solowey, nicht jedoch darüber hinaus. Religiosität bedeutet für sie Achtung vor der Schöpfung, «Genmanipulation, wie sie heute betrieben wird», hält sie für «unerträgliche und gefährliche Arroganz».

Einen idealistischen, aber nicht fanatischen Menschenschlag hat es in den Negev gezogen. Den Vermächtnissen der Offenbarung am Sinai – der Demut vor dem Herrn und Seiner Schöpfung, dem Auftrag, das Gelobte Land in Besitz zu nehmen und Bürde und Auszeichnung der Auserwähltheit – scheinen sie eindeutig Priorität zu geben. Sie wollen sich dieses Land, das ihnen nicht per göttlichem Auftrag, sondern per Beschluss der Vereinten Nationen übertragen wurde, mit Hilfe von Willenskraft, Know-how und Aufopferungsbereitschaft aneignen, statt es sich mit Gewalt untertan zu machen. Und sie sind bereit, ihr Wissen zu teilen. Die Kibbuzim der Senke haben im Lauf der letzten Jahre Institute gegründet, in denen sie mit den Nachbarn ihre Erfahrungen austauschen können. Freundschaften hätten sich entwickelt, sagt Keturas Biologin Solowey. Und viel habe man voneinander gelernt.

Fast vier Jahrzehnte schienen die Siedlungen jenseits der Grenze, deren Häuser und Felder mit dem bloßen

Auge zu erkennen sind, so weit weg wie Feuerland. Nach dem Friedensschluss mit Israel 1994 initiierte der im Februar 1999 verstorbene jordanische König Hussein eine Zusammenarbeit zwischen «seinem» Dorf Rachme und Jotvata. Damit die Leute aus Rachme und die Kibbuzniks aus der Arava-Senke nicht immer den Umweg über den vierzig Kilometer entfernten Grenzübergang in Eilat/Akaba auf sich nehmen müssten, um sich gegenseitig zu besuchen, wurde im Spätsommer 2000 endlich ein eigenes Tor am östlichen Rand der Felder Jotvatas genehmigt. «Friedenstor» steht auf einem Schild in hebräischer, arabischer und englischer Sprache.

Seit dem Ausbruch der Zweiten Intifada im Herbst 2000 bleiben die Jordanier weg; und Palästinensern erteilen die israelischen Militärbehörden nur in seltenen Fällen eine Genehmigung, die besetzten Gebiete zu verlassen. In den Instituten studieren Australier, Südamerikaner oder Afrikaner, wie man die Wüste urbar machen könnte, nicht die arabischen Nachbarn. Das «Friedenstor» wurde nie offiziell eröffnet. Es ist heute verriegelt. Aber nur mit einem rostigen Vorhängeschloss.

Im Auftrag Gottes

Seit dem Morgen stürmt es ohne Unterlass. Über den
Bergen Moabs brechen Blitze aus den schwarzen Wolken, Regen peitscht an die Fenster des Busses. Den Fahrer beeindruckt das apokalyptische Wetter wenig, die
Haarnadelkurven hinunter zum Toten Meer nimmt er
mit halsbrecherischem Tempo. Schunkelnd schlummern
die Passagiere in ihren Sitzen, meist junge Soldaten und
Soldatinnen, das M-16-Sturmgewehr selbst im Schlaf fest
auf dem Schoß umklammert. Dürfen die Rekrutinnen im
Dienst eigentlich so lange Fingernägel haben, oder kleben
sie sich künstliche auf, wenn sie ihre Kaserne verlassen?

Aus dem Radio wabern israelische Schlager und im Halb-
stundentakt die Nachrichten. In Gaza bekriegen sich Hamas und Fatah. Ein Gericht spricht Justizminister Chaim
Ramon der sexuellen Nötigung für schuldig. Er hatte eine
Soldatin, die sich für ein Erinnerungsfoto gern seinen Arm
um die Schultern legen ließ, gegen ihren Willen geküsst.
«Was ist los mit unserem Land», schimpft ein älterer Herr,
«herrscht jetzt auch schon Krieg zwischen Männern und
Frauen?» Der Wetterbericht warnt vor Blitzfluten. In Se-
kundenschnelle sammeln sich die Wassermassen auf den
Höhenzügen Jerusalems, um sich als reißende Sturzbäche
durch die Wadis ins knapp 1500 Meter tiefer gelegene Tote

Meer zu ergießen. An mehreren Stellen entlang der schmalen Küstenstraße sei mit vorübergehenden Sperrungen zu rechnen. Grau und bleiern liegt der «Bittersee» in seinem Bett. Mit einem Ruck biegt der Bus in die Auffahrt nach Massada. Außer mir steigt keiner hier aus. Kaum reicht die Zeit, meinen Rucksack unter dem olivgrünen Armeegepäck hervorziehen, denn fast beleidigt über die Unterbrechung wendet der Fahrer sofort und prescht zurück zur Küstenstraße.

Wo vor wenigen Jahren als einziges Gebäude weit und breit eine armselige kleine Jugendherberge stand, wird im Zwielicht der Dämmerung ein sandfarbener Hochglanzkomplex erkennbar. Er hebt sich ab von einem schroffen Plateau, einem Felsen, so der jüdisch-römische Geschichtsschreiber Flavius Josephus, «nicht geringen Umfangs und stattlicher Höhe», umgeben von «gewaltig steilen Schluchten, deren Tiefe von oben nicht abschätzbar ist». Hier hatten sich vor fast zweitausend Jahren die letzten Rebellen gegen das mächtige Rom verschanzt.

«Chafsakat Chaschmal», kommentiert die Rezeptionistin das Kerzenlicht in der menschenleeren Lobby: Stromausfall; die Versorgung sei in der ganzen Gegend zusammengebrochen. «Nadja» steht auf ihrem Namensschild. «Nowosibirsk», antwortet sie knapp auf meine Frage nach ihrem russischen Akzent. «Vor vier Jahren eingewandert.» Pfeifend tobt der Wind um das Gemäuer. Zu essen gebe es leider nichts, die Küche sei geschlossen. Schlafplätze in dieser 300-Betten-Burg stünden aber ausreichend zur Verfügung, man erwarte keine weiteren Gäste heute Nacht. «Willkommen in der Judäischen Wüste», sagt sie. «Hier gibt es nur Extreme. Im Sommer ist es brüllend heiß. Im Winter wird man vom Regen weggeschwemmt.»

Extreme – das ist genau, was man mit dieser Gegend

und dem Alten Testament verbindet. Arthur Schopenhauer sprach – wie so viele vor und nach ihm – vom Judentum als einem «vertrockneten Wüstenglauben», der nichts als harsche Gesetzestreue und keine Liebe kenne. Der eifersüchtige Gott, der keinen anderen neben sich duldet und Sein Auserwähltes Volk für dessen Verfehlungen immer wieder so unerbittlich bestraft, könne nur in einer ebenso schroffen Landschaft erdacht worden sein. Wie so viele dürfte er dabei die Judäische Wüste im Sinn gehabt haben.

Theologisch handelt es sich hier um einen Irrtum, geographisch um eine Halbwahrheit. Der Gott des Alten Testaments ist (genauso wenig wie der des Neuen) keineswegs ein blind rächender, sondern ein gezielt strafender und zivilisierender Gott. Er verbot das Menschenopfer zu einer Zeit, als andere Stämme noch ihre Neugeborenen den heidnischen Götzen zur Besänftigung darbrachten. Dass Jachwe so unverbrüchlich auf Seinem «Die Rache ist mein» besteht, bedeutet nicht himmlische Willkür, sondern das Ende der menschlichen. Blutrache und endlose Familienfehden werden abgeschafft. Vergehen werden nach klaren Gesetzen geahndet, die bereits ein modernes Prinzip beinhalten: das der Verhältnismäßigkeit. Und das «Gelobte Land», das Gott Seinem Volk versprach, war alles andere als harsch und hart. Im Gegenteil. Die Bibel kann seine Schönheit und Fruchtbarkeit nicht genug preisen. Der Gang in die Wüste war ein Akt der Abkehr von den alltäglichen Händeln. Vielleicht blieb der Judäischen Wüste deshalb der Charakter des «Alttestamentarischen» anhaften. In unmittelbarer Nähe zu dem an religiösen Eiferern bis heute nicht armen Jerusalem gelegen, zog sie die unversöhnlichsten Streiter für die «einzig richtige» Auslegung von Gottes Wort an. Sekten, die in den Umbruchphasen der ersten Jahrhunderte vor und nach unserer Zeitrechnung das Ende aller Tage herbeifieberten und apokalyptische Träume von einem finalen Kampf hegten, bei dem die «Söhne der Finsternis» (sprich: alle, die die eigenen Anschauungen nicht teilten) ihr gerechtes Ende finden würden. Eremiten, die sich gänzlich von weltlichen Dingen abwandten. Oder Zeloten, die in ihrem unverrückbaren Glauben, Gott auf ihrer Seite zu wissen, einem gut trainierten, hervorragend ausgebildeten römischen Heer, das über neueste Waffentechnik verfügte, den Krieg erklärten.

Mit wohligem Schauer beschreibt Flavius Josephus die Judäische Wüste wie eine gefährliche Zauberin, hinter deren Sprödigkeit sich doch eine verführerische Frau verbirgt. Dem «bitteren» Wasser des seinerzeit «Asphaltsee» genannten Toten Meeres wohne «keine lebensfördernde Kraft inne», erklärt er uns. Aber den Asphalt, den Boote von der Wasseroberfläche schöpften, könne man nicht nur zum Abdichten von Wasserfahrzeugen verwenden, «sondern auch gegen körperliche Leiden, weshalb er zahlreichen Arzneien beigegeben wird». Das Wasser sei wunderbar «leichttragend». Was der römische Feldherr und spätere Kaiser Vespasian mit einem empirischen, aber höchst unmoralischen Test nachprüfte. Er ließ einige Nichtschwimmer unter seinen Legionären mit auf den Rücken gebundenen Händen an einer tiefen Stelle ins Wasser werfen. Die Versuchsobjekte überstanden den Test lebend, doch sicher nicht ganz unbeschadet: das hochgradig salzige Wasser des Toten Meeres brennt höllisch, gerät es in die Augen. Aber es «geschah tatsächlich, dass alle oben schwammen, so als wären sie von einem Wind gewaltsam nach oben getragen worden». Ebenfalls ganz «wundersam» und von beeindruckender Schönheit sei ein weiteres Phänomen: «Dreimal am Tag ändert das Wasser seine Farbe und reflektiert die Sonnenbestrahlung in anderer Weise.»

Die Helden von Massada

Am frühen Morgen hat ein östlicher Wüstenwind, den die Araber «Scharkijeh» nennen, die Wolken vertrieben. Nur bei dieser Wetterlage und beim südlichen «Chamsin» tauchen die Berge Moabs aus ihrem Dunst auf, ist jede Felsritze, jeder Grat, jede Spitze zu erkennen. Die Oberfläche des Toten Meeres scheint nicht mehr bleiern grau, sondern reflektiert das milchige Blau des beginnenden Tages. In ein paar Stunden wird die Seilbahn ihren Betrieb aufnehmen und fußfaule Touristen zu den Ausgrabungen auf dem Plateau von Massada befördern. Im oberen Drittel des Schlangenpfades – «einer der beiden Stellen, an denen der Fels einen allerdings sehr unbequemen Zugang erlaubt und an dessen beiden Seiten tiefe Schlünde gähnen, deren entsetzlicher Anblick Kühnheit in Schrecken wandelt», wie Josephus in gewagter Übertreibung behauptet – ist eine Gruppe Jugendlicher zu erkennen. Oder besser: zu hören. Jedes Wort dringt durch die Stille. Einige tragen mannsgroße Fahnen mit dem Davidstern über den Schultern. Den Aufgang der Sonne werden sie mit der Nationalhymne begrüßen.

In den sechziger Jahren hatte der israelische Exgeneral und Archäologe Jigal Jadin bei Ausgrabungen unter den zahlreichen festungsartigen Felsen am Ufer des Toten Meeres jenen wiederentdeckt, auf dem sich der Showdown einer Schar von Rebellen gegen das Weltreich Rom abgespielt hatte. Mauer für Mauer, Scherbe für Scherbe wurde vor den Augen einer faszinierten Öffentlichkeit die eigene Geschichte greifbar, die man nur aus alten Schriften kannte.

Bereits König Herodes hatte die Feste «in einen guten Zustand» gebracht. Erhaben schmiegte sich am Nordkliff Massadas ein dreistöckiger Palast in den Felsen. Der Herrscher hatte keine Mühe gescheut, für äußerste Annehmlichkeit zu sorgen und sein Domizil mit weit mehr als dem Notwendigen auszustatten. «Die Innenräume, die Hallen und Bäder wiesen herrlichen Zierrat auf, jede Säule bestand aus einem einzigen Stein, die Wände und die Böden waren aus Mosaik», berichtet Josephus.

Seine Bewunderung für die zivilisatorischen Leistungen der Römer konnte Josephus nicht verbergen; in seinem Bericht schwingt Sympathie für Herodes mit. Beide wurden als Fremdlinge und Günstlinge der Römer gebrandmarkt. Joseph Ben Matthatias hatte zunächst selbst eine Guerillatruppe gegen die Besatzer befehligt, bevor er zu den Römern überlief und seinem Förderer Vespasian zu Ehren dessen Geschlechternamen «Flavius» annahm. Herodes, dieser großartige Baumeister, hatte den Tempel zu Jerusalem mit nie da gewesener Pracht ausgestattet, die sogar den priesterlichen Notabeln Respekt abnötigte. Aber am Ende blieb er ein Fremder, immer in Angst vor der Unzufriedenheit seiner Untertanen, die den Spross von Konvertiten nur widerwillig als ihren König akzeptierten.

Still und menschenleer ist es oben auf dem Plateau – von den Jugendlichen abgesehen, die eher desinteressiert den Ausführungen ihres Lehrers folgen. Außer den wuchtigen Bauten für die Seilbahn und der Hochglanz-Jugendherberge hat sich nichts Neues eingefügt in diese Landschaft, seit sich 66 nach unserer Zeitrechnung über 900 Männer, Frauen und Kinder unter der Führung ihres Kommandeurs Elasar Ben Jair den Schlangenpfad hinaufquälten. Viel werden die Rebellen nicht im Gepäck gehabt haben. Waffen ganz gewiss – die «Sikarier» des Elasar waren berüchtigt für ihren ebenso geschickten wie skrupellosen Umgang mit Schwertern und Messern, denen vorzugsweise «römische Kollaborateure» zum Opfer fielen. Etwas Proviant für den Weg könnten sie in ihren Bündeln mitgeschleppt haben. Persönliche Gegenstände der Zeloten wurden nicht gefunden; wer von der Idee besessen ist, er müsse dem einzigen Gott auf die einzig wahre Weise dienen, hängt sein Herz vermutlich nicht an weltliche Dinge.

Nahrungsmittel und Wasser gab es auf dem Felsen ausreichend. Herodes hatte Zisternen für jedes Quartier angelegt, in denen sich während der Winterregen ausreichend Wasser sammelte, um seinen umfangreichen Hofstaat, die Wachmannschaften und die zahlreichen Bäder zu versorgen. In den Vorratskammern, deren meterlange Mauern inzwischen fast vollständig ausgegraben wurden, lagerte «eine Menge von Getreide, ein Vorrat für viele Jahre, ebenso gab es Wein, Öl, Datteln und die verschiedensten Hülsenfrüchte» – auch bei längerer Belagerung würde niemand hungers sterben müssen. Für den Luxus der herodianischen Bauten hatten die Rebellen wenig übrig. Fanatiker aller Zeiten und Ideologien wussten die Annehmlichkeiten des Lebens nur selten zu schätzen.

Wahrscheinlich ähnelte das Massada der Zeloten einer Mischung aus Flüchtlingslager und Armeecamp. In die Säulenhallen des Palastes hatten sie schlichte Trennwände eingefügt – ganze Familien mussten untergebracht werden. Die prächtigen Bäder funktionierten sie zu rituellen Tauchbädern um. Wo einst schmiedeeiserne Kohlebecken die Gelage des Herodes in flackerndes Licht tauchten, entdeckte der Archäologe Jadin «Rußspuren auf den kostbaren Fresken, die von einem Ofen stammten, auf dem die Zeloten ihre kärglichen Mahlzeiten zubereiteten». Die Bewunderung für den simplen Lebensstil der Zeloten ist seinem Ausgrabungstagebuch, das in Israel zum Bestseller wurde, klar anzumerken. «Für uns als Juden waren diese Überreste wertvoller als der gesamte Pomp der herodianischen Epoche. Mehr als alles andere illustrierten sie den Unterschied zwischen dem Massada des Herodes und dem Massada der Zeloten. Sie brauchten keine luxuriösen Paläste, denn sie hatten sich der brutalen Frage ‹Leben oder Tod?› zu stellen.»

Wie das tägliche Leben auf der Feste aussah, ist nicht überliefert. Zerrissen sie ihre Gewänder aus Verzweiflung, als Kundschafter im fünften Jahr nach ihrem Rückzug auf den Felsen vom Fall Jerusalems berichteten, von den schwelenden Trümmern, die vom Tempel, dem zentralen jüdischen Heiligtum, geblieben waren? Trauerten sie um die Toten, die in der geschundenen Stadt vermoderten, die Klageschreie jener, die in tagelanger Agonie an den Kreuzen starben, Zeugnis des römischen Zorns über die maßlose Verstocktheit, mit der sich die Rebellen jeglicher Verhandlung verweigert hatten? Griff Furcht um sich, als der römische Kommandeur Flavius Silva seine Legionen den Felsen belagern und eine Rampe aufschütten ließ, die täglich höher reichte?

Die Überlieferung der Brandrede, die Elasar in der Nacht vor der unausweichlichen Eroberung der Feste im Jahr 73 hielt, ist dem Zeugnis einer «alten Frau und einer Verwandten des Elasar zu verdanken, die an Verstand und Bildung all ihren Geschlechtsgenossinnen weit überlegen war», wie Josephus anerkennend vermerkt. Zusammen mit fünf Kindern hatte sie sich in einer unterirdischen Wasserleitung versteckt und gehört, wie Elasar, leidenschaftlich und in aller Ausführlichkeit, die grausame Rache geschildert habe, die die Römer an den Zeloten nehmen würden. «Nicht unter der Knute der Feinde wollen wir sterben, in Freiheit wollen wir zusammen mit Kindern und Frauen aus dem Leben scheiden. Die Notwendigkeit, so zu handeln, hat uns Gott auferlegt. So lasst uns denn eilen, ihnen anstelle der Genugtuung, die sie sich von unserer Gefangennahme erhoffen, den Schrecken des Todes und das Staunen über unseren Mut zu hinterlassen.» Von «unstillbarer Begeisterung ergriffen», metzelten Männer die eigenen Frauen und Kinder nieder. Zehn Rebellen wurden ausgewählt, das Mordwerk zu vollenden und einander schließlich umzubringen. Der letzte, wiederum durch das Los bestimmte Mann hatte «zu sehen, ob in dem allgemeinen Blutbad nicht noch einer übrig geblieben war, und dann Hand an sich zu legen».

Jadins Ausgrabungen begannen im Oktober 1963 und wurden im Frühjahr 1965 beendet. Eine Gesellschaft, die sich von übermächtigen Feinden umzingelt sah, welche dem jüdischen Staat lieber heute als morgen den Garaus gemacht hätten, konnte dem verzweifelten Mut der Rebellen Bewunderung entgegenbringen. So wie Elasar und seine Getreuen würde auch Israel eher sterben als weichen. Massada wurde zum nationalen Heiligtum; Generationen von Rekruten schworen auf dem windigen Plateau: «Massada soll nie wieder fallen!»

Der «Jüdische Krieg» war weit mehr als ein verwegener Versuch, die nationale Eigenständigkeit gegen den «Herrscher des Erdkreises» zu verteidigen. Rom hatte sich ja nicht ganz ungeschickt verhalten – es mischte sich nicht allzu sehr in die inneren Angelegenheiten dieses eigenwilligen Volkes am Ostrand seines Imperiums ein, vor allem nicht in dessen undurchschaubare religiöse Händel. Aber

Rom war eine Bedrohung, nicht allein wegen seiner militärischen Stärke, sondern wegen seiner verführerischen Kultur. Seit längerem schon hatten sich vor allem gebildete Juden von den Ideen der griechischen Philosophie und des römischen Rechtswesens anstecken lassen. Den Schriften heutiger Islamisten ähnlich, die den «Großen Satan» USA geißeln und die Verlockungen westlicher Kultur meinen, spiegeln die Dispute der jüdischen Religionsgelehrten jener Zeit ebenfalls Missmut, Sorge und Verwirrung über die «Hellenisierer» wider.

Der Welt der Hebräer drohte von allen Seiten Gefahr: «Assimilanten» untergruben deren Fundamente mit ihren Zweifeln, ihren bohrenden Fragen und ihrer Sehnsucht nach Erleichterung der Bürde, die Gott Seinem Volk mit dem Bund am Berg Sinai auferlegt hatte. Theologische Dispute zerrissen die Gesellschaft. Die Pharisäer bestanden auf der strengen Einhaltung der Gesetze, weshalb ihr Name später ungerechterweise zum Synonym für Hochmut, Selbstgerechtigkeit und Scheinheiligkeit wurde. Die Minderheit der Sadduzäer versuchte, der um sich greifenden Endzeitstimmung entgegenzuwirken: Es gebe keine göttlichen Eingriffe in menschliche Angelegenheiten (was nichts weiter war als eine Warnung an all jene, die glaubten, als Gottes Stellvertreter auf Erden zu handeln). Die alte Priesterkaste hatte an Einfluss und moralischer Autorität verloren. Zu schamlos hatte sie sich auf Kosten der armen Landbevölkerung bereichert und den Römern angedient.

Die Ursachen für den «Jüdischen Krieg», den Josephus uns schildert, waren nationaler Stolz und soziale Misere, vor allem aber wurde er um das Wesen des Judentums geführt. Zur Wahl standen nur zwei unmögliche Optionen: Sollte Israel den Verführungen von außen nachgeben, sich anpassen und so die Selbstauflösung riskieren? Oder sollte es sich mit Gewalt gegen den Druck zur Wehr setzen, und wenn es daran zerbräche?

Bei aller Sympathie für die «Helden von Massada» übersah man gern, dass die Zeloten auch skrupellose Mörder waren, die gnadenlos gegen das eigene Volk vorgingen und dahinmetzelten, wen sie der Kollaboration verdächtigten. Die ein zwar von Fremdherrschern mitbestimmtes, fehlbares und sehr diesseitiges, aber immer noch jüdisches Staatswesen zugunsten ihrer messianischen Vorstellungen einer perfekten Welt, kurz, einem totalitären Erlösungsanspruch opferten. Sie retteten die alte Welt der Hebräer nicht, sondern führten sie geradewegs in die Katastrophe. Nach dem Aufstand war der Tempel zerstört, Tausende Menschen waren getötet oder in die Sklaverei geführt worden. Zahlreiche Diasporagemeinden ließen sich anstecken und revoltierten in den nächsten Jahrzehnten gegen die Römer, bis Kaiser Hadrian etwa sechzig Jahre später allem Trotz ein Ende machte, den letzten Aufstand Simon bar Kochbas niederschlug, das von Juden beinahe entvölkerte Land in «Palästina» und dessen Hauptstadt Jerusalem in Aelia Capitolina umbenannte.

Vielleicht wäre dieses in den Augen der Römer seltsame Volk, das sich um eines unsichtbaren Gottes willen ins Unglück stürzte, nur eine Fußnote der Geschichtsschreibung geworden, hätte sich nicht im Jahr 71 ein bis dato eher unbedeutender Gelehrter namens Jochanan Ben Sakkai, versteckt in einem Sarg, von seinen Schülern aus dem belagerten Jerusalem tragen lassen und den Römern die Erlaubnis abgetrotzt, eine Akademie in dem ebenso unbedeutenden Küstenstädtchen Jawne zu gründen. Dort wurde weiterhin der jüdische Kalender nach Sonne und Mond berechnet, an Hohen Feiertagen das Widderhorn geblasen und, in der Formulierung Ben Sakkais, ein «Zaun um die Thora» errichtet. Es sollte Schluss sein mit den Lehren endzeitlicher Sekten.

Die Sehnsucht nach Jerusalem blieb. Aber Ben Sakkai hatte eine Revolution in Gang gebracht: Die Schrift ersetzte die Opfergaben im Tempel. Das Judentum wurde zur tragbaren Religion, die auch ohne geographisches Zentrum auskommen konnte. Und viel wichtiger noch: Fortan wurde der Streit um Glaubensfragen in den Lehrstuben geführt. Nicht weniger leidenschaftlich und oft nicht weniger unversöhnlich. Nur wurde die Debatte nach dem Scheitern des Aufstands und der Gründung einer kleinen Akademie in Jawne mit spitzen Argumenten und ausgeklügelten Beweisen ausgetragen. Ohne Waffen, ohne Blutvergießen und ohne «Assimilanten» und «Kollaborateure» zu denunzieren oder sogar zu töten.

Erst etwa 1900 Jahre nach dem Fall Massadas und nur wenige Kilometer von dem mächtigen Felsen am Toten Meer entfernt, machte sich eine Gruppe neuzeitlicher Zeloten daran, diese Revolution umzukehren und den Streit von Neuem mit Gewalt zu führen.

Siedler

Über den Hügeln von Hebron hängt ein penetranter Hühnerschnitzelgeruch. In den Küchen des Armeelagers auf der Grenzlinie zwischen der jüdischen Siedlung Kirjat Arba und dem palästinensischen Teil Hebrons wird offensichtlich gerade im Akkord gebrutzelt. Mittagszeit. Die Wächter über einen der absurdesten Orte der Welt müssen versorgt werden. In regelmäßigen Abständen jagen Armeejeeps mit tentakelhaft langen Antennen über die von Stacheldraht gesäumte Straße. Von den Balkons der Häuser im palästinensischen Hebron starren Frauen mit unverhohlener Neugier. Ein paar Schulkinder beeilen sich, nach Hause zu kommen. «Welcome, welcome», rufen sie mir zu, und «What is your name?», um sich dann gegenseitig kichernd mit den Ellbogen in die Rippen zu stoßen.

Wer hier, wie ich, allein herumläuft, muss verrückt oder ein Fremdling sein, erkennbar schon an der Kleidung. Palästinensische Männer bevorzugen gebügelte Hemden und Bundfaltenhosen; Frauen ohne langen Mantel und Kopftuch, das gerade das Gesicht erkennen lässt, sind selten anzutreffen im konservativen Hebron. Die jüdischen Siedler sehen aus, als könnten sie sich nicht entscheiden, ob sie sich als Komparsen für einen Western, eine Bibelverfilmung oder eine Mischung von beidem bewerben wollen: schwere Stiefel, wilde Bärte, lange Schläfenlocken, die unter der Kippa hervorbaumeln, über den Schultern hängt das Gewehr. Ihre Frauen tragen knöchellange Röcke und Hüte oder um den Kopf gewickelte Tücher. Als weibliches Wesen in Jeans, mit Wanderschuhen und offenem Haar bin ich in diesem Landstrich eine Abnormität.

Nach dem Sechstagekrieg 1967 besuchten neugierige Israelis die «Gebiete», die sie nur aus den Schriften oder den Erzählungen jener kannten, die schon vor der Staatsgründung im Land gelebt hatten. Betört von der Exotik der arabischen Städte, die ihnen bislang verschlossen waren, spazierten sie über die Märkte und schwärmten von der Gastfreundschaft der Händler, die sie zum Tee einluden. Sie waren überzeugt, dass sie etwas schaffen würden, was es in der Weltgeschichte nur selten gab: eine freundliche Besatzung, eine, die den Palästinensern Schulen, Krankenhäuser und Universitäten schenken würde – und die würden vor lauter Dankbarkeit vergessen, dass sie sich lieber selbst regieren wollten. (Tatsächlich entstanden alle Universitäten, in denen heute islamisch-fundamentalistische Studentenorganisationen den Ton angeben, nach 1967. Der damalige Verteidigungsminister Mosche Dajan war der irrigen Ansicht, so könne man eine Israel freundlich gesinnte Elite heranbilden.)

Das Angebot der Israelis, die eroberten Gebiete gegen Frieden und eine Anerkennung Israels zu tauschen, schlug die Arabische Liga 1968 mit einem dreifachen Nein aus. Nein zu Verhandlungen, nein zur Anerkennung des Existenzrechts des jüdischen Staates und nein zu einem Frieden mit Israel. Nun gut. Bis die arabischen Regierungen zur Vernunft kämen, würde man sich weiter gegen Angriffe zu verteidigen wissen und in der Zwischenzeit ausgiebig die Gebiete besuchen.

Besuchen? Die «Gäste» machten sich recht deutlich bemerkbar. Zwischen 1967 und 1977 ließ die regierende Arbeiterpartei 21 Siedlungen errichten, die meisten davon «aus Sicherheitsgründen» als «Wehrdörfer» im unbewohnten Jordantal. In Hebron aber traf 1968 ein Rabbi namens Mosche Levinger mit sechzig Anhängern seiner rechtsextremen «Groß-Israel»-Bewegung ein. Angeblich wollten sie nur das Pessach-Fest im dortigen Park-Hotel feiern. Levinger mietete alle Zimmer, ließ die Hotelküche von seiner Frau Miriam koscher machen – und wollte bleiben. Nach eigener Auskunft «bis zum Tag, an dem der Messias erscheint». Hier stehe die Wiege des Judentums, hier habe Urvater Abraham von Ephron, dem Hethiter, für den sagenhaft überteuerten Preis von 400 Silberschekel einen Begräbnisort, die Machpela, gekauft – womit die Eigentumsfrage ein für alle Mal geklärt sei. Endlich, verkündete er, sei «Hebron nicht mehr judenrein». Dass auch Muslime Abraham als ihren Urvater verehren und sich in der riesi-

72

gen Machpela seit Jahrhunderten eine Moschee befindet, das zählte nicht für Levinger. Er sorgte dafür, dass gleich neben der Moschee eine Synagoge eingerichtet wurde.

Die sozialdemokratische Regierung unter Levi Eschkol erlaubte Levinger und seiner Schar – obwohl sie nichts für deren religiöse Überzeugungen übrig hatte – zu bleiben. Erst in einem Militärcamp, dann in provisorischen Zelten, schließlich erteilte sie die Genehmigung zum Bau einer Siedlung am Rand Hebrons, Kirjat Arba, in der heute etwa 4000 Menschen leben. Genaue Auskünfte geben die Siedler nicht, angeblich stehen Wohnungen leer.

Kein anderer Ort könnte Georg Christoph Lichtenbergs Diktum, Fanatiker seien zu allem fähig, aber sonst zu nichts, besser illustrieren als diese Ansammlung von wuchtigen Neubauten. Besucher müssen den Kontrollposten passieren, einen Kubus aus Beton, der aussieht, als sei er aus der alten DDR importiert worden. Ein bewaffneter Posten in Zivil lässt sich meinen Pass durch ein schießschartengroßes Fenster reichen. Die Straßen wirken wie ausgestorben. Kirjat Arba ist, wie die meisten Siedlungen, eine reine Schlafstadt. Es gibt keine Industrie, keine Landwirtschaft, keine Jobs. Hier wird nichts produziert, was von Nutzen wäre. Die Bewohner fahren täglich zur Arbeit nach Jerusalem, über mehrspurige Umgehungsstraßen, die israelische Regierungen im Laufe der Jahre rücksichtslos in Olivenhaine und Weinberge frästen, damit die Siedler keine palästinensischen Ortschaften durchqueren müssen. Am Nordrand Kirjat Arbas wurde ein kleiner Park angelegt, in dessen Zentrum sich das Grab Baruch Goldsteins befindet. Im Februar 1993 hatte der Arzt sein Gewehr geschultert, war in die Machpela gestürmt, wo er wild auf die Palästinenser schoss, die sich zum Morgengebet in der Moschee versammelt hatten. Er tötete über dreißig Menschen, bevor er erschlagen wurde. Auf seinem Grabstein liegen Unmengen kleiner Steine – Zeichen des Respekts. Restaurants, Cafés, Kinos oder sonstige Einrichtungen, die das Leben annehmlich machen könnten, sucht man in Kirjat Arba vergebens. Man ist mit höheren Dingen beschäftigt, da kann man derartige Ablenkung nicht brauchen. Die Siedlung erfüllt nur einen Daseinszweck, sie soll den Palästinensern zeigen: «Dieses Land gehört uns!»

So spricht Eljakim HaEtzni, der ungekrönte König Kirjat Arbas, den ich in seinem Haus besuche. Anders als Mosche Levinger zog der Sohn deutsch-jüdischer Einwanderer aus Kiel nicht aus religiösen Gründen hierher; er gab 1971 seine Rechtsanwaltspraxis in Tel Aviv auf, «um am aufregendsten Projekt seit der Staatsgründung teilzunehmen». Sein Vorgarten ist gepflegt, die Bücherregale im Wohnzimmer, durch dessen Fenster er auf Hebron blicken kann, sind nicht mit religiöser Literatur gefüllt, sondern hauptsächlich mit Werken über israelische und deutsche Geschichte. Er wolle «den Zionismus verwirklichen», sagt er, etwas, das die «korrupte Bande in Jerusalem» – womit er die Regierung meint – schon längst vergessen habe. Als Beweis für das Anrecht auf dieses Land zitiert er nicht die Bibel, sondern Bachs «Weihnachtsoratorium».

«‹In Bethlehem, im jüdischen Lande›, heißt es dort, nicht wahr? Warum nennt man unser Judäa und Samaria dann die West Bank? Warum wird uns das Recht abgesprochen, hier zu sein?»

«Weil die Palästinenser nun einmal da sind und weil sie ebenfalls ein Recht auf einen Staat haben?»

«Wenn Sie so argumentieren, können wir das Gespräch gleich beenden. Wir sind hier, um zu verhindern, dass dieses Land der Mörderbande von der PLO übergeben wird.

Allerhöchstens können die Araber Autonomie haben. Aber Erez Israel, und damit ist das ganze Land inklusive Judäa und Samaria gemeint, muss jüdisch bleiben.»

«Wollen die Israelis denn nicht endlich in Ruhe leben, ohne Besatzung?»

«Es gibt nur Juden und Araber, keine Israelis. Die sind eine hässliche Mischung aus Miami und Levante, die schon längst vergessen haben, dass sie Juden sind. Wir sind da, um sie daran zu erinnern.»

Mit derartiger Verachtung hätte auch Elasar Ben Jair auf Massada über die «Kollaborateure» der Römer und die «Hellenisierer» sprechen können, die sich von einer «fremden Kultur» hatten verführen lassen. Die Siedler sehen sich als die «wahren Juden». Und ihr Anspruch, den «Zionismus zu verwirklichen», anstatt sich materialistischen Vergnügungen hinzugeben, traf offensichtlich einen Nerv.

Denn die radikalen Zionisten von Hebron und Kirjat Arba blieben keine Gruppe vereinzelter Fanatiker. Über die Jahre gelang es ihnen, Anspruch auf den Besitz der jüdischen Bewohner Hebrons zu erheben, die dort jahrhundertelang gelebt hatten und während der Unruhen von 1929 von einem arabischen Mob dahingemetzelt wurden. Mit Hilfe findiger Rechtsberater wurden ihnen mehrere Häuser im Zentrum Hebrons – «Beit Hadassa», «Beit Romano» und «Tel Rumeida» – übertragen. So kommt es, dass inmitten Hebrons etwa 400 Juden unter etwa 100 000 Arabern leben.

Wie Missionare einer endzeitlichen Sekte setzten sich Levingers Anhänger auch in anderen Teilen der West Bank fest. Niemand wusste so gut auf der Klaviatur der israelischen Politik zu spielen wie sie. Man macht sich altes osmanisches Recht zunutze, das in der West Bank noch immer gilt: Land, das außerhalb von Dörfern und Städten liegt und nicht bebaut wird, gilt als «Sultansland». Jeder, der es kultivieren will, darf es nutzen und beschlagnahmen. Der Sultan bleibt offiziell Souverän. Aber in den Augen der Siedler hat Israel nun – nach den Osmanen, Briten und Jordaniern – diese Rolle übernommen, obwohl es die West Bank nie annektiert hat. Der Bau von Siedlungen sei deshalb rechtens.

Mit der Likud-Regierung Menachem Begins und seines damaligen Wohnungsbauministers Ariel Scharon, die 1977 die jahrzehntelange Alleinherrschaft der Arbeiterpartei beendet hatte, fanden sie willige Förderer. Man teilte den Traum eines Israel, das «Judäa und Samaria», die «Wiege des Judentums» umschloss, und war überzeugt, man müsse nur Fakten schaffen, dann würden die Palästinenser ihren Anspruch auf das Land eines Tages schon aufgeben, sich anpassen oder auswandern. So wie die Palästinensische Befreiungsorganisation davon träumte, den jüdischen Staat eines Tages auszulöschen, hoffte die Regierung unter Begin, die Palästinenser würden irgendwann einfach «verschwinden».

Das Osloer Abkommen von 1993, das einen Stopp der Siedlungen vorsieht, hat deren Expansion nicht verhindert. Diese erfolgt stets nach demselben, seit fast vierzig Jahren erprobten Muster. Eine kleine Gruppe lässt Container, vorzugsweise auf eine Hügelspitze, schleppen und erklärt das Gebiet zur Zelle einer neuen Siedlung. (Von den Hügelspitzen aus, so bekam ich mehrfach zu hören, könne man «genau beobachten, was die Araber treiben».) Als sei das nicht schon oft geschehen, lassen Politiker verlauten, die jungen Hitzköpfe würden bald wieder abziehen, wer wolle schon monatelang ohne fließendes Wasser und Strom leben. Israels Friedensbewegung protestiert, die Mitglieder der Regierung versichern, gewiss nicht nachgeben zu wollen, und werden dann, gleich ob rechts oder links, als «Verräter» gebrandmarkt, weil sie es wagen, «jüdische Soldaten gegen Juden vorgehen zu lassen» oder gar – man benutzt den Naziausdruck mit Bedacht – das Gelobte Land «judenrein» machen zu wollen.

Der Appell an die jüdische Einheit, der implizite Vergleich mit den Nazis und die Gewaltbereitschaft, die in den Protesten der Siedler aufscheint, wirken. Sobald die erste Empörung verflogen ist, gibt die Regierung nach. Das Land wird offiziell konfisziert, Straßen werden gebaut, Wasser- und Stromleitungen gelegt.

Die meisten jüdischen Bewohner der West Bank sind nicht aus ideologischen Gründen dorthin gezogen. Naiv versichern sie, der Wohnraum sei einfach billiger, wird er doch großzügig subventioniert. Sollte ein Friedensvertrag geschlossen werden, hätten sie nichts dagegen, wegzuziehen, sofern man ihnen gleichwertigen Wohnraum im Kernland Israel zur Verfügung stelle. Es kommt ihnen kaum in den Sinn, dass die Palästinenser Friedensabsichten wenig trauen könnten, solange die Politik der Enteignung ungehindert fortgesetzt wird.

Unter den überzeugten Siedlern ist aber eine zweite Generation herangewachsen, die sich nach der bekannten Taktik wilder Besetzung «Hilltop Youth» nennt. Ihr Ziel ist es, nach erprobter Manier weitere Hügelspitzen zu erstürmen. Bis heute sind die israelischen Regierungen jeglicher Couleur und die Armee nicht in der Lage oder nicht willens, solche illegalen Siedlungen zu räumen.

Das Drama, das sich tagtäglich in der West Bank abspielt, kennen die meisten Israelis nur aus Medienberichten. Seit die Palästinenser mit der 1987 begonnenen Ersten «Intifada» mehr als deutlich gezeigt haben, dass sie Besatzung keineswegs als freundlich empfinden, fahren Israelis fast nur noch in die West Bank, wenn sie dort ihren obligatorischen Wehr- oder den jährlichen Reservedienst ableisten müssen. Und seit die Regierung unter Benjamin Netanjahu 1997 mit der Palästinensischen Autonomieregierung das «Hebron-Abkommen» schloss, mit dem die Stadt faktisch in eine jüdische Zone («H1» genannt) und eine arabischen Zone («H2») geteilt wurde, gehören die Straßen unmittelbar neben der Machpela den Zeloten von Hebron. Von den Siedlern täglich beschimpft, von anderen Palästinensern der Kollaboration bezichtigt, gaben die arabischen Bewohner der Zone H1 auf und zogen weg. Die «Schuhada-Straße», einst ein Gemüsemarkt und das Zentrum Hebrons, ist menschenleer; die Fenster der Wohnhäuser sind vermauert, die Geschäfte mit schweren Eisentoren verriegelt, die Mauern mit Graffiti übersät: krude dahingeschmierten Davidsternen oder auch Parolen wie «Tod den Arabern!».

Wie Kronen in einem ansonsten schadhaften Gebiss hebt sich der helle Sandstein der mit großem Aufwand renovierten Siedlerhäuser von den Geisterhäusern der palästinensischen Besitzer ab. Morgens und am Nachmittag müssen die arabischen Schülerinnen eines Mädchenlyzeums, das der Zone H1 zugeschlagen wurde, das Beit Hadassa passieren. Regelmäßig kommt es zu Rangeleien, die Siedlerfrauen sind besonders aggressiv. Ansonsten kümmert man sich um den zahlreichen Nachwuchs oder studiert die Schriften geistesverwandter religiöser Autoritäten.

Im Beit Hadassa wurde eine Ausstellung über das Pogrom von 1929 eingerichtet. Die Bilder zeigen verwüstete Häuser und vor allem grausam verstümmelte Leichen. «Deshalb sind wir hier», sagt eine Frau, die mich beim Betrachten der Bilder beobachtet. «Wir sorgen dafür, dass es

jüdisches Leben gibt in der Stadt, die einmal die Hauptstadt des Königreichs Judäa war.» Mehrfach haben die
Nachkommen jener, die das Pogrom überlebten, erklärt,
dass sie mit den Fanatikern von Hebron nichts zu tun haben wollen. Die Siedler scheint das nicht zu stören. «Wenn
sie könnten» – und mit «sie» sind «die Araber» gemeint –,
«würden sie das Gleiche wieder tun.»

Es klingt eine Todesbrünstigkeit in diesen Worten mit,
die erklären mag, warum sich Menschen in einem Ort
niederlassen, in dem der Hass mit Händen zu greifen ist,
ein Hass, den sie selbst täglich von Neuem schüren. Die
Siedler von Kirjat Arba und Hebron sehen sich als wahre
Erben Massadas, die sich «der brutalen Frage: ‹Leben oder
Tod?› zu stellen» haben, wie der Archäologe Jigal Jadin so
bewundernd konstatiert hatte. Anders als die Rebellen auf
ihrer Felsenfeste müssen sie sich nicht allein gegen eine
Übermacht verteidigen. Sie wissen die israelische Armee
in ihrem Rücken. Aber auch sie glauben, in höherem
Auftrag zu handeln, Judentum und Zionismus zu retten.
Nichts wäre wohl schlimmer für sie als eine Räumung der
Siedlungen. Denn dann wären ihre jetzigen Bewohner zu
einer bescheidenen Existenz gezwungen, die sich nicht
mehr in den Höhen der Weltgeschichte und messianischer
Erlösungsphantasien bewegt, sondern im ganz bescheidenen Diesseits tagtäglicher Kompromisse.

Am Checkpoint

Stahlcontainer riegeln den schmalen Durchgang zwischen dem Areal der Siedler und dem palästinensischen
Teil Hebrons ab. Soldaten schleusen meine Tasche durch
einen Röntgenapparat.

«Bist du Jüdin?», fragt einer auf Englisch, bevor ich die Sperre passiere. «Dann würd ich dir nämlich nicht raten, da rüberzugehen. Das sind doch alles Terroristen.»

«Nein», erwidere ich, zu müde, mich auf einen Streit einzulassen.

«Schlecht für dich», murmelt er.

«Halt die Klappe», schnauzt ihn ein Kamerad auf Hebräisch an. «Unsere eigenen Leute hier draußen sind auch nicht besser.»

Der hitzigen Debatte, die sich zwischen den beiden entwickelt, folge ich nicht mehr. Ich bin erleichtert, die gespenstische Stille hinter mir zu lassen und ins brodelnde Leben im palästinensischen Teil der Stadt einzutauchen. Als sei ich in einer anderen Welt gelandet, tut sich vor mir der neue Marktplatz Hebrons auf. Orange Taxis drängen sich durch die belebten Straßen, Gemüsehändler preisen ihre Waren an. Man könnte sich fast vorstellen, in einer ganz normalen Stadt zu sein. Doch sobald man sie verlassen will, wird man an die Wirklichkeit erinnert.

Das Sammeltaxi, das mich nach Jerusalem bringen soll, wartet noch auf weitere Gäste. Buslinien gibt es nicht mehr. Nur Fahrer, die penibel vom israelischen Inlandsgeheimdienst «Schin Bet» überprüft wurden, bekommen Papiere, die es ihnen ermöglichen, die zahlreichen Kontrollpunkte der israelischen Armee zu passieren. Ein paar Frauen finden sich ein, eine murmelt unablässig Gebete, eine andere packt Erdbeeren aus und bietet sie an, als würden wir zu einer Picknickfahrt aufbrechen.

Der Fahrer weiß, welchen Weg er nehmen muss. Wir rumpeln über Feldwege, umfahren Ortschaften, vermeiden möglichst viele Checkpoints. Vor dem Ausbruch der Zweiten Intifada im September 2000 hätten wir eine halbe Stunde für die Strecke zwischen Hebron und Jerusalem benötigt. Jetzt sind wir zwei Stunden unterwegs. Kurz nach Bethlehem verstummen die Frauen; aus Handtaschen werden die Papiere herausgekramt. Wo vor wenigen Jahren noch ein paar Betonblocks den Übergang nach Jerusalem markierten, steht jetzt eine meterhohe graubraune Mauer, die sich über die Straße wölbt, um nahtlos in den «Sicherheitswall» überzugehen.

«Wohin?», fragt der junge Soldat mit kugelsicherer Weste und entsichertem Gewehr barsch.

«Jerusalem.»

Stumm werden die Ausweise aus dem Fenster gereicht, alle versuchen, direkten Blickkontakt zu vermeiden. Ich kenne den angestrengt leeren Ausdruck in den Gesichtern, ich habe ihn zahlreiche Male gesehen. An den israelischen Checkpoints der West Bank und im Gazastreifen. Aber auch im Sinai, wo ägyptische Soldaten besonders häufig Beduinen kontrollieren, die sie gleichzeitig der Kollaboration mit Israel verdächtigen und der Terrorattentate gegen israelische Touristen bezichtigen. Man versucht, keine Gefühlsregung erkennen zu lassen. Weder die Angst, irgendetwas könne mit den Papieren nicht in Ordnung sein, noch die innere Verachtung, mit der man die entwürdigende Prozedur über sich ergehen lässt, noch die Wut auf solch ein Milchgesicht unter einem zu großen Helm, das es wagt, Erwachsene, ehrbare Greise und respektable Mütter, in diesem Ton anzusprechen. Die Papiere meiner Mitreisenden werden zurückgereicht. Meinen Pass dreht der Soldat hin und her, bis er endlich die Seite mit Foto findet.

«Wo ist dein Visum?», blafft er mich an.

«Seit wann brauchen Deutsche ein Visum?», antworte ich auf Hebräisch.

«Deutschland?»

Unsicherheit macht sich in seinem Gesicht breit. Und

81

dann mit leichtem Triumph, als habe er mich bei einer Lüge erwischt:

«Du bist doch aus dem Libanon!»

Ich habe es geahnt. Es ist nicht das erste Mal, dass mir das passiert.

«Ich wurde in Bayreuth, Bayern, Deutschland geboren, du Idiot, nicht in Beirut!»

Für einen kurzen Moment wirken alle wie erstarrt. Und wenn er uns jetzt aus dem Wagen aussteigen und als Strafe für meine Beschimpfung stundenlang kontrollieren lässt? So einen Wutausbruch kann sich nur jemand mit dem richtigen Pass leisten. Das Milchgesicht wird rot, die Frauen im Taxi unterdrücken ein Kichern. Mir ist nicht nach Lachen zumute; es tut mir leid, dass ich ihn vor Publikum gedemütigt habe. Er kann nicht älter sein als neunzehn oder zwanzig Jahre, ein Kind eigentlich noch, dem viel zu große Verantwortung aufgebürdet wurde. Was, wenn sich an seinem Checkpoint ein Selbstmordattentäter durchschmuggelt? Muss er sich dann verantwortlich fühlen für den Tod zahlreicher Menschen?

Generationen von Soldaten haben an Checkpoints gedient, Razzien in palästinensischen Häusern durchgeführt, Terroristen verhaftet oder wen sie dafür hielten. Die Besatzung, das gesteht die Mehrzahl der Israelis ein, ist ein schleichendes Gift, das ihre Gesellschaft korrumpiert. Milliarden von Dollars wurden dafür verwandt, Siedlungen zu bauen, die, so versichern zumindest alle Regierungen seit dem Osloer Abkommen, für einen Friedensvertrag wieder geräumt werden sollen. Die Armee wird zum Schutz von Menschen abgestellt, unter denen nicht wenige offen darüber diskutieren, sich Räumungsbefehlen mit Gewalt zu widersetzen. Die Extremsten unter ihnen denunzieren jeden, der auf Ausgleich bedacht ist, als «Verräter». Jigal

Amir, der 1995 den israelischen Ministerpräsidenten Jitzchak Rabin erschoss, verehren sie als Helden. Doch noch immer wagen es viele Israelis nicht, das ideologische Netz zu zerreißen, das neuzeitliche Zeloten über sie geworfen haben. Zu erfolgreich sind die Fanatiker der West Bank nach wie vor darin, den Israelis, dieser «hässlichen Mischung aus Miami und Levante», Materialismus und einen Verrat an den Idealen des Zionismus vorzuwerfen. Dabei waren die zionistischen Pioniere angetreten, den Juden ein normales Leben – und keines im permanenten Ausnahmezustand – in einem jüdischen und demokratischen Staat zu ermöglichen. Im Grunde sind es also die Siedler, die die zionistischen Ideale verraten.

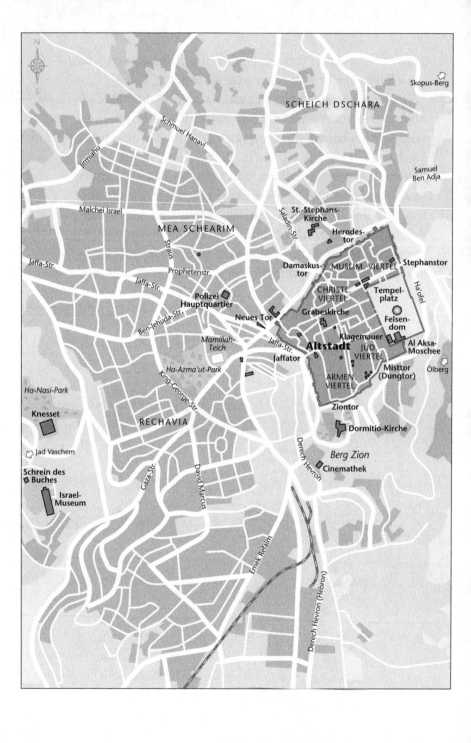

II. «Sollte ich dein je vergessen …»
Jerusalem

Besuch bei der alten Dame

Das Bezauberndste an Jerusalem ist das Licht. Sanft schmeichelt es sich am frühen Morgen über die Wüstengebirge des Ostens und überzieht die Stadt mit heiterem Glanz. Nirgendwo ist es selbst während der unbarmherzig heißen Sommertage so klar wie über ihren Anhöhen. Am Abend verschwindet die Sonne mit einer gloriosen Galavorstellung über dem waldigen Westen, die Mauern, Straßen und den Himmel golden erglühen lässt.

Jerusalem ist eine alte, eine sehr alte Dame, das Licht ihr Schönheitselixier und charmanter Schmeichler. Es macht ihre Züge weich und lässt ihre schlecht überschminkten Furchen und Narben verschwinden, ihre Altersflecken und Gebrechlichkeiten. Aber auch umschmeichelte Damen haben schlechte Zeiten, in denen die erprobten Zaubermittelchen nicht wirken wollen und die Komplimente ausbleiben. Während der regnerischen Wintermonate, wenn sich die Sonne hinter grauem Wolkengetürm versteckt, die Straßen nass glänzen und ein herzloser Wind an ihr zerrt, zerbröckelt Jerusalems Contenance, und die Eleganz weicht einer nackten Ärmlichkeit.

An einem Tag wie diesem komme ich in der heiligen Stadt an. Der Bus bahnt sich seinen Weg durch gesichtslose Neubauviertel. Welch ein Gegensatz zu den stillen,

hellen Tagen in der Wüste, welch ein Gewimmel, welche
Eile. Erschöpft aussehende Mütter schieben ihre Kinderwagen durch die Menge, vorbei an bärtigen, bebrill-
ten Männern in schwarzen Anzügen, die als Schutz vor
dem Regen Plastiktüten über ihre teuren Borsalino-Hüte
stülpen und mit geschickten Bewegungen ausweichen.
Im Busterminal bugsieren schlechtgelaunte Soldatinnen
die Passagiere durch die Sicherheitsschleusen. Draußen
scheucht der Nieselregen die Passanten über die Straßen,
Nebel bedeckt die leicht maroden Steinhäuser der Jaffa-
Straße.

Angesichts all dessen frage ich mich, wie es dieser Blen-
derin gelungen ist, über Jahrhunderte die Ekstase von
Gläubigen und Eroberern zu entfachen. Ihren Bewohnern
wäre einiges Unheil erspart geblieben, hätten sie Warnzei-
chen vor den Mauern der Stadt aufgestellt: «Betreten nur
an deprimierenden Wintertagen erlaubt.» Vielleicht wären all die Heerscharen, die Jerusalem mit ihrer Inbrunst
und Besitzgier für sich gewinnen wollten, schnurstracks
umgekehrt. Sie hätten keine verzückten Schilderungen
an die Daheimgebliebenen verfasst, die eher von Wunsch-
träumen zeugten als von den Realitäten in einer Stadt, in
der die Bewohner ihr kümmerliches Leben mit möglichst
großer Nähe zu ihren je eigenen Heiligtümern kompen-
sierten. Sie hätten darauf verzichtet, die Stadt, ihrem Gott
zur Ehre und sich selbst zum Ruhm, immer wieder zu
schänden und ihre Bewohner zu meucheln, um sich zu
den neuen Herren über das Gebilde ihrer Phantasien auf-
zuschwingen.

Und dann bricht plötzlich ein Sonnenstrahl aus dem
Himmel, leckt Wolken und Nebel auf, und das Zauber-
mittel Licht zeigt wieder seine Wirkung. Ach ja, so bist du,
alte, raffinierte Dame. Zeigst du deine sanfte Würde, ist

alles verziehen. Verbirgst du dich, beginnt man sich nach deiner Schönheit zu sehnen.

Die Altstadt

Es ist eine Postkartenansicht, Tausende Male schon reproduziert. Aber vor fünfundzwanzig Jahren, als ich zum ersten Mal nach Jerusalem reiste, fuhr der Bus noch durch die arabischen Dörfer Abu Dis und Bethunia, die inzwischen vom Sicherheitswall abgetrennt sind. Mit jeder bergigen Kurve, die der alte Dieselbus stotternd nahm, erwartete ich gespannter den Blick auf die Altstadt, das uralte Herz Jerusalems. Und hinter den Gräbern des Ölbergs tat er sich endlich auf: Minarette und Kirchtürme ragen aus einer steinernen Wogenlandschaft. Eng aneinandergedrückt, schmiegen sich Dachkuppeln an den Hügel. Begrenzt wird die Altstadt durch die wuchtige Mauer, die wirkt, als wolle sie sie vor dem Abrutschen ins Kidron-Tal bewahren. Am Horizont ragen die Silhouetten der Hoteltürme Westjerusalems heraus, aber ein Gebäude zieht alle Blicke auf sich: das blaue Oktogon des Felsendoms mit seiner vergoldeten Kuppel, eine Architektur gewordene mathematische Perfektion. Fast unverändert überwölbt der Schrein auf dem Tempelberg oder Haram al Scharif seit 1300 Jahren den Felsen, von dem geglaubt wird, er sei der Grundstein der Welt und der Ort, aus dessen Erde Gott am sechsten Schöpfungstag Adam geformt habe. Weil man offensichtlich sparsam mit heiligen Stätten umgeht, soll der Stein außerdem als Altar gedient haben, auf dem laut Bibel Abraham seinen Sohn Isaak und dem Koran zufolge Ibrahim den Ismail opfern wollte. Muslimische Fremdenführer verweisen überdies auf einen Abdruck, den das geflügelte Pferd Al Burak hinterlassen habe, als es den Propheten Mohammed zu einer nächtlichen Reise in den Himmel trug. Und als sei all das noch nicht Bedeutung genug, soll hier auch noch das Jüngste Gericht stattfinden.

Ich quartierte mich in einer Jugendherberge der Altstadt ein und verlor mich in deren Gassen. Durchstreifte die Läden, in denen feine Stoffe aus Damaskus und bunte armenische Kacheln angeboten wurden, flüchtete aus der Metzgergasse mit ihrem blutdumpfen Geruch und den von Haken baumelnden gehäuteten Ziegen und Schafsköpfen, kaufte Obst in einem dunklen Gewölbe, in dem sich zur Mameluckenzeit der Tuchmarkt befunden hat. Ich beobachtete Handwerker, die in winzigen Höhlen Schuhe flickten oder, auf ihren Schemeln vor Bergen rostiger Eisenwaren sitzend, verbeulte Töpfe reparierten; bewunderte die Grazie, mit der Araberinnen ihre Plastikeinkaufstaschen auf den Köpfen balancierten, und versuchte vergeblich, syrisch-orthodoxe von griechisch-orthodoxen Popen zu unterscheiden und diese wiederum von Armeniern und Kopten; belächelte die Dornenkronen aus Plastik, die in der Nähe der Grabeskirche zum Verkauf angeboten wurden, und die Wackelbilder mit dem Abbild eines Jesus, der, sobald man sie ein wenig neigte, die blauen Augen zu einem eher frivolen als gütigen Blick aufzuschlagen schien.

Ich lief über Steinquader, die noch aus der Römerzeit stammen, bestaunte die Fähigkeit der Händler, die Herkunft der Touristen blitzschnell zu identifizieren und sie mit ein paar Brocken ihrer je eigenen Sprache zu umschmeicheln («kommen Sie herein, Sommerschlussverkauf»), und begriff schnell, dass das übliche Feilschen um den Preis erstens meinen eklatanten Mangel an Kaltblütigkeit und Beharrlichkeit offenbarte, die man dafür braucht, und zweitens in eine unverfrorene Anmache münden konnte. Wurden die Farben, Gerüche und Geräusche zu intensiv, zog ich mich in das kleine armenische Viertel zurück, in dem alles Leben hinter dicken Mauern stattzufinden schien, oder wich ins jüdische Viertel aus. Es gefiel mir nicht mit seinen sauberen, sterilen Gassen. Sein altes Leben war gewaltsam beendet worden, als die jüdischen Bewohner im Unabhängigkeitskrieg von 1948 kapitulierten und die jordanischen Truppen seine ärmlichen Häuser und prächtigen Synagogen dem Erdboden gleichmachten. Nach 1967 wurde der Wiederaufbau zum Prestigeprojekt. Aber wie so oft, wenn man das Vergangene schöner zu rekonstruieren versucht, als es vermutlich jemals war, kam auch hier nur ein wohlgemeinter Versuch heraus, der sich nicht echt anfühlt. Der Jerusalemstein, mit dem die Häuser nach einer noch heute gültigen britischen Verordnung verkleidet sind, strahlt zu hell aus dem Häusermeer, es fehlen die Gerüche, das Drängen und Schieben in den Gassen ...

Immer endeten meine Spaziergänge auf einer Treppe in der Nähe des uncharmant «Misttor» genannten Eingangs zur Altstadt. Von hier aus beobachtete ich das Treiben auf dem riesigen Areal vor der Klagemauer, für das die Stadtverwaltung einige arabische Häuser hatte abreißen lassen. Hinter Zypressen strahlte die goldene Kuppel des Felsendoms, daneben, viel bescheidener in ihrem Silbergrau, die Al-Aksa-Moschee. Würden alle jemals gen Himmel geschickten Gebete sichtbar, sie würden sich auf diesem Quadratkilometer bündeln und wie eine gigantische Windhose millionenfache Hoffnungen und Sorgen, Segnungen und Verfluchungen gen Himmel tragen.

Na also, geht doch, dachte ich: Im unteren Stockwerk kommunizieren die Juden brieflich mit ihrem Herrn, im

91

oberen erflehen die Muslime Allahs Segen. Ich war eben noch sehr jung und sehr naiv.

Als Jerusalem vorübergehend zu meinem Zuhause wurde, verflog für mich der exotische Reiz der Altstadt. Ich ging nur hin, um Besucher durch das Labyrinth der Gassen zu führen und in ihrem Staunen einen Nachklang meines eigenen zu erleben. Oder um ein Gefühl für den gerade herrschenden Spannungsgrad zwischen Israelis und Palästinensern zu bekommen. Während des von der PLO ausgerufenen Generalstreiks der Ersten Intifada etwa lag sie da wie ausgestorben. Jeden Tag zu einer bestimmten Stunde ließen die Inhaber die eisernen Rollläden vor ihren Geschäften herunter, steckten die Schlüssel der Vorhängeschlösser ein und verschwanden, um sich an einer der zahlreichen Demonstrationen zu beteiligen. Oder Tee zu trinken und zu hoffen, dass die Unruhen bald zu Ende sein und die Ersparnisse bis dahin reichen würden. Es hätte ohnehin niemanden gegeben, dem sie etwas verkaufen konnten. Erst blieben die Israelis weg – die Furchtsameren, weil sie Messerattacken aufgebrachter Palästinenser fürchteten, die Empfindsameren, weil sie die Feindseligkeit in den Blicken ihrer Gegner als berechtigt empfanden – und dann auch die Touristen.

Was die Touristen betrifft, so kamen sie bald wieder – und nach dem Fall des Eisernen Vorhangs aus immer neuen Ländern. Die Händler der Altstadt lernten ein paar Brocken Slowenisch und Russisch, ließen sich «danke schön» auf Polnisch aufschreiben und kapitulierten angesichts der Unmöglichkeit, eine dermaßen vertrackte Ansammlung von Buchstaben annähernd verständlich auszusprechen. Die Südkoreaner sind als harte Händler bekannt, kaufen gerne Kosmetik vom Toten Meer, Krippenfiguren aus Olivenholz und Esswaren, die sie vergeblich zu identifizieren suchen. Neuerdings ziehen sogar Pilgergruppen aus Ghana und Nigeria durch die Altstadt. Jerusalem ist so vielen heilig.

Die Israelis kehrten nur zögerlich zurück. War die generelle Lage ruhig, fand man sie in versteckten Imbissen der arabischen Viertel, in denen der Hummus am schmackhaftesten und die Falafel am knusprigsten sind. Als PLO-Chef Jassir Arafat und Israels Premier Ehud Barak im amerikanischen Camp David auch über die Teilung Jerusalems verhandelten, als Pläne gewälzt wurden, wie man das obere Stockwerk des Haram al Scharif vom unteren der Klagemauer trennen könnte, ohne das gesamte Gebäude zum Einsturz zu bringen, und sich Optimismus ausbreitete, boten die winzigen Imbisse nicht mehr genug Platz. «Wollt ihr Abschied nehmen vom arabischen Jerusalem oder noch einmal euren Besitzanspruch demonstrieren?», versuchte ich einen Tischnachbarn aus der Reserve zu locken. «Wie wär's mit einfach nur in Ruhe essen?», lautete die bündige Antwort. Für einen kurzen, allzu kurzen Moment schien ein schöneres Jerusalem auf als das goldene, heilige, makellose oder gar überirdische. Ein Jerusalem, in dem man einfach nur in Ruhe isst.

Warten auf den Messias

Wer von der Jaffa-Straße in die Straße der Propheten einbiegt, vorbei an dem Bekleidungsgeschäft «Ma'ajan Stub», in dem schon seit Jahrzehnten die gleichen unförmigen Kleider ausgestellt werden, und dann das «Bikur Cholim»-Krankenhaus passiert, betritt die Welt einer «Aristokratie Afuch», einer auf den Kopf gestellten Aristokratie. Ging es den europäischen Fürsten darum, mit ihrem Reichtum zu prunken, so ist der Adel der Gottesfürchtigen darum bemüht, seine Verachtung für alle diesseitige Pracht zu zeigen. Wurden in den europäischen Städten die Gebäude immer prächtiger, je mehr man sich dem Zentrum der Macht näherte, scheinen sie auf dem Weg ins Herz der Ultraorthodoxie zu schrumpfen und immer näher aneinanderzurücken. Die Mauern Mea Schearims schließlich umfassen ein Geviert, das wirkt, als sei es direkt aus der ärmlichen Welt osteuropäischer Schtetl nach Jerusalem versetzt worden. Wie Muscheln an einer Kaimauer kleben Anbauten aus abenteuerlichsten Materialien an den von der Last gekrümmten Häusern; Plastikspielzeug liegt verstreut in den winzigen Innenhöfen, in den Eingängen stauen sich die Kinderwagen, aus den Religionsschulen dringt selbst bei geschlossenen Fenstern der disputierende Singsang der Lernenden.

Über jedem der «hundert Tore» hängen Schilder, die in hebräischer und englischer Sprache Besucherinnen bitten, züchtige Kleidung – keine Hosen oder zu eng anliegenden Kleider, sondern lange Röcke und hochgeknöpfte Blusen mit langen Ärmeln – zu tragen. «Bitte hören Sie auf, Besuchergruppen durch unser Viertel zu führen, respektieren Sie die Heiligkeit unseres Viertels und unsere Lebensweise, die im Dienste Gottes und Seiner Thora steht.»

In meinem dicken Daunenanorak und der grauen Wollmütze auf dem Kopf bin ich selbst nach strengsten Maßstäben garantiert keine erotische Provokation. Aber ich könnte hier auch eine Tarnkappe tragen, es wäre kein großer Unterschied. Ich wandere über den kleinen Markt, nicht mehr als ein paar Stände, an denen welkes Gemüse angeboten wird; ein bärtiger Händler schabt Schuppen von seinen Karpfen, in einen Hauseingang gedrückt, versucht sich ein dicklicher Teenager in Kniebundhosen mit schuldbewusstem Gesichtsausdruck und zitternden Fingern eine Zigarette anzuzünden. Das wenigstens sieht nicht nach humorloser Heiligkeit, sondern nach normalen jugendlichen Flausen aus. Unmöglich, hier auch nur ein beiläufiges Gespräch anzufangen, und wenn es über die Qualität der Fische wäre.

Wo nur erlernt man diesen weltabgewandten Blick, der geradewegs durch Besucher wie mich dringt – Vertreter einer anderen Spezies, im besten Fall bedauernswerte Geschöpfe, die nichtigen Dingen hinterherjagen, im schlimmsten Abtrünnige, die mit ihrem sündhaften Leben das Kommen des Messias verzögern?

Die Zerstörung des Tempels verursachte die größte Krise des Judentums. Mit dem Bund am Sinai waren Jachwe und die Kinder Israels gewissermaßen ein Geschäft auf Gegenseitigkeit eingegangen. Solange sich die Israeliten getreu an Sein Gesetz hielten, würde es ihnen an Fürsorge im Heiligen Land nicht mangeln. Der Sieg der Römer, die Zerstörung ihres spirituellen Zentrums und die Vertreibung aus dem Gelobten Land konnte nur bedeuten: Der Herr hatte Sein Auserwähltes Volk, wenigstens vorübergehend, verlassen. Er selbst war im Exil. «Der Herr ist geworden wie ein Feind, hat Israel vernichtet, vernichtet all seine Paläste, zerstört seine Festen und Jammer auf Jammer gehäuft auf die Tochter Juda. Er hat Seine Hütte verwüstet, hat Seinen Festort verheert; in Vergessenheit gebracht hat der Herr Festtag und Sabbat in Zion, hat König und Priester verworfen in Seinem Zorn», heißt es in den Klageliedern, einer seitenlangen Lamentatio von herzzerreißender Schönheit.

Vermutlich zu keinem Zeitpunkt ihrer Geschichte – mit Ausnahme des Holocaust, der im Hebräischen einfach nur

«Schoa», die Katastrophe, genannt wird – fühlten sich die Juden verwaister. Mit Hilfe der Synagoge, dem sichtbaren Ort ihrer nunmehr tragbaren Religion, hielten sie am Glauben an ihren Gott fest. Irgendwann würde Er sie aus ihrem Exil erlösen und selbst zurückkehren. Jerusalem aber wurde zum Sehnsuchtsort. Man betete in Richtung der heiligen Stadt, in jedem religiösen Haushalt blieb eine Ecke unverputzt als Erinnerung an die Zerstörung des Tempels, jedes Jahr wurde die Seder-Feier zur Erinnerung an den Auszug aus Ägypten mit dem sehnsüchtigen Wunsch beendet: «Nächstes Jahr in Jerusalem.»

Die irdische Stadt, über die nun andere herrschten, war nur ein Trugbild. Darüber schwebend aber strahlte nach gängiger Gelehrtenmeinung ein getreues und makelloses Abbild, ein «Jerusalem aus Gold». Wenn der Messias endlich käme, dann würde der Dritte Tempel errichtet und das himmlische mit dem irdischen Jerusalem zu einem Ort vereint, dessen Schönheit seinesgleichen sucht.

Auch die tiefsten Erlösungsphantasien verflüchtigen sich oder werden durch andere ersetzt. Warum von Jerusalem träumen und nicht von tatsächlicher Gleichberechtigung? Warum von der Errettung des jüdischen Volkes und nicht von einem besseren Leben für alle Menschen in einer wahrhaft freien und gerechten Welt? Warum warten, anstatt die Dinge selbst zu beschleunigen? Je stärker sich viele Juden diversen Ismen hingaben – Liberalismus, Sozialismus, Zionismus –, desto stärker hielten die Ultraorthodoxen an der Vorstellung fest, dass allein die penible Einhaltung der Gesetze Gottes Volk aus dem Exil erlösen würde. Und wenn das nicht reichte, müssten die Gesetze eben noch strenger ausgelegt werden. Sie, die Ultraorthodoxen, leisten für Gott die Kärrnerarbeit: Ohne das immerwährende Studium von Thora und Talmud in den Religionsschulen, ohne ein gottesfürchtiges Leben, in dem jeder Tag vom Morgengrauen bis zur Abendstunde genau geregelt ist, gäbe es ihrer Ansicht nach die Welt nicht mehr und wären alle Hoffnungen auf den Messias vergebens. Die reale Stadt jenseits ihrer Wohnviertel ist nicht nur sündig oder verkommen. Sie ist bedeutungslos. Lebendig ist nur die Welt ihrer religiösen Schriften.

Für die «Haredim», jene, «die vor Gott zittern», ist der Staat Israel ein Frevel, eine Anmaßung von Menschen, die es wagen, den Plänen des Herrn vorzugreifen. Die Extremsten unter ihnen weigern sich, Steuern zu zahlen oder Hebräisch zu sprechen – die Sprache ist allein für Gebet und Lehre reserviert und darf nicht im alltäglichen Umgang missbraucht werden. Die kleine Sekte der «Naturei Karta» (was so viel wie «Schützer der Stadt» bedeutet) begeht sogar den jährlichen Unabhängigkeitstag mit Trauerfeiern. Ihr Führer Mosche Hirsch ließ sich Mitte der neunziger Jahre zum «Berater in jüdischen Angelegenheiten» des PLO-Chefs Jassir Arafat ernennen – was nicht als Beitrag zu einer israelisch-palästinensischen Annäherung gemeint war. Naturei Karta plädiert für eine Zerstörung des «zionistischen Gebildes», bei dem es sich um ein abscheuliches Unding handle. Juden sollten nach Hirschs Ansicht bis zur Ankunft des Messias als Minderheit in einem palästinensischen Staat leben.

Gemäßigtere Haredim halten den jüdischen Staat vom theologischen Standpunkt aus lediglich für einen Vorgriff ohne göttlichen Segen und sind deshalb bereit, das Ihre zu einer Verbesserung dieses unvollkommenen Unternehmens beizutragen. Sie treten regelmäßig zu Wahlen an und geben ihre Stimme einer der ultraorthodoxen Parteien. Dabei geht es ihnen hauptsächlich darum, sich finanzielle Unterstützung für ihre religiösen Einrichtungen zu sichern, die jungen Männer vom Armeedienst freizustellen und wenigstens für ein Mindestmaß an «Jüdischkeit» zu sorgen: Sie sperren sich gegen zivilrechtlich geschlossene Ehen, weshalb Juden in Israel bislang nur mit dem Segen eines Rabbiners heiraten dürfen; sie sorgen dafür, dass die Flugzeuge der El Al am Schabbat nicht fliegen und keine öffentlichen Busse verkehren; für eine Weile lieferten sich israelische Polizeikräfte und Ultraorthodoxe sogar Straßenschlachten, weil die Frommen forderten, dass sämtliche Straßen, die durch ihre beständig wachsenden Viertel führen, am Schabbat gesperrt werden. Die Polizisten wurden nicht nur übel beschimpft, sondern auch mit Steinen und gebrauchten Windeln beschmissen. An dieser Munition mangelt es den Haredim nicht.

Angetan mit der dunklen, schweren Tracht, die im Polen des späten 18. Jahrhunderts üblich war, leben die Haredim in einer Zeit, die längst vergangen ist. Junge Mädchen in Schürzenkleidern über dicken Wollstrümpfen und stramm geflochtenen Zöpfen führen die kleineren Geschwister an der Hand. Sobald sie ein heiratsfähiges Alter erreicht haben, wird der Schadchen, ein professioneller Ehevermittler, ihnen einen passenden Kandidaten vorstellen. Hat das Mädchen Glück und stammt aus einer angesehenen Familie oder kann eine Mitgift in die Ehe bringen, die zum Kauf einer kleinen Wohnung reicht, wird es einen der «talmudei chachamim» heiraten – einen jungen Mann, der als begabt gilt und sein Leben ganz den religiösen Studien verschreibt. Es wird schnell zur Matrone altern, zahlreichen Kindern das Leben schenken, für den bescheidenen Lebensunterhalt sorgen und die Nachkommenschaft in der Gewissheit erziehen, dass jedes Problem durch die Inbrunst des Glaubens, die Weisheit der Rabbiner und die Mithilfe der Gemeinschaft gelöst werden könne. Vielleicht hat es etwas Beruhigendes, in einer völligen Aufgehobenheit zu leben. Doch wer nur darin ausgebildet ist, die Worte der Schrift zu drehen, zu wenden und in ihre kleinsten Einzelteile zu zerlegen, der ist nicht gewappnet für die Herausforderungen der modernen Welt.

Säkulare Israelis äußern sich oft mit Abscheu über die Frommen. Sie sind es leid, eine Gruppierung mit ihren Steuergeldern zu unterstützen, die ständig Forderungen stellt und ihnen obendrein eine mittelalterliche Lebensweise aufzuzwängen versucht. Aber Mea Schearim ist auch eine Erinnerung an ihre eigene nicht allzu ferne Vergangenheit, das Nachbild einer Welt, der alle modernen jüdischen Aufklärungsbewegungen, den Zionismus eingeschlossen, zu entrinnen versuchten. Das orthodoxe Judentum hat sich der Welt nie verschlossen. Bis heute sucht es theologisch fundierte Antworten auf die ethischen Herausforderungen der modernen Wissenschaft. Die Ultraorthodoxen jedoch verweigern sich den Veränderungen jenseits ihrer abgezirkelten Enklaven. Längst studieren nicht mehr nur die brillantesten Köpfe in den Lehrstuben und Religionsakademien, auch säkulare Israelis wenden sich verstärkt der Ultraorthodoxie zu. Die Jeschiwot sind Zufluchtsstätten für all jene geworden, welche die klaren Regeln der Religion den Komplexitäten eines modernen Lebens vorziehen.

Meine Jeckes

Fragt man einen Jerusalemer nach dem Weg, antwortet er in etwa so: An der Ampel rechts bis zum früheren Waisenhaus, dann biegen Sie am Café Europa ab, in dem sich jetzt eine Filiale der Bank Le'umi befindet, laufen bis zum ehemaligen Haus der Generali-Versicherung, und schon sind Sie da. «K'sche pa'am haja» – «wo einmal war» ist eine Jerusalemer Standardformel. Es ist ihnen nicht zu helfen. In einer Stadt mit so viel Geschichte haben sie sich daran gewöhnt, vor allem in Dimensionen der Vergangenheit – und Vergänglichkeit – zu denken. Jetzt, da ich nicht mehr dort lebe, ergreift mich offensichtlich die gleiche Sentimentalität. Hier in der Ben-Jehuda-Straße war einmal das Café Atara, mit dem Heinz Greenspan im Jahr 1938 so etwas wie Wiener Kaffeehauskultur in die Stadt gebracht hatte. Im Atara traf sich Freitagnachmittag «tout Jerusalem». Oder besser, das ganze deutschsprachige Jerusalem, die Jeckes, die dort im schokobraunen Ambiente ihren ursprünglich aus Wien stammenden «Kaffee verkehrt» tranken und eifersüchtig über die wenigen Zeitungen aus Europa wachten. Pünktlich um 13.30 Uhr trippelte, gestützt auf seinen Gehstock, der Theologe Schalom Ben Chorin die etwas abschüssige Ben Jehuda hinunter, immer im Anzug, im breiten Gesicht unter dem flusig weißen Haarkranz ein Ausdruck nach innen gerichteter Konzentration und flugs umflattert von einer Schar Anhängerinnen, die mit ihren langen Röcken und bequemen Schuhen den Charme patenter Häkelgruppenleiterinnen ausstrahlten. Wie wunderbar, dachte ich, als ich ihn zum ersten Mal sah: Waldorf aus der Muppet-Show im Kreise seiner Lieben.

In den neunziger Jahren wich das Atara einem Pizza Hut und zog um in die Gaza-Straße; die wenigen Getreuen, die noch lebten, trafen sich nun dort. Aber es war nicht mehr dasselbe Atara, in dem ältere Damen über einem Stück Kuchen die Köpfe zusammensteckten, um den neuesten Klatsch auszutauschen, unterbrochen lediglich von einem erstaunten «Was du nicht sagst!». Im letzten Jahr wurde es, nur noch ein müder Abklatsch seiner selbst, geschlossen. Ich bildete mir ein, dass es nicht die wiederholten Terrorattentate in der Ben Jehuda waren, mit denen der Untergang des Miniboulevards begann, sondern der Wegzug des Atara. Jetzt sieht sie schäbig aus mit ihren Souvenirshops, Wechselstuben und billigen Klamottenläden. Anstelle der Jeckes, die bei der Begrüßung den Hut lüfteten, ziehen jetzt religiöse Teenager durch die Fußgängerzone und rufen sich mit breitem amerikanischem Akzent «Good schabbes» zu. Ja. Gleichfalls.

Ein Gang über die King-George-Straße bis zur (was sonst?) ehemaligen Boutique der Fanny Rosenblum (angeblich führte sie Modellkleider aus Paris; ich wage es zu bezweifeln) in die Gaza-Straße nach Rechavia ist ebenso wenig dazu angetan, meine sentimentale Stimmung aufzuhellen. An einem Freitagnachmittag flanieren hier gutsituierte Familien, die Männer in weißen Hemden, ihre Frauen in Kostümen, die Haare unter teuren Perücken oder einem kecken Hütchen versteckt. Reichlich «Good Schabbes» auch hier.

Noch vor einigen Jahren war Rechavia die Heimat der Jeckes. Und die Jeckes waren meine Heimat.

Jeder, den es im Laufe der Jahrhunderte nach Jerusalem zog, hatte meist nichts Eiligeres zu tun, als seine Besitzansprüche anzumelden und sie durch möglichst imposante Bauwerke zum Ausdruck zu bringen. Sultane, Könige und Kaiser verewigten sich mit prächtigen Moscheen, Kirchen und Hospizen. Das Fußvolk hingegen verschanzte sich hinter dicken Mauern seiner je eigenen Viertel, um erstens unter ihresgleichen zu sein und sich zweitens gegen Übergriffe zu schützen.

In Rechavia jedoch bauten aus Europa emigrierte Architekten eine luftige, offene Gartenstadt für aus Europa emigrierte Bildungsbürger. Ein kleines Grunewald am Rande der Wüste mit Bäumen am Straßenrand, freundlichen, nicht mehr als vier Stockwerke hohen Häusern im Bauhausstil mit Fassaden aus Jerusalem-Stein und Blumentöpfen auf den Balkonen. Besitzansprüche zu stellen lag ihnen ohnehin fern. Sie wanderten nicht aus ideologischen Motiven ein – «Kommen Sie aus Überzeugung oder aus Deutschland?», sollen sich Neueinwanderer scherzhaft gefragt haben – und schon gar nicht aus religiösen Gründen. Manchmal sagten sie «weiß Gott», aber meist im Zusammenhang mit «Ich bin, weiß Gott, nicht hierhergekommen, weil ich dieses Land so schön fand, sondern weil uns niemand wollte». Ihr Heiligtum war die neugegründete Hebräische Universität auf dem Skopus-Berg, in der wenigstens einige der zahlreichen Professoren und Gelehrten unter ihnen ein neues Auskommen fanden, und nicht die Klagemauer in der Altstadt. Ein Rechtssystem für den neuen Staat aufzubauen war ihnen wichtiger, als die Gesetze der Thora einzuhalten. Die Eröffnung einer unkoscheren Metzgerei konnte sie ebenso in Begeisterung versetzen wie ein gelungenes Konzert des Israel Philharmonic Orchestra oder die Tatsache, dass es im Café Jaffa neuerdings jeden Donnerstag frischen Stollen zu kaufen gab.

Unverdrossen versuchten sie, aus einem Land, das von hemdsärmeligen Pionieren regiert wurde und sich unglücklicherweise im Orient befand, «etwas Gescheites» zu machen. Sie brachten ihre Vorliebe für schwere deutsche Möbel mit, ihre bürgerlich-höflichen Umgangsformen und, so sie rechtzeitig genug Nazideutschland verlassen konnten, um noch einen Teil ihrer Habe mitnehmen zu dürfen, ihre Bücherkisten. Ich weiß nicht, wie oft ich das üppig bebilderte Brockhaus-Konversationslexikon im Wohnzimmer meiner großmütterlichen Freundin Ilse in der Arlosoroff-Straße bewundert habe. Die Heine-, Goethe-, Schiller-, Kleist-, Lessing-Gesamtausgaben in ihren Bücherschränken hatten sie nicht nur gelesen, sie konnten ganze Passagen auswendig zitieren; sie sprachen, wie Erich Kästner schrieb, und benutzten Worte wie «faaaabelhaft». Reizte ich sie zum Widerspruch, wollten sie mir etwas erklären oder einen ihrer lebensweisen Ratschläge erteilen, nannten sie mich, obgleich schon weit über dreißig, «mein liiiiebes Kind», gefolgt von einem deutlich hörbaren Doppelpunkt.

In ihrer einzigartigen Mischung aus Schnoddrigkeit und Disziplin, Pünktlichkeit und Lebensironie, Skepsis und ungebrochenem Optimismus verkörperten sie das Berlin der späten zwanziger und frühen dreißiger Jahre, ein Deutschland vor der Katastrophe. In ihren Erzählungen leuchtete das Jerusalem der vierziger auf, eine kosmopolitische Stadt, in der der äthiopische Kaiser Haile Selassie samt ausgedehntem Hofstaat Exil bezog, die Militärparaden der Briten am Geburtstag des Königs zum gesellschaftlichen Höhepunkt des Jahres gehörten und die bettelarme Dichterin Else Lasker-Schüler, exzentrisch in Kleidung und Benehmen, im Atara ihren Kaffee erschnorrte. Im Café Europa trafen sich Araber, Briten (allerdings nur die Offiziere) und Juden zum Tanztee. Der Krieg in Europa war weit weg – oder wurde verdrängt –, und der im Nahen Osten hatte noch nicht begonnen.

Zukunftsgläubig, aber nicht naiv, hellwach und immer auf dem Laufenden über die gerade aktuellen «Torheiten unserer Regierung», neigten meine jeckischen Freunde nicht zur Nostalgie. Doch je älter sie wurden, desto mehr verklärten sie die Zeiten und vergaßen, dass bald nicht mehr getanzt, sondern geschossen wurde. «Gestern noch konntest du in den arabischen Läden Mamillas einkaufen, am nächsten Tag hatte jeder schon seine eigenen Straßensperren errichtet», beschreibt der begnadete «Sprechsteller» Gad Granach den Ausbruch des Bürgerkriegs, dem der Unabhängigkeitskrieg und schließlich die Teilung Jerusalems folgen sollte. Die arabischen Gäste des Cafés Europa blieben weg, dafür kamen zur Verstärkung der britischen Streitkräfte australische Soldaten, die eher locker mit ihrer Ausrüstung umgingen und, anders als die Briten, Sympathien für die zionistische Sache zeigten. Manch einer betrat das Café bewaffnet und verließ es mit leerem Halfter – die Pistole war schon unterwegs zu den Untergrundkämpfern.

Manchmal stelle ich mir vor, was aus Jerusalem geworden wäre, hätte es mehr Rechavias gegeben. Mehr Universität als Klagemauer, Felsendom und Grabeskirche, mehr kultivierte Gelassenheit und weniger religiösen Fanatismus. «Mein liiiiiebes Kind», höre ich Ilschen sagen, «red keinen Unfug.»

Aus dem Kreis meiner Freunde sind nur noch zwei übrig geblieben. Beide sind weit über neunzig und sprechen neuerdings nicht mehr miteinander. Gad behauptet, Lotte mit ihrem «preußischen Charme» verstehe seine hinreißend erzählten, aber meist anzüglichen Witze nicht. Lotte ärgert sich, dass Gad nie die von ihr so dringlich empfohlenen Dokumentarfilme im Kabelfernsehen, bevorzugt auf 3sat, ansieht. Er habe eben, stellt sie bedauernd fest, «enorm nachgelassen». Als er sie dann auch nach anbluffte, er wolle sich nicht abfragen lassen wie ein Schuljunge, habe sie ihm einfach «das Telefon zugemacht» (in ihr gepflegtes Deutsch haben sich eben doch ein paar Hebraismen geschlichen).

Vermittlungsversuche blieben, nicht ungewöhnlich für Jerusalem, bisher ergebnislos.

Zwischen allen Stühlen

Jeden Nachmittag sitzt Nebi auf der Terrasse des Park-Hotels im arabischen Ostteil Jerusalems, denn Nebi liebt das Theater. Außerdem ist er – die Körperfülle und die breiten, freundlichen Gesichtszüge verraten es – ein genussfreudiger Mensch. Er bestellt ein paar der köstlichen arabischen Vorspeisen, sieht zu, wie die Kellner kleine Tellerchen mit Hummus, scharfem Tomatensalat, Auberginenmus und gekochten Möhren vor ihm aufbauen, danach gönnt er sich ein Lamm-Kebab und ein Gläschen Arrak oder auch zwei. Schließlich lässt er eine Wasserpfeife bringen, inhaliert genüsslich den nach Orangenaroma duftenden Rauch und wartet, bis sich der imaginäre Vorhang hebt.

Auftritt ausländischer Diplomaten in gutsitzenden Anzügen und palästinensischer Politiker mit eindrucksvollen Schnauzbärten. Erstere klappen ihre Laptops auf und beginnen, beschwörend auf Letztere einzureden. Die Schnauzbärte nicken bedächtig. «Gleich sagen sie ‹very interesting, very challenging›», strahlt Nebi und übertreibt seinen sonst kaum erkennbaren arabischen Akzent. Die Palästinenser sagen: «Very interesting, very challenging.» Was die Anzugträger nur weiter anstachelt, ihre in übersichtliche PowerPoint-Präsentationen verpackten Friedensvorschläge für Jerusalem zu erklären. Oder Pläne zur Gründung einer weiteren Nichtregierungsorganisation, die sich der Förderung der Demokratie widmet. Jedenfalls sind sie unermüdlich. «Die wirklich wichtigen Diplomaten kommen nicht mehr», bemerkt Nebi. «Nur noch eifrige Anfänger, die sich ein Paar Sporen verdienen wollen oder noch nicht frustriert genug sind, glauben noch an realisierbare Friedenspläne für Jerusalem.»

Ich hatte Nebi schon ein paarmal beobachtet, wie er das nachmittägliche Spektakel auf der Terrasse des Park-Hotels verfolgte. Schließlich waren wir ins Gespräch gekommen. Bemerkenswert, dachte ich: ein Palästinenser, dem das Lachen noch nicht vergangen ist.

Nebi ist gewiss eine der auffälligeren Gestalten in einer an Exzentrikern nicht eben armen Stadt. Ein Einzelgänger, der sich weigerte zu heiraten, «womöglich eine Frau, die meine Familie für mich aussucht». Freundschaften in einer von unsichtbaren Mauern durchzogenen Stadt zu pflegen ist ebenfalls nicht leicht. Er gehört zu keinem der großen Clans, die das gesellschaftliche Leben Ostjerusalems bestimmen. Von politischen Aktivitäten hält er sich fern, und Verwandte haben es aufgegeben, ihn zum Essen einzuladen, um ihm nette Witwen vorzustellen. Und wo in Ostjerusalem soll man schon «einfach so» Leute treffen? Theater oder Kinos gibt es in den arabischen Stadtteilen nicht. Westjerusalem, das reichlich Unterhaltung böte, besucht er nicht gerne. «Ich mag die Mischung aus Ängstlichkeit und Misstrauen nicht, mit der viele Israelis einem Araber begegnen.» Nebi sitzt zwischen allen Stühlen. Und das wiederum macht ihn zu einem waschechten Ostjerusalemer.

Politisch genossen die Jerusalemer Palästinenser immer einen Sonderstatus. Sie können, anders als ihre in der West Bank lebenden Landsleute, die israelische Staatsbürgerschaft beantragen. Gleich nach dem Sechstagekrieg lud Jerusalems damaliger Bürgermeister Teddy Kollek die Bewohner Ostjerusalems ein, sich an der Stadtverwaltung zu beteiligen. Bürger des jüdischen Staates zu werden kommt allerdings für die meisten von ihnen nicht in Frage. Faktisch würde das bedeuten, den Anspruch auf eine palästinensische Hauptstadt Jerusalem aufzugeben. Nicht anders als die Juden aber sind auch die Palästinenser bemüht, «Al Kuds», die Heilige, fest in ihrem kollektiven Gedächtnis zu bewahren. Während Israelis jährlich den «Jerusalem-Tag» zur Erinnerung an die Wiedervereinigung der Stadt 1967 mit Märschen um die Mauern der Altstadt feiern, begeht man in den palästinensischen Gebieten, ja im gesamten Mittleren Osten und unter muslimischen Migranten in Europa den «Al-Kuds-Tag», der an Eroberung und Besatzung der heiligen Stadt erinnern soll. Ein unabhängiger Staat ohne Al Kuds als Hauptstadt wäre für sie undenkbar. Der Felsendom als Foto oder Perlenstickerei, auf Webteppichen oder sogar als Plastiknachbildung ist buchstäblich in jedem Haushalt zu finden. Kaum ein Flüchtlingslager kommt ohne ein «Jerusalem-Viertel» oder wenigstens eine «Al-Kuds-Straße» aus. Lieder und Gedichte verherrlichen die Stadt.

Eigene Stadträte zu entsenden, lehnen die Palästinenser nach wie vor ab. Sie erkennen die Legitimität der bestehenden Regierung nicht an. Das Ergebnis ist ein ebenso unbefriedigender wie unsicherer Schwebezustand. Ohne eigene Vertretung sind die arabischen Jerusalemer abhängig von den Entscheidungen eines rein jüdisch besetzten Stadtrates, der schon alle Hände voll zu tun hat, zwischen den säkularen und den ultraorthodoxen Bewohnern Jerusalems zu vermitteln, und wenig geneigt ist, sich mit einer weiteren Problemgruppe auseinanderzusetzen. Sie sind offiziell Bürger der «ungeteilten, ewigen Hauptstadt des jüdischen Staates». Trotzdem versuchten bislang alle Stadtverwaltungen und israelischen Regierungen mit mehr oder weniger harschen Methoden das Anwachsen dieses nichtjüdischen Bevölkerungsteils zu verhindern. Land wird im östlichen Teil der Stadt oft nicht zur Entwicklung freigegeben, sondern als «Grünzone» deklariert. Das verschönert Jerusalem zwar – in den vierzig Jahren seit dem Sechstagekrieg sind zahlreiche hübsche Parks entstanden –, aber es löst die Wohnungsnot der Ostjerusalemer nicht. Sie werden eingezwängt von jüdischen Neubaugebieten; Baugenehmigungen im arabischen Teil werden nur unter größten Auflagen erteilt, illegale Bauten oft rücksichtslos abgerissen.

Rechtlich behalf man sich mit einer Notlösung. Da die Palästinenser in Jerusalem nicht Bürger des israelischen Staates werden wollten, aber seit der einseitigen Annexion Jerusalems auch nicht mehr als Bewohner der West Bank gelten, erhielten sie die sogenannten Blauen Identitätskarten. Damit haben sie Anspruch auf Kranken- und Rentenversicherung; und sie brauchen keine Genehmigung, um die West Bank zu besuchen. Für Auslandsreisen hingegen müssen sie sich ein «laissez-passer» vom israelischen Innenministerium ausstellen lassen, das nur nach ausgiebiger Sicherheitsprüfung durch den Inlandsgeheimdienst erteilt wird.

Für Westjerusalemer sind sie die ungeliebten Hinterhofbewohner. Für die Palästinenser der West Bank die privilegierten und beneideten Verwandten jenseits des meterhohen Sicherheitswalls, der die Stadt im Osten fast völlig umschließt und Straßen unvermittelt vor einer meterhohen Zementmauer enden lässt. Sie sind Bewohner einer Insel der Unseligen.

Die Plakate, die überall in Ostjerusalem zu sehen sind, könnten aus Mea Schearim stammen. Nur mahnen sie nicht in den eckigen Buchstaben des Hebräischen, sondern in fein geschwungener arabischer Schrift: «Frauen, tragt züchtige Kleidung». Und: «Die Ehre der Frau ist die Ehre des Islam.» Die Wirkung bleibt nicht aus. Kaum eine erwachsene Frau verzichtet auf den Hedschab – das Kopftuch und einen unförmigen Mantel in gedeckten Farben. Selbst Gesichtsverschleierungen, sonst nur im konservativen Gaza oder Hebron zu sehen, sind keine Seltenheit mehr in den arabischen Vierteln Jerusalems. Immer öfter bekommen die Ladenbesitzer in der Saladin-Straße Besuch von jungen Aktivisten diverser islamistischer Vereine, die sie mit sanfter, aber nachdrücklicher Stimme auffordern, Plakate mit Koransprüchen und Appellen an die Sittlichkeit aufzuhängen. Wie ein «sittsames Jerusalem» auszusehen hat, davon hegen sie genaue Vorstellungen.

«Die Al-Aksa-Moschee muss von den modernen Kreuzfahrern befreit werden», sagt einer von ihnen, der gerade eines seiner Poster an eine Hauswand klebt – dabei steht die Moschee ohnehin unter der Aufsicht einer muslimischen Behörde, des Wakf. Und die ist, vermuten israelische Archäologen, damit beschäftigt, Beweise für die Existenz eines jüdischen Tempels unter ihren Grundfesten beiseitezuschaffen.

«Auch die Herrschaft der christlichen Kreuzfahrer war begrenzt», weiß der junge Mann. «Eines Tages wird ein neuer Saladin Al Kuds befreien.» Und dann werde von ganz allein ein goldenes Zeitalter allumfassender Gerechtigkeit anbrechen.

Für jene, die nicht vom Jenseits träumen, sondern es vorziehen, selbst in einem schwierigen Diesseits zu leben, bleibt da nicht viel Platz. Niemand wagt es recht zuzugeben, aber die alte Elite säkularer Palästinenser verlässt die Stadt. Die Reicheren flüchten ins Ausland. Wer für die palästinensische Autonomiebehörde arbeitet, zieht ins benachbarte Ramalla und kommt höchstens nach Al Kuds,

109

um sich mit zweitklassigen Diplomaten auf der Veranda des Park-Hotels zu treffen.

Auch Nebi denkt daran auszuwandern. Er weiß nur nicht, wohin.

«Um unseren sinnlosen Streit um Jerusalem zu beenden, sollten wir alle heiligen Stätten sprengen», sagte mir einmal der israelische Schriftsteller Me'ir Schalev. Nur um dann mit einem nachdenklichen Seufzer hinzuzufügen: «Aber die Leute sind womöglich so verrückt, dass sie beginnen würden, zu heiligen Kratern zu beten.»

Man muss vielleicht nicht zu solch radikalen Mitteln greifen, vor allem, wenn sie sich als vergebliche Mühe erweisen würden. Der unauffälligste Teil der Jerusalemer, all jene, die einfach nur ihren Alltag bewältigen und ein wenig Raum haben wollen, das Leben zu genießen, weiß sich mit einem probateren Mittel gegen überbordende Heiligkeit zu helfen: einer gesunden Portion Hedonismus. Noch vor ein paar Jahren glich Jerusalem einem provinziellen Bergdorf. Jetzt hat sich zumindest der westliche Teil zu einer genussfreudigen Großstadt gemausert. Leise schlich sich zu dem «Wo einmal war» ein «Kennst du schon» – das neueste Restaurant, die neueste Bar, den neuesten Club.

Wo auch immer gegraben wird, finden sich Überreste einer vorangegangenen Epoche und darunter eine weitere Schicht, die in eine noch ältere Vergangenheit weist. Jerusalem ist in seiner langen Geschichte von stets neuen Herren überschrieben worden, wie ein Palimpsest. Es sind die lebensfreudigen, diesseitigen Jerusalemer, die ihre Stadt endlich einmal nicht mit einer steinernen Schicht beschweren, sondern mit luftigen, flüchtigen Strichen übertünchen. Oberhalb des Hinnom-Tales, in dem die Kanaaniter vor Urzeiten ihre Kinder dem Gott Moloch geopfert haben sollen, zeigt man in der «Cinemathek» die neuesten aus- und inländischen Produktionen. Im «Russian Compound», einst Unterkunft russischer Pilger, die einen beschwerlichen Fußmarsch ins Heilige Land auf sich nahmen, tanzt man zu Salsa-Rhythmen. Die Zeit der Tanztees im Café Europa ist vorüber. Aber in der «German Colony» – erbaut von frommen schwäbischen Protestanten, den Templern, die ihre Türpfosten mit Versen aus den Psalmen verzierten (und nach 1933 Hakenkreuzfahnen hissten) – reiht sich Café an Café um das alte «Smadar»-Kino.

Morgens um sechs, eine gute Weile nachdem der Ruf der Muezzins über der Stadt verklungen ist und die Glocken der Dormitiokirche auf dem Zionsberg zum Morgengottesdienst geläutet haben, taumeln die letzten, aufgekratzten Tänzer aus dem gerade angesagtesten Technoclub im Industrieviertel Talpiot. Sanft umschmeichelt das Licht des frühen Morgens die Wüstengebirge im Osten und überzieht die Stadt mit heiterem Glanz. Wieder wirkt das Schönheitselixier der alten Dame, sie zeigt ihre weichsten Züge.

Der Berg der Erinnerung

«Woher kommen Sie?», will die gepflegt gekleidete Dame am Nebentisch des Jerusalemer Cafés Masaryk höflich wissen, als sie sieht, dass ich eine ausländische Zeitung lese. Die Frage ist der universal gültige Auftakt für ein unverfängliches Gespräch. Eine Gelegenheit für ein wenig Smalltalk. Nicht in Israel.

«Aus Deutschland?»

Erst nach einiger Zeit fällt mir auf, dass ich die Antwort ebenfalls mit einem Fragezeichen versehen habe. Gleichsam als stilles Angebot, für einen Moment innezuhalten und eine Entscheidung abzuwägen. Sollen wir im Unverbindlichen bleiben und Nettigkeiten austauschen? Oder sind wir gewappnet für Gewichtigeres?

«Wir waren in Deutschland, meine Schwester und ich», strahlt die Dame, als sei sie froh, eine Gemeinsamkeit entdeckt zu haben. Und an die winzige, ihr gegenübersitzende Begleiterin gewandt: «Dvora, wie hieß der Ort noch?»

«Wetzlar.»

«Was, um Himmels willen, macht man in Wetzlar?»

Mich trifft ein freundlich prüfender Blick.

«Nach dem Krieg landeten wir dort in einem Lager für Displaced Persons.»

Ich betrachte die Gesichter der Schwestern und rechne ein wenig nach. Sie mussten Kinder gewesen sein, damals.

Dvora und ihre Schwester Bella stammen aus einer orthodoxen Familie in Polen. Die Mutter starb kurz nach der Geburt Bellas. In dunkler Vorahnung und vielleicht auch überfordert von der Sorge für drei kleine Töchter, schickt der Vater die beiden Kleineren, gerade einmal acht und vier Jahre alt, kurz vor Ausbruch des Krieges in ein jüdisches Waisenhaus in Russland. Die Größte behält er bei sich. «Einsam», sagen die Schwestern knapp, seien sie gewesen. Der Vater schreibt noch eine Weile, dann bleiben seine Briefe aus. Sie fragen nicht, was wohl mit ihm geschehen sein könnte. Dvora, die Ältere, hört die Betreuerinnen von Lagern flüstern, in denen Juden ermordet werden. Aber was da draußen, jenseits der relativ sicheren Mauern des Waisenhauses, geschieht, ist zu furchterregend. Man muss es beiseiteschieben, so tun, als sei es gar nicht da. Schließlich ist Dvora ganz mit der Aufgabe beschäftigt, die ihr der Vater übertragen hat. Sie soll gut auf die kleine Schwester achtgeben. Das tut sie mit Hingabe.

«Ich war selbst noch ein Kind und wurde zur Ersatzmutter. Viel zu essen gab es nicht. Also habe ich ihr oft etwas von meiner Ration zugesteckt.» Sie lacht: «Vielleicht bin ich deshalb so klein geblieben.» Ihre Fürsorglichkeit hat sie nicht abgelegt. Immer wieder fragt sie nach, ob die Schwester noch etwas bestellen möchte, schiebt ihr den Brotkorb hin und schenkt Tee nach. Bella, Mutter zweier Söhne, Großmutter von sieben Enkeln, lässt es sich lächelnd gefallen.

Nach dem Krieg machen sie sich auf die Suche nach dem Vater und der älteren Schwester. Zu Fuß oder in den wenigen noch verkehrenden Zügen, die mit Flüchtlingen überfüllt sind, schlagen sie sich in ihr Heimatdorf durch. «Alle weg», geben die ehemaligen Nachbarn barsch Auskunft. Von einer jüdischen Hilfsorganisation erfahren sie, dass es den Vater nach Deutschland in ein Displaced Persons Camp verschlagen hat. So landen sie schließlich in Wetzlar. Wie er überlebte und wie ihre größere Schwester umgekommen ist, wissen sie nicht – der Vater starb, entkräftet von den Strapazen, wenige Wochen nach dem Wiedersehen. Mit Hilfe eines entfernten Verwandten emigrieren die beiden in die Vereinigten Staaten. Bella bleibt dort. Sie wird – unverkennbar an ihrem Akzent und den leicht violett getönten Haaren – «mit Leib und Seele Amerikanerin». Dvora will nach Israel. Hier gründet sie in den fünfziger Jahren zusammen mit Einwanderern aus Argentinien – darunter ihrem späteren Ehemann Igal – einen Kibbuz. «Mit meiner Schwester sprach ich Jiddisch, von den Betreuerinnen und den anderen Kindern im Waisenhaus schnappte ich Russisch auf. In Amerika musste ich Englisch lernen, mein Mann sprach nur Spanisch, also kam eine weitere Sprache hinzu, und zusammen lernten wir Hebräisch.» Als sie eine Ausbildung zur Bibliothekarin macht, eignet sie sich auch Deutsch an, um die Klassiker der deutschen Literatur im Original zu lesen. «Vielleicht war es auch der Versuch, mit Hilfe der Sprache irgendeinen Hinweis zu finden, warum die Deutschen das damals getan haben.»

Der Rechtsanwalt Ori, mit dem ich in der Cafeteria des Gerichtsgebäudes in Beer Schewa über die Frage nach meiner Herkunft ins Gespräch kam, hat einen Teil seiner Familiengeschichte erst vor kurzem erfahren. Er wusste, dass sein Vater bald nach Kriegsende als Halbwüchsiger

115

auf einem schrottreifen Flüchtlingsschiff in Palästina ankam. «Diese Geschichte kannten meine Geschwister und ich in- und auswendig. Für uns Kinder klang sie wie ein großartiges Abenteuer. Die Flüchtlinge sprangen vor der Küste vom Schiff. Jüdische Untergrundgruppen versteckten sie vor den Briten, die versuchten, die illegale Einwanderung zu unterbinden und die Überlebenden des Holocaust oft aufgriffen, um sie in einem Lager auf Zypern zu internieren.» Nur über die Zeit «davor» sprach der Vater nie. Auf Nachfragen habe er immer nur geantwortet: «Es war schlimm. Aber ich habe überlebt.» Erst als Ori dem Vater beim Umzug in ein Altersheim hilft, fällt ihm ein altes Familienfoto in die Hände, ein wenig zerknittert, wie ein wertvolles Dokument, das der Besitzer lange bei sich getragen haben muss. Zwei Jungen im Alter von zwölf und vierzehn Jahren mit Schiebermützen in einer Winterlandschaft sind darauf zu sehen, hinter ihnen ein junges Elternpaar, «nicht viel älter als ich heute»; das Gesicht des Mannes ist überschattet von der weiten Krempe seines Hutes, die Frau strahlt in ihrem pelzbesetzten Mantel eine vornehme Eleganz aus. Und da erzählt Oris Vater endlich. Die Familie wurde während der Deportation nach Treblinka getrennt. Ihm und dem jüngeren Bruder glückte bei einem Halt des Zuges auf offener Strecke der Sprung aus dem Waggon. Der Bruder wurde von SS-Leuten erschossen. Oris Vater schlug sich in einen nahegelegenen Wald durch und überlebte den Krieg unter jüdischen Partisanen. Mit Hilfe des Dokumentationszentrums in der Gedenkstätte Jad Vaschem will Ori jetzt versuchen, «wenigstens die Namen und den Zeitpunkt und Ort des Todes möglichst vieler meiner Vorfahren zu erfahren».

Tamar, eine resolute Person von etwa Mitte sechzig mit rötlich gefärbten kurzen Haaren und klaren blauen

Augen, lernte ich vor ein paar Jahren während der Pause einer Opernaufführung in Tel Aviv kennen. Sie spricht das gepflegte, slangfreie Hebräisch der ersten Generation, die in Israel aufwuchs. Dass sie eine relativ sorgenfreie Jugend erleben durfte, habe sie ihrer Tante Rachel zu verdanken, sagt sie. Als glühende Zionistin hatte Rachel eines der ebenso begehrten wie raren Zertifikate für die Auswanderung in das britische Mandatsgebiet Palästina erhalten. Es galt für nur eine Person. Ihren Mann Gerschon hätte Rachel zurücklassen müssen. So entschied sie sich, in Rumänien zu bleiben und die Ausreisegenehmigung auf die noch unverheiratete jüngere Schwester Hanna, Tamars Mutter, zu übertragen.

Hannas Eltern und ihre neun Geschwister, darunter auch Rachel und deren Ehemann, werden nach Auschwitz deportiert. Nur Rachel, Gerschon und der jüngste Bruder Isaak überleben und können in den fünfziger Jahren endlich aus Rumänien nach Israel einwandern. «Die eine wurde auf Kosten der anderen gerettet. Das muss sie schwer belastet haben», sagt Tamar. «Aber zwischen den beiden Schwestern ist darüber nie ein böses Wort gefallen.» Dass Tamar als Volontärin in der Gedenkstätte für die Kämpfer des Ghettos in Naharija arbeitet, sei einem Gefühl der Verpflichtung und der Dankbarkeit geschuldet, «dass ich überhaupt am Leben bin». Es ist, sagt sie, «ein kleiner Beitrag, um eine Welt wieder zusammenzufügen».

Auf die Frage «Woher kommen Sie?» habe ich viele Geschichten von Tod, Flucht und Überleben gehört. Sie sind in Israel nicht abstrakt und nicht vergangen, sondern höchst gegenwärtiger Teil vieler Familiengeschichten. Man hat sie mir nicht aufgedrängt. Aber auf Nachfragen fast mit Erleichterung erzählt. In keinem Fall ging es um eine Schuldzuweisung, die seltsamerweise auch jüngere Deutsche oft zu spüren glauben. Bohrt man jedoch nach, stellt sich schnell heraus, dass niemals ein Wort der Anklage fiel. Vielmehr begegnet der Durchschnittsisraeli Deutschen in der Regel mit einem ebenso herzlichen Mangel an Höflichkeit wie allen anderen Touristen. Dabei scheint für Deutsche noch immer zu gelten, was Hannah Arendt während ihres ersten Besuchs im Nachkriegsdeutschland beobachtete: Bei der Begegnung mit einem Juden «folgt in der Regel eine kurze Verlegenheitspause: und danach kommt – keine persönliche Frage, wie etwa: ‹Wohin gingen Sie, als Sie Deutschland verließen?›, kein Anzeichen von Mitleid, etwa dergestalt: ‹Was geschah mit Ihrer Familie?› – sondern es folgt eine Flut von Geschichten, wie die Deutschen gelitten hätten (was sicher stimmt, aber nicht hierhergehört).»

Unzählige deutsche Gruppen habe sie bereits durch die Ausstellung geführt, berichtete mir eine Mitarbeiterin der Holocaust-Gedenkstätte Jad Vaschem in Jerusalem, selbst Tochter deutscher Emigranten. Oft habe man sich lobend über ihr perfektes Deutsch geäußert – niemand fragte nach, wo sie es denn gelernt habe. Meist folgten auf die Führungen Beteuerungen, dass dies alles ja wirklich schrecklich gewesen sei. Jetzt sollte man nach vorne blicken und dafür sorgen, dass «so etwas» nie wieder geschehe. Im Übrigen müsse doch auch das Leiden der Palästinenser ein Ende haben und endlich Frieden geschlossen werden. Was stimmen mag, aber ebenfalls nicht hierhergehört.

Die Welt zusammenfügen

Ich weiß nicht, wie oft ich diese bis zum Überdruss gebrauchte Formel in Berichten über den Nahostkonflikt gelesen und mich immer wieder darüber geärgert habe: «Auge um Auge, Zahn um Zahn». Was in etwa sagen soll: Kein Wunder, dass der jüdische Staat Vergeltungsmaßnahmen ergreift, schließlich ist der alttestamentarische Jachwe ein Gott der Rache, und dementsprechend handelt offensichtlich auch Sein Volk.

Abgesehen von der Tatsache, dass dieses Klischee überstrapaziert ist und weder einen komplizierten Konflikt noch die Politik Israels adäquat beschreibt, verrät es ein grundsätzliches Missverständnis. Mit der Offenbarung der Thora am Berg Sinai wurde die willkürliche und blindwütige Rache unter den Menschen und zwischen Gott und Mensch nämlich abgeschafft. Niemand sollte sich mehr das Recht nehmen dürfen, eigenmächtig oder gar exzessiv zu strafen. Wer einen Mitmenschen verletzte, durfte nicht etwa Blutrache üben, sondern hatte seiner Tat entsprechend Entschädigung zu leisten: Auge um Auge, und nicht mehr als das. Vorbei war es auch mit dem Zittern und Zagen vor Göttern, deren Absichten man höchstens erraten konnte. Jachwe hatte seinen Willen ja in den Gesetzen der Thora klar kundgetan, und nur wer in vollem Wissen gegen ihn handelte, sollte bestraft werden.

Berechenbarkeit und die Verhältnismäßigkeit von Vergehen und Strafe sind die Prinzipien, die mit dem Bund am Berg Sinai für die Israeliten eingeführt wurden. Sie sind der Kern des Judentums und wurden zu einem universalen Fundament. Jeder moderne Rechtsstaat, jedes zivile Zusammenleben beruht auf ihnen. In den Vernichtungslagern wurden diese Prinzipien vollständig außer Kraft gesetzt. Für die fabrikmäßige Produktion von Leichen gibt es keine angemessene Strafe mehr. Sie übertraf alles, was aus der Geschichte bislang bekannt war. Es ging nicht allein darum, eine Bevölkerungsgruppe zu unterdrücken, sie in Angst und Schrecken zu versetzen oder aus Macht- oder Profitgier zu töten. Auch die rassistische Ideologie des Nationalsozialismus reicht als Begründung nicht aus. Sie mag erklären, warum Juden isoliert, in die Emigration gezwungen, in Ghettos gebracht und zur Zwangsarbeit verdammt wurden. Die Vernichtung einer ganzen Bevölkerungsgruppe, die zu keinem Zeitpunkt eine Bedrohung darstellte; die Gaskammern und die Mühen eines Regimes, die Todesfabriken weiter zu betreiben, obgleich das der Kriegsführung im Osten schadete, wird dadurch nicht begreiflicher. Nicht einmal pathologische Mordlust kann man unterstellen. Die Lageraufseher, die sich in den Auschwitz- oder Maidanekprozessen verantworten mussten – im Übrigen ohne große Reue zu zeigen, die sich durchaus hätte strafmildernd auswirken können –, mochten ein Übermaß an Sadismus an den Tag gelegt haben, für das sie verurteilt wurden. Doch war das im effizient funktionierenden System der Vernichtungslager eher die Ausnahme als die Regel. Jene «ganz normalen Deutschen» aber, die am Massenmord beteiligt waren – und niemals vor Gericht gestellt wurden –, hatten vor 1933 meist ein ebenso unbescholtenes wie unauffälliges Leben geführt. Nach dem Krieg setzten sie es fort, als sei nichts geschehen. Ob sie häufig unter Albträumen gelitten haben, ist nicht bekannt.

«Ist schon unser gemeiner Verstand überfordert, sich mit Taten zu befassen, die weder aus Leidenschaft noch wegen eines Vorteils begangen wurden», stellte Arendt fest, «so erst recht unsere Ethik angesichts von Verbrechen,

120

die in den Zehn Geboten nicht vorhergesehen waren.» Genau jene Fassungslosigkeit über ein dermaßen sinnloses Morden, ein noch sechzig Jahre nach der Tat lebendiges Erschrecken, war in den Erzählungen meiner Gesprächspartner über die Schoa zu spüren.

Mich hätte es nicht erstaunt, wenn nach der größten Katastrophe der jüdischen Geschichte der Ruf nach Rache laut geworden wäre. (Ob die Juden Europas, die dem gewissenlosesten aller Mordunternehmen gerade entkommen waren, oder die Israelis, die ebenfalls ums Überleben kämpften, in der Lage gewesen wären, sich zu rächen, ist eine ganz andere Frage.) Von einigen ehemaligen jüdischen Partisanen abgesehen, die nach der Befreiung vereinzelt versuchten, Naziverbrecher niederzustrecken, war Rache jedoch nie ein Thema. Ganz im Gegenteil nahmen gerade die jüdischen Opfer des Holocaust und deren Nachkommen eine geradezu ungeheure Aufgabe auf sich: zu verstehen und «einen Hinweis zu finden, warum das geschehen ist». Zu erinnern und «den dunklen Raum zu füllen, in dem die eigene Herkunft versinkt»; die Grundlagen zivilen Zusammenlebens wiederherzustellen, die auf Berechenbarkeit und einem angemessenen Verhältnis zwischen Vergehen und Strafe beruhen, und damit eine «Welt zusammenzufügen», die gänzlich zerstört wurde.

Auch Rafael Lemkins Welt war völlig zerstört. Fünfzig seiner Angehörigen hatte der polnisch-jüdische Jurist im Holocaust verloren. Ihm allein war unter abenteuerlichen Umständen die Flucht über Sibirien in die USA geglückt, wo er sich zunächst mit Dozenturen an dortigen Universitäten über Wasser hielt. Dieses Leben hätte er weiterführen können. Aber er hatte erkannt: Die Nazis hatten das Gebot «Du sollst nicht töten» zum «Du sollst töten» pervertiert,

121

und mit Begriffen wie «Barbarei» oder «Massaker» war die Errichtung von effizient betriebenen Todesfabriken nicht zu beschreiben, die nur einem Zweck dienten: das Volk, das die Verhältnismäßigkeit von Vergehen und Strafe in die Welt gebracht hatte, vom Angesicht dieser Erde zu tilgen. Selbst «Verbrechen gegen die Menschheit» reichte nicht aus. Auf dieser Grundlage konnten nur Vertreter eines Regimes verurteilt werden, die die Souveränität eines anderen Staates verletzt hatten. Der Massenmord an den eigenen Staatsbürgern aber war straffrei. (Die Größen des Naziregimes wurden in Nürnberg nur für jene Verbrechen bestraft, die nach Kriegsbeginn in den besetzten Gebieten stattfanden.) Geradezu besessen widmete Lemkin sich der Aufgabe, eine neue Bezeichnung für neuartige Gräueltaten zu finden, um sie ahnden zu können. Er prägte den Begriff «Genozid» als «Versuch, nicht nur eine ganze ethnische, religiöse oder politische Gruppierung zu töten, sondern auch deren politische und soziale Institutionen, Kultur, Sprache, nationale Identität, Religion und wirtschaftliche Grundlage zu zerstören».

In Israel war er nie. Ältere Diplomaten und Journalisten jedoch erinnern sich noch an den dünnen, grauhaarigen Mann in stets abgetragenen Anzügen, der im New Yorker Hauptquartier der soeben neu gegründeten Vereinten Nationen zu wohnen schien. Geradezu «verfolgt» habe er sie mit seinem Anliegen: eine «Völkermord-Konvention» in der UN-Charta zu verankern und damit eine neue Rechtsgrundlage zu schaffen, die Genozid zum Straftatbestand erklärte. In Zukunft sollte es keinem Regime mehr erlaubt sein, sich hinter dem Souveränitätsprinzip zu verstecken und ungehindert die eigene Bevölkerung abzuschlachten. Im Dezember 1948 erklärten die Vereinten Nationen Genozid zum international geächteten Verbrechen. Es sollte noch Jahrzehnte dauern, bis fast alle Staaten die «Völkermord-Konvention» auch ratifizierten.

Lemkin wusste wohl, dass Diktatoren sich selten von einem Stückchen Papier beeindrucken lassen und dass es vor allem eines entschlossenen politischen Willens der internationalen Gemeinschaft bedarf, einen Genozid zu stoppen (woran es ohne Zweifel bis heute mangelt). Aber Lemkin, der schon seine Kindheit mit dem Studium der Thora verbracht hatte, versuchte, Recht und Gesetz wieder als Fundament jeglichen gesellschaftlichen Zusammenlebens zu verankern und Verbrechen zu benennen und möglichst zu verhindern, die weder «in den Zehn Geboten» noch im Völkerrecht vorgesehen waren.

Helden und Gerechte

Was geschehen wäre, hätte es schon vor 1933 eine «Völkermord-Konvention» gegeben, ist reine Spekulation. Dem jüdischen Staat blieb nach seiner Gründung nur, die Geschichte des Holocaust zu dokumentieren und jedes einzelne Opfer vor dem Vergessen zu bewahren. 1953 beschloss das israelische Parlament die Errichtung der Gedenkstätte Jad Vaschem.

In den Jahrzehnten, die seither vergangen sind, entstand auf dem «Berg der Erinnerung» eine ganze Museumslandschaft. An der «Allee der Gerechten» wird für jeden, der nachweislich Juden rettete, seit 1963 ein Baum gepflanzt. Über 19 000 «Gerechte unter den Völkern» wurden bislang geehrt – nicht nur als Würdigung all jener, die ihr eigenes Leben aufs Spiel setzten. Die Würdigung der Gerechten ist eine Rückversicherung: Es gab Menschen, die sich dem Versuch entgegenstemmten, die Juden vom Angesicht der

Erde zu tilgen. «Wir müssen ihnen ein Denkmal setzen», schrieb ein Überlebender in einem Brief an Jad Vaschem. «Denn wie könnten wir sonst jemals wieder mit anderen Menschen, mit anderen Völkern zusammenleben, wenn wir uns eingestehen müssten, dass es wirklich niemanden gegeben hat, der uns in höchster Not zu Hilfe geeilt ist?»

Vor kurzem ist das alte Ausstellungsgebäude einem avantgardistischen Neubau des israelisch-kanadischen Architekten Mosche Safdie gewichen. Halb unterirdisch angelegt, bohrt es sich wie ein Pfeil durch den Berg. Geschlossen auf der Eingangsseite, öffnet sich die Betonröhre am Ende der Ausstellung zu einer Glaswand, die den Blick auf die Täler und Hügel im Westen Jerusalems freigibt.

Den meisten Besuchern dürften die Fotos und Filmdokumente des Museums vertraut sein. So sehr, dass es fast unmöglich ist, sich die Welt der Vernichtungslager anders als im körnigen Schwarzweiß dieser Aufnahmen vorzustellen. Ein blauer Himmel über Auschwitz jedenfalls ist gänzlich undenkbar. Umso eindrucksvoller ist die Wirkung des Glasfensters. Wenn die Sonne am späten Nachmittag versinkt, fällt ein pastellfarbener Lichtschein auf das Grau des Betons. Nichts könnte die Verknüpfung von Katastrophe und beinahe trotziger Hinwendung zu Zukunft und Leben besser symbolisieren, die in der jüdischen Tradition fest verankert ist.

Jad Vaschem mag zu einer Art nationalem Mahnmal geworden sein. Bei jedem Staatsbesuch, gleich aus welchem Land der Gast kommt, steht eine Visite in der Gedenkstätte auf dem Programm. Aber Erinnern ist keinesfalls nur ein Staatsakt. Hinter der Gedenkhalle, deren Kuppel mit Fotos bedeckt ist, von denen sich die Blicke zahlreicher ermordeter Männer, Frauen und Kinder auf den Besucher zu richten scheinen, befindet sich ein karger Raum, in dem

124

nur ein paar Tische, Stühle und Computer stehen. Fast immer ist dort jemand zu beobachten, der still an einem Bildschirm versunken die Datenbank der Gedenkstätte nach Namen durchforstet oder einen der Suchzettel ausfüllt, die in zahlreichen Sprachen auf einem Tresen ausliegen. Auch über sechzig Jahre nach der Befreiung des letzten Vernichtungslagers ist es noch nicht gelungen, alle Opfer der Schoa aus ihrer Anonymität zu holen.

Von der Holocaust-Gedenkstätte führt ein kleiner, beinahe unscheinbarer Fußpfad zu Israels Heldenfriedhof. Der Begriff «Held» ist allerdings in Israel recht weit gefasst. Der zionistische Visionär Theodor Herzl liegt dort unter einer schwarzen Marmorplatte begraben. Etwas weiter hügelabwärts befinden sich die Ruhestätten fast aller Präsidenten und Premierminister des Staates Israel. Ein Denkmal, das in seiner Ästhetik beinahe an die Kunst des sozialistischen Realismus erinnert, ist jüdischen Soldaten der polnischen Armee gewidmet, die im Kampf gegen die Nationalsozialisten fielen. Ein anderes, neueren Datums, gilt den äthiopischen Einwanderern, die auf der Flucht verhungerten oder ermordet wurden.

Hinter Buchsbaumhecken, beschattet von ausladenden Kiefern, liegen die Gräber der Gefallenen aus den zahlreichen Kriegen, die Israel seit seiner Gründung führte. Die Inschriften verzeichnen nur knapp Geburtsort, Geburtsjahr und Sterbedatum. Aber sie sind ein in Stein gehauenes Stenogramm der israelischen Geschichte. Fast alle Soldaten, die im Unabhängigkeitskrieg von 1948 getötet wurden, stammen aus Europa. «Marokko», «Argentinien», «Persien» und zahlreiche weitere Länder sind in Klammern neben die Geburtsorte der 1967 im Sechstagekrieg Gefallenen gesetzt. Im Areal für die Toten des Jom-Kippur-Krieges von

125

1973, dem größten, sind keine Erklärungen zur Herkunft mehr notwendig. Diese Soldaten wurden in der Mehrzahl in Israel geboren. Kaum einer von ihnen wurde älter als 25 Jahre. Der Angriff ägyptischer und syrischer Truppen hatte die israelische Regierung seinerzeit völlig überrascht. Er fand am höchsten jüdischen Feiertag statt, an dem das gesamte Leben in Israel zum Erliegen kommt; Busse und Züge verkehren nicht, Fernseh- und Radiosender stellen ihre Programme ein. An den Grenzlinien waren nur unerfahrene Rekruten stationiert, die verzweifelt aushielten, während die Armeeführung versuchte, die beurlaubten Soldaten und Reservisten zu mobilisieren.

Die Bereiche für die Opfer späterer Kriege sind nicht mehr so säuberlich voneinander getrennt. Gräber von Gefallenen aus dem Libanonkrieg von 1982 grenzen an solche aus der Ersten Intifada, die 1987 begann und 1993 endete. Nur ein paar Meter weiter liegen jene, die in der südlibanesischen Sicherheitszone ihr Leben verloren, aus der sich Israel im Jahr 2000 zurückzog. Auf diesen Steinen sind viele russische Namen eingraviert. Der Pfad zwischen Jad Vaschem und dem nationalen Heldenfriedhof endet (oder beginnt, je nachdem, von welcher Richtung aus man ihn beschreitet) an einer Mauer aus sandfarbenem Jerusalemstein, auf der die Namen aller Opfer terroristischer Anschläge seit dem Beginn der Zweiten Intifada verzeichnet sind.

Eine Verbindung zwischen der Gedenkstätte für die Opfer des Holocaust und dem nationalen Heldenfriedhof zu schaffen, und sei es nur ein unscheinbarer Fußweg, war nicht unumstritten. Jahrzehntelang wurden die beiden dramatischsten Ereignisse der jüdischen Geschichte – Schoa und Gründung eines jüdischen Staates – in der öffentlichen Gedenkkultur Israels miteinander verknüpft:

Auf den Tod folgte die nationale Wiedergeburt. Eine Woche nach dem Holocaust-Gedenktag begeht Israel den «Jom HaSikaron», den «Tag des Gedächtnisses», in Erinnerung an die gefallenen Soldaten. In jüngster Zeit jedoch ist man ein wenig von dieser Verknüpfung abgerückt. Denn diejenigen, die behaupten, dass Israel auch dann entstanden wäre, wenn es keinen Holocaust gegeben hätte, haben sich Gehör verschafft. Zweifellos habe das Erschrecken über den Mord an den europäischen Juden und über die eigene Untätigkeit viele Länder dazu bewogen, für die Errichtung eines jüdischen Staates zu stimmen. Das Fundament für ein funktionierendes Staatswesen aber – die gesamte Infrastruktur von Parteien über Gewerkschaften bis hin zu den Universitäten – sei schon vorher durch die zionistischen Pioniere gelegt worden.

Ob Israel seine Existenz dem schlechten Gewissen der Weltgemeinschaft zu verdanken hat oder ohnehin gegründet worden wäre, ist eine typische «Was wäre wenn»-Frage, auf die sich keine eindeutige Antwort geben lässt. Tatsache aber ist, dass die israelische Gesellschaft zutiefst vom Trauma der Schoa geprägt ist – auf offensichtliche und auf zuweilen nicht sofort erkennbare Weise.

In keinem Land dürfte die Dichte an Imbissbuden so hoch sein; die Mengen an Lebensmitteln, die eine Durchschnittsfamilie vor dem Wochenende aus dem Supermarkt schleppt, sind enorm; die für deutsche Verhältnisse überdimensionierten Kühlschränke sind stets wohlgefüllt. «Die Israelis sind vom Essen besessen», entfuhr es mir einmal beiläufig im Gespräch mit einer Freundin. «Kein Wunder bei einem Volk, das buchstäblich ausgehungert werden sollte», erwiderte sie.

Dass sogar Israelis der dritten und vierten Generation

gerne essen (und andere versorgen), weil ihre Großeltern Hunger leiden mussten, mag zunächst absurd wirken. Aber eine «nationale Mentalität» besteht aus kollektiven Verhaltensweisen; man teilt die Erfahrungen der Geschichte, gleich, ob sie selbst erlebt wurden oder Erbe früherer Generationen sind.

Wenn sich Israelis auf irgendetwas einigen können, dann auf dies: Das Leben von Millionen Menschen wäre gerettet worden, hätte der jüdische Staat schon ein paar Jahrzehnte früher existiert. Die Zionisten aber strebten nicht nur die Errichtung einer Rettungsinsel an. Sie hatten es sich zum Ziel gesetzt, die Lebensbedingungen der Juden drastisch und für immer zu verändern. Aus schwachen Juden, die antisemitischer Gewalt hilflos ausgesetzt waren, sollten selbstbewusste Israelis werden; aus einem Außenseitervolk, das um Gleichberechtigung betteln musste, eine Nation wie alle anderen. Und sie versuchten, die Geschichte der Diaspora zu überwinden.

Nur sind Traditionsketten nicht einfach abzuschneiden. Seit der Eiserne Vorhang fiel, fahren viele Israelis auf der Suche nach ihren Wurzeln ins Baltikum oder in die Ukraine, nach Polen, Ungarn oder Weißrussland. Sie versuchen, wenigstens eine vage Vorstellung vom Leben und der Kultur ihrer osteuropäischen Vorfahren zu gewinnen, deren reiche jüdische Welt untergegangen ist. Tausende beteiligen sich, ausgestattet mit israelischen Fahnen, am «Marsch der Lebenden», besuchen das Vernichtungslager Auschwitz und erklären, sie seien «als Israelis hingefahren und als Juden wieder zurückgekehrt». Offensichtlich ist die zionistische Revolution nicht abgeschlossen und Israel noch immer keine Nation wie alle anderen.

Kein Land war (und ist) solch entschlossen geäußerten

Vernichtungsdrohungen ausgesetzt wie Israel. Keines wird mit solcher Aufmerksamkeit beobachtet oder an derart hohen moralischen Maßstäben gemessen wie der jüdische Staat – als ob gerade die Opfer zeigen müssten, dass sie aus ihrer eigenen Geschichte die richtigen Lektionen gelernt haben. Viele Israelis empfinden das als weiteren Beweis dafür, dass nun der jüdische Staat die Außenseiterrolle übernommen hat, in die man die Juden der Diaspora über Jahrhunderte hinweg gedrängt hat.

Nicht die Tatsache, dass Israel ein kleines Land ist, sondern das Trauma der Vergangenheit lässt die israelische Gesellschaft zuweilen agieren wie eine typische Großfamilie: Im vertrauten Kreis herrschen oft ein harscher Ton und wenig Rücksichtnahme, aber gegen Kritik von außen ist man sehr empfindlich.

Ohne Frage hat sich Israel der Zerstörungsabsichten arabischer Länder erfolgreich erwehren können. Es verfügt über eine der schlagkräftigsten Armeen der Welt und fühlt sich dennoch bedroht. Das ist paradox, doch nicht verwunderlich: Ein Volk, das vor nicht allzu langer Zeit gänzlich und unterschiedslos ausgerottet werden sollte, nur weil es existierte, hat vor allem eine Lektion gelernt: die Vernichtungsdrohungen, die früher von arabischen Staatsmännern und heute von radikalislamistischen Gruppen oder dem iranischen Präsidenten Mahmud Ahmadinedschad geäußert werden, ernst zu nehmen und ihnen im Zweifelsfall zuvorzukommen. Hinter dem oft trotzig zur Schau gestellten Selbstbewusstsein, hinter dem Beharren, nur man selbst könne am besten für die eigene Sicherheit sorgen, steckt ein tiefes Einsamkeitsgefühl. Die bange Frage, ob die Welt dem nächsten Versuch, das jüdische Volk zu vernichten, nicht ein weiteres Mal tatenlos zusehen würde.

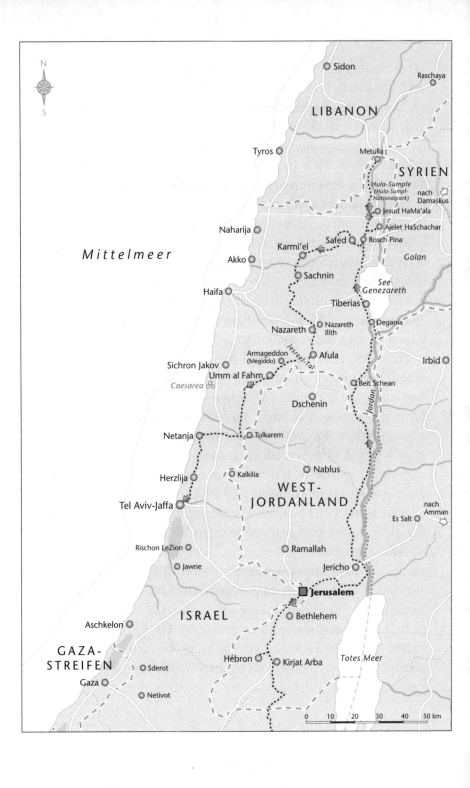

III. «Wenn ihr wollt, ist es kein Traum»

Galiläa

Sehnsuchtsort der Pioniere

Palmblätter rascheln im Wind. Aus dem ehemaligen Kuhstall, jetzt Restaurant des Kibbuz Degania, dringt das Klappern von Geschirr. Sanft mischen sich die Töne einer Klaviersonate von Beethoven darunter. Draußen auf der Veranda blinzeln die Gäste zufrieden in die Frühlingssonne. Es ist ein perfekter Samstagmorgen; idyllisch wie aus einer Hochglanz-Werbestrecke für Wellnessoasen. Nur Herr Tsali Koperstain verbreitet ein wenig Unruhe. Rastlos und nach einer Weile ob seiner eher rundlichen Gestalt etwas atemlos, führt er immer neue Journalisten und schließlich auch mich über die Außentreppe in sein Büro im ersten Stock des ehemaligen Hauptgebäudes. Weil er für die Kibbuzverwaltung zuständig ist, wurde ihm eine besonders heikle Aufgabe übertragen.

Herr Koperstain muss einen kleinen Skandal erklären: Degania, die Urmutter aller sozialistischen Gemeinschaftssiedlungen, Geburtsort Mosche Dajans, dieses personifizierten zionistischen Ideals, beugt sich dem Zeitgeist und wird auf ihre alten Tage kapitalistisch. Zu viele junge Leute waren weggelaufen nach Tel Aviv. Degania bietet Arbeit in den Weizenfeldern, Bananenplantagen, dem Restaurant oder der kleinen Fabrik, in der Werkzeuge für die Diamantverarbeitung hergestellt werden – Tel Aviv

133

ein aufregendes Nachtleben und eine größere Auswahl an Jobs obendrein. Jetzt soll sich der Kibbuz, wie so viele vor ihm, mit den Mitteln des freien Wettbewerbs sanieren. Die Mitglieder dürfen nicht nur außerhalb arbeiten, sie müssen ihren Lohn auch nicht mehr an die Gemeinschaft abgeben. Kein Komitee hat mehr wie früher darüber zu bestimmen, ob sie eine Urlaubsreise unternehmen, ein Auto kaufen oder ihre Kinder auf die Universität schicken können.

Und so sitzt Herr Koperstain in seinem Büro, faltet die Hände über dem Bauch, wölbt sein gewichtiges Doppelkinn und repräsentiert das vielleicht letzte Stückchen Sozialismus im Kibbuz Degania. Nicht weil er sich gegen die Veränderungen gesperrt hätte. Ganz im Gegenteil. Sie seien, beharrt er, die «Rettung». Sondern weil er wie jeder gute sozialistische Funktionär die Kunst beherrscht, die Realitäten der eigenen Vorstellungskraft anzupassen. «Mit den Reformen geben wir die Ideale unserer Pioniere nicht auf. Schließlich sind wir stolz auf ihre Leistungen», versichert er mir und deutet auf die Schwarzweißfotografien an den Wänden seines Büros – die Heldengalerie des frühen Zionismus: Bilder ackernder Männer in Khakihosen; die Gruppe beim Volkstanz; das Hauptgebäude inmitten von Getreidefeldern, die sich bis zu den Ufern des Sees Genezareth erstrecken.

Was denn bitte noch von den Idealen der Gründer geblieben sei, will ich wissen. Gleichheit? «Ein großer Teil der Gehälter geht nach wie vor in die Gemeinschaftskasse, aus der Pensionen und Kinderbetreuung bezahlt werden», sagt Herr Koperstain. Allerdings muss er zugeben, dass Deganias Probleme auch psychologischer Natur waren. Man habe schon sehr genau beobachtet, wer sich bei der Arbeit weniger anstrengte und dennoch das gleiche Taschengeld kassierte. Brüderlichkeit? Na ja, das früher obligatorische gemeinsame Essen im Speisesaal sei längst passé, und die meisten Familien besäßen – was lange Gegenstand heftiger Debatten war – einen eigenen Fernseher. «Uns eint immer noch ein starkes Gefühl der Verbundenheit.» Was den Kibbuz Degania vermutlich nicht von irgendeiner Dorfgemeinschaft unterscheiden dürfte.

Idealismus? Herr Koperstain antwortet fast verzweifelt mit einer Gegenfrage: «Wo finden Sie denn noch Menschen, die sich für ein hehres Ziel aufopfern wollen?» Sein Blick wandert schuldbewusst auf ein Porträt in seiner Heldengalerie, das er bislang mit keinem Wort kommentiert hat. Mit strengem Blick schaut Aaron David Gordon, der Übervater Deganias, zurück. He is not amused.

Wenn irgendeinem der zionistischen Denker und Pioniere der Titel «Guru» gebührt, dann wohl dem gemeinhin A. D. Gordon genannten Mann. Von eher schwacher Statur und kränkelnd, packte er 1904, im schon fortgeschrittenen Alter von 48 Jahren, im heimatlichen Russland seine Taschen und schiffte sich nach Jaffa ein. Innerhalb weniger Monate nach der Ankunft starb seine Frau. Typisch für die zionistischen Pioniere, die in ihren Schriften und Tagebüchern endlos über die Verbesserung der Lage des gesamten jüdischen Volkes philosophieren konnten, aber persönliche Angelegenheiten kaum erwähnten, verlor auch Gordon kein Wort über diesen Verlust. Er machte sich an die Verwirklichung seiner Theorien.

Das jüdische Volk sei «verdorben durch zwei Jahrtausende, in denen es beschränkt gewesen ist auf Tätigkeiten als Mittelsmänner, abgeschnitten von der Natur und eingesperrt in Stadtmauern», schrieb er in einer für viele Zionisten nicht ungewöhnlichen Härte. «Uns fehlt die Gewohnheit des Arbeitens – denn es ist die Arbeit, die ein Volk an seinen Boden und an seine nationale Kultur bindet.» Zutiefst pazifistisch, forderte Gordon, dass «das Land Israel mit Arbeit erworben werden muss und nicht durch Feuer und Blut. Der Ackerbau wird unser Volk mit seinem Land verbinden und seine zukünftige Existenz sichern.»

Konsequent bis zur Selbstaufgabe, verdingte er sich nach seiner Ankunft in Palästina als Lohnarbeiter in den bereits existierenden landwirtschaftlichen Siedlungen. 1919, inzwischen 63 Jahre alt, ließ er sich in Degania nieder, das erst neun Jahre zuvor gegründet worden war. Tagsüber leistete er die gleiche anstrengende Arbeit in den Feldern wie alle anderen auch, nachts widmete er sich der Niederschrift seiner Philosophie, einer kuriosen Mischung aus kosmischem Mystizismus, Zionismus und Sozialismus. Gordon, der Mann mit dem langen weißen Bart und den asketischen Gesichtszügen, wurde der Hohepriester der «Avoda», der Religion der Arbeit. («Avoda» bedeutet im Hebräischen «Arbeit» und «Gottesdienst» zugleich.) Und die jungen Pioniere Palästinas, die ihn respektvoll «HaSaken», den Alten, nannten, blieben weit über Gordons Tod im Jahr 1922 hinaus seine treue Gemeinde.

Ich bin per Anhalter von Jerusalem aus durch das Jordantal bis zum Kibbuz Degania gereist. Die staatlichen Buslinien verkehren nicht mehr auf dieser Strecke, die größtenteils durch die West Bank führt, sondern umfahren sie westlich über die Küstenebene. Also nahm ich den Bus zurück Richtung Totes Meer, musste dem Fahrer mehrmals versichern, dass ich wahrhaftig mitten in der Pampa aussteigen wollte, und stand nun mit meinem Rucksack an einer Straßenkreuzung unweit Jerichos. Ich war mir sicher: Irgendjemand würde ja wohl noch diese Route durch das Jordantal wählen und eine einsame Tramperin mitnehmen.

An Autoverkehr mangelte es in der Tat nicht, an Platz für mich schon. In den gelblackierten palästinensischen Taxis, die unablässig Passagiere von der Allenby Bridge, dem israelisch-jordanischen Grenzübergang, nach Jerusalem oder in die West Bank brachten, war garantiert kein Unterkommen. Die waren bis auf den letzten Platz besetzt, auf den Dächern stapelten sich, mit Wäscheleinen festgebunden, Koffer, Taschen, selbst Bettdecken. Alleinreisende misstrauten entweder mir und hielten erst gar nicht an, oder ich ihnen.

Stunden später und immer noch an derselben Kreuzung stehend, rund um mich nur sandige Hügel und das ehemalige Casino von Jericho im Blick, war ich in Betrachtungen über die verpassten Möglichkeiten eines Nahostfriedens vertieft. In Scharen waren spielfreudige Israelis angereist, um ihre Ersparnisse an den Einarmigen Banditen und den Roulettetischen zu verzocken. Selbst Ultraorthodoxe hatte es nach Jericho gezogen, wo sie, in seidenen Kniebundhosen, ihre Jetons nach einem ausgeklügelten System setzten. In ihrem Eifer hatten die israelischen Besucher gar nicht bemerkt, dass die Palästinenser einmal die Verhältnisse umgekehrt hatten. Anders als an den Checkpoints in der West Bank mussten nun die Israelis den Kofferraum ihrer Autos öffnen und ihre Papiere zeigen, die ausgiebig und mit strengem Blick von palästinensischen Sicherheitsleuten geprüft wurden. Die Palästinenser hätten die West Bank in ein Las Vegas des Nahen Ostens verwandeln sollen. Noch ein paar Casinos, und die Autonomiebehörde hätte auf ausländische Hilfsgelder verzichten können. Spielsüchtige Israelis hätten ihren Staat finanziert. Aus der Traum. Vom Casino ist

nach einem Artilleriebeschuss der israelischen Armee
während der Zweiten Intifada nur noch eine Ruine übrig
geblieben.

Am späten Nachmittag endlich erbarmt sich eine ältere
Dame meiner. «Mammile», ermahnt sie mich mit einem
Kosewort, das in Israel sogar Kassiererinnen im Supermarkt für wildfremde Kunden benutzen, «was hättest du
nur gemacht, wenn du hier steckengeblieben wärest?»
Weiß ich auch nicht. Doch seit ich Israel das erste Mal be-
reist habe, damals von Norden nach Süden, liebe ich diese
Strecke; den abrupten Übergang zwischen der ewigen Ödnis der zerklüfteten Berge in der Wüste Judäas und dem
satten Grün Galiläas, das jetzt, in diesem kurzen Frühling,
noch in unendlichen Schattierungen leuchtet. Dunkel die
Nadeln der Kiefern, silbern schillernd die Blätter der Eu-
kalyptusbäume, von lichtem Hell die Wedel der Bananen-
palmen in den Plantagen, die den Weg zum Südende des
Sees Genezareth und von dort nach Degania säumen. In
nur wenigen Wochen wird das Rot der Mohnblumen in
den Wiesen verblüht sein und der Wind die letzten Blüten
der Mandel- und Pfirsichbäume durch die Luft jagen, bevor die sommerliche Trockenheit das Land erfasst und nur
noch das Violett und Orange der Bougainvilleen aus dem
verdorrten Braun hervorleuchten.

Unweit des Kibbuz Degania, in einer Biegung des träge
dahinfließenden Jordanflusses, versammeln sich christliche Gruppen zu Taufzeremonien. In weiße Gewänder ge-
hüllt und Psalmen singend, ziehen sie zum Ufer, lassen
sich von ihrem Priester gänzlich untertauchen und verschwinden, schlotternd und ganz erfüllt von diesem er-
habenen Moment, in Umkleidekabinen, um sich trockene
Kleidung anzuziehen und sodann die Fotos abzuholen, die

ein Angestellter des israelischen Tourismusministeriums von der Zeremonie geschossen hat. Anschließend steigen sie wieder in ihre Busse, um zu den nächsten Schauplätzen gefahren zu werden. Ich wandere lieber am Ufer des Sees Genezareth entlang; von dem Hügel am Nordufer, auf dem Jesus die Bergpredigt gehalten und seine sanftmütige Botschaft der Nächstenliebe verbreitet haben soll, bietet sich ein herrlicher Blick auf das blau schimmernde Wasser und die Golanhöhen am Ostufer. Es fällt nicht schwer, die Lehre des Nazaräers mit der Lieblichkeit der Gegend in Einklang zu bringen. Vielleicht war diese Landschaft vor zweitausend Jahren tatsächlich so idyllisch und friedfertig wie heute. Aber als die zionistischen Pioniere vor über hundert Jahren hierherkamen, fanden sie ein malariaverseuchtes Sumpfgebiet vor.

Aufstieg nach Palästina

Nur wenige Kilometer vom «Berg der Seligpreisungen» entfernt und ein paar hundert Meter südlich der Hula-Sümpfe liegt Jasud HaMa'ala. Ein kleiner Ort abseits der Landstraße, umgeben von Obstplantagen. Acht Familien ließen sich hier im Jahr 1883 nieder. Sie stammten aus Russland und Polen, Litauen, Bulgarien, Rhodos, Kurdistan, Syrien; ein gewisser Schimon Lubansky kam sogar aus Boston, Massachusetts. Schriftliche Aufzeichnungen, wo sie sich trafen und warum sie sich ausgerechnet diesen Flecken aussuchten, haben sie nicht hinterlassen. Billig dürfte das Land gewesen sein. Ein willkommenes Geschäft für die arabischen Großgrundbesitzer, die im weit bequemeren Beirut saßen und den jüdischen Traumtänzern, die neuerdings in der osmanischen Provinz Palästina auftauchten, gerne ein für jegliche Form der Landwirtschaft ungeeignetes Stückchen ihres Besitzes verkauften.

Interessanter ist die Frage, warum sie nicht, wie Hunderttausende anderer Juden, Iren, Deutscher oder Italiener, ihre alte Heimat verließen, um in die «Goldene Medine» (den goldenen Staat, die USA) auszuwandern. (Oder, im Fall des Schimon Lubansky, dort zu bleiben.) Amerika war schließlich das Land, in dem Tellerwäscher zu Millionären werden konnten, Palästina hingegen war das Land, in dem Millionäre Ackerbauern finanzierten; eine vernachlässigte Provinz des kränkelnden osmanischen Imperiums, in der die meisten Gegenden mangels befestigter Straßen nur zu Fuß zu erreichen waren und Pilgergruppen für ihre Reise von der Hafenstadt Jaffa nach Jerusalem noch immer Söldner anheuerten, um sich vor Überfällen zu schützen.

Natürlich lebten auch nach der Zerstörung Jerusalems und dem Beginn des Exils Juden im Gelobten Land, den Launen der jeweiligen Herrscher meist hilflos ausgeliefert und nicht selten die ersten Opfer neuer Eroberer. Quer durch die Jahrtausende ließen sich Gläubige in den vier «heiligen Städten» Jerusalem, Hebron, Tiberias am See Genezareth und Safed in den galiläischen Bergen nieder. Sie beteten an der Klagemauer und am Grab Abrahams; bauten Synagogen in Tiberias, wo sich Moses Maimonides, einer der größten jüdischen Philosophen des Mittelalters, begraben ließ. Bis heute besuchen Israelis den mit einer bizarren Stahlkonstruktion überwölbten Schrein, um von diesem großen Gelehrten einen Segen zu erbitten.

In Safed entstand nach der Vertreibung der Juden aus Spanien das Zentrum der mystischen Geheimlehre Kabbala. Der Stadt mit ihren engen Gassen, den geduckten Steinhäusern und dem leichten Nebel, der sich in den

Abendstunden über sie legt, haftet bis heute ein seltsam esoterischer Charakter an. An manchen Türen hängen Knoblauchbündel – nicht als Vorkehrung gegen Vampire, sondern als Schutz gegen den «bösen Blick». Safed ist ein Eldorado für «Luftmenschen»; in den siebziger Jahren ließ sich dort eine kleine Künstlerkolonie nieder. Jetzt sind es vor allem junge Amerikaner, die hier ihre «jüdischen Wurzeln» suchen, sich einer der orthodoxen Sekten anschließen und ihren Lebensunterhalt mit dem Verkauf religiöser Kitschgemälde bestreiten. Jüngst kam Madonna zu Besuch.

Die Einwanderer aber, die sich in den achtziger Jahren des 19. Jahrhunderts in Palästina niederließen – und später als «Erste Einwanderungswelle» oder «Alija» (wörtlich «Aufstieg») bezeichnet werden sollten –, waren aus anderem Holz geschnitzt. Sie mochten religiös sein oder zumindest der jüdischen Tradition verpflichtet. Zu den Gründern Jesud HaMa'alas gehörte ein Rabbiner, die anderen hatten eine traditionelle Ausbildung in einer Religionsschule genossen. Allein schon die Namen der neu entstehenden Siedlungen verweisen auf die Bibelfestigkeit ihrer Gründer: Rischon LeZion («Die erste Zions») südlich von Tel Aviv; Sichron Jakov («Erinnerung Jakobs») südlich von Haifa; oder Rosch Pina, das sich in eine Kluft der galiläischen Berge schmiegt und recht passend «Eckstein» genannt wurde nach dem vierten Vers des 118. Psalms: «Der Stein, der einst verschmäht wurde, ist nun der Eckstein in der Höhe.»

Und doch rebellierten diese Gründer gegen die jüdische Tradition. Sie würden nicht mehr auf die Ankunft des Messias warten, sondern ihr Schicksal selbst in die Hand nehmen und die Verbindung zu ihrem Land aus eigener Kraft wiederherstellen. Nicht durch Gebete oder eine unerschütterliche Hoffnung, sondern mit ihrer Hände Arbeit. Sie waren Anhänger A.D. Gordons, noch bevor der seine Theorien niederschrieb.

Nichts war organisiert an dieser Ersten Einwanderungswelle. Und unter all den Erlösungsbewegungen, die Ende des 19. Jahrhunderts bei den Juden populär wurden – Assimilation oder Chassidismus, Reformjudentum oder Sozialismus und Revolution –, bildeten die frühen Zionisten die kleinste Minderheit. Viele wanderten nach kurzer Zeit wieder aus Palästina aus, erschöpft von weithin grassierenden Krankheiten, desillusioniert von der Unwirtlichkeit des Landes. Wer blieb, versuchte zunächst nur zu überleben.

In diesem Sinn möchte man Rosa Lubowsky als Überlebende bezeichnen. Sie ist eine Dame von über neunzig Jahren mit feinen, kaum von Furchen gezeichneten Gesichtszügen unter leicht blondiertem Haar. In Jesud HaMa'ala als Enkelin einer der Gründer geboren, hat sie ihr ganzes Leben dort verbracht. Gut zu Fuß ist sie nicht mehr; es reicht gerade für kleine Spaziergänge mit ihrer philippinischen Haushaltshilfe entlang der von Platanen gesäumten Hauptstraße bis zu dem etwas überdimensionierten Kreisverkehr im Dorfzentrum. Aber ihr Gedächtnis ist klar. Sie kann sich noch gut an ihre Kindheit erinnern. Alle Geschwister, erzählt sie mir, litten unter Malaria. Wurde es zu schlimm, schirrte einer aus dem Dorf die Pferdekutsche an, noch bis in die vierziger Jahre das wichtigste Fortbewegungsmittel, und fuhr «eine halbe Tagesreise weit» zum einzigen Arzt der Gegend in das etwa zwanzig Kilometer entfernte Rosch Pina.

Von Landwirtschaft hatten die Gründer keine Ahnung, sie hielten sich an russische Lehrbücher und bauten Getreidesorten an, die in der fetten ukrainischen Erde gedeihen mochten, nicht jedoch auf sumpfigen Feldern. Man versuchte es mit Maulbeerbäumen, immerhin unterhielt Baron Edmond de Rothschild, der die ersten Pioniere finanziell unterstützte, eine Seidenspinnerei in Rosch Pina. Die blühten zwar bezaubernd, aber schon eine Insektenplage mittleren Ausmaßes konnte eine gesamte Ernte zerstören. «In den Hula-Sümpfen lebten sogenannte Schilf-Araber», erinnert sich Rosa. «Manchmal fanden wir morgens ein wenig Brot und Ziegenkäse vor der Tür. Sie brachten es heimlich, um uns nicht in unserer Ehre zu kränken.» Und so hielten die Alteingesessenen jene Neuankömmlinge am Leben, vor denen sie eines Tages fliehen würden beziehungsweise von denen sie vertrieben oder zur Minderheit in ihrem eigenen Land gemacht werden sollten.

Drei der acht Geschwister Rosas starben, und sie waren nicht die Einzigen im Dorf. Selbst Rothschild soll entsetzt gewesen sein über so viel Starrsinn. «Gebt endlich auf», habe er Rosas Vater wütend angeschrien, «ihr seid keine Pioniere, ihr seid Mörder!»

Vielleicht wären die Einwanderer der ersten Alija eine kleine Gruppe von Verrückten geblieben, an denen es in Palästina nie gefehlt hat. Ein verlorenes Häuflein, das kaum aufgefallen wäre und sich nach einer Weile vermutlich gänzlich angepasst hätte. Der Gedanke jedoch, sich das Gelobte Land mit den eigenen Händen zu erarbeiten, war nicht mehr aus der Welt zu schaffen. Und die Einwanderer der zweiten und dritten Alija, die zwischen 1904 und 1924, hauptsächlich aus Russland, ins Land kamen, trieben ihn noch ein Stück weiter. Auch sie wollten nicht länger auf den Messias warten. Aber für sie war die Rückkehr nach Palästina nicht mehr nur ein Akt individueller Selbstverwirklichung. Sie wollten die Erlösung des gesam-

ten jüdischen Volkes herbeiführen und den Diskriminie-
rungen im alten Europa endlich entrinnen.

Als Geburtsstunde des Zionismus wird oft der Prozess
gegen den jüdischen Offizier Alfred Dreyfus im Jahr 1894
angesehen. «Tod, Tod den Juden», rief der Pöbel in den Pariser Straßen, als Dreyfus, der Spionage für Deutschland und
des Landesverrats angeklagt, in den Gerichtssaal geführt
wurde. Die Verhandlungen trugen alle Züge eines Schau-
prozesses; Dreyfus wurde auf die Teufelsinsel verbannt,
in einem schauerlichen Zeremoniell riss man ihm im Hof
der Pariser Militärakademie die Epauletten von der Uniform und zerbrach seinen Degen. Zwar fand Dreyfus auch
prominente Verteidiger wie Émile Zola. Aber das Ausmaß
des Judenhasses in «Frankreich, dem republikanischen,
modernen zivilisierten Frankreich, hundert Jahre nach
der Erklärung der Menschenrechte», war erschütternd,
wie Theodor Herzl, der Pariser Korrespondent der Wiener
«Neuen Freien Presse», konstatierte. «Bis dahin hatten
die meisten von uns geglaubt, die Lösung der Judenfrage
müsse als Teil der allgemeinen Menschheitsentwicklung
geduldig abgewartet werden. Doch wenn ein Volk, das
in jeder anderen Hinsicht so fortschrittlich und so hoch
zivilisiert ist, sich so wandeln kann, was haben wir dann
von anderen Völkern zu erwarten, die noch nicht einmal
das von Frankreich bereits vor hundert Jahren gewonne-
ne Niveau erreicht haben?», notierte er in sein Tagebuch.
In den folgenden Jahren arbeitete er fieberhaft an einer
Schrift, die schließlich 1896 unter dem Titel «Der Judenstaat» erschien. Die Judenfrage sei «keine soziale und keine religiöse, sondern eine nationale. Wir sind ein Volk, *ein*
Volk.» Nur in einem eigenen Staat, der selbstverständlich
ein Musterbeispiel an sozialer Gerechtigkeit und Toleranz
wäre, könnten die Juden erlangen, was ihnen die meis-

ten Gesellschaften vorenthielten: Anerkennung, Würde, Gleichberechtigung.

Ganz neu war das nicht. Zionistische Denker, vor allem in Osteuropa, hatten bereits ähnliche Ideen veröffentlicht, ohne auf allzu breite Resonanz zu stoßen. Aber Herzls kleines, nicht einmal besonders elegant geschriebenes Büchlein rief eine ungeheure Wirkung hervor. Man pries es und man schmähte es. Den «Faschingstraum eines verkaterten Feuilletonisten» nannte es eine Münchener Zeitung. Es wurde leidenschaftlich diskutiert, denn wie keine Schrift zuvor traf es einen Nerv. So genau Herzl in seinem «Judenstaat» beschrieb, wie die «geordnete Auswanderung» vonstattenzugehen habe, durch welche Organisation der Landerwerb geregelt würde, wie die Arbeiterwohnungen auszusehen hätten oder welche politischen Institutionen gegründet werden müssten – sein Buch wurde nicht als praktischer Leitfaden für die Besiedlung Palästinas bedeutsam. In erster Linie war es ein Manifest der Enttäuschung über die hochfliegenden und zugleich trügerischen Versprechungen des 19. Jahrhunderts. Technischer Fortschritt hatte nicht zu mehr Toleranz geführt. Der Liberalismus verhieß jedem seinen Platz in der Gesellschaft, allein seinen Fähigkeiten entsprechend und ohne Ansehen der Herkunft. Gleichwohl stießen die «Staatsbürger mosaischen Glaubens» noch immer an Grenzen, auch wenn diese mitunter nicht sichtbar waren. Der Nationalismus, Grundlage des modernen Staates, machte sie zu wurzellosen Außenseitern. In den rückständigen, autoritären Staaten Osteuropas setzten viele Juden ihre ganze Hoffnung auf den Sozialismus, der endlich eine gerechte Gesellschaft schaffen würde. Doch die erste russische Revolution von 1904 scheiterte grandios; Tausende fielen den barbarischen Pogromen zum Opfer, die folgen sollten.

Kein Wunder, dass Herzl vor allem unter den armen jüdischen Massen Osteuropas Anhänger fand, dass er, wie er selbst erkannte, die Führung über ein «Heer von Bettlern und Spinnern» übernehmen musste. Anders als so viele westeuropäische Juden, die an Gleichberechtigung, Emanzipation und Fortschritt glaubten, bis die Nationalsozialisten sie das Gegenteil lehrten, machten diese Leute sich keine Illusionen. Die Zukunft in Europa ließ nichts Gutes erwarten.

Etwa 80 000 junge Männer und Frauen packten zwischen 1904 und 1924 ihre Bündel und machten sich auf die Reise nach Palästina. Unter ihnen David Grien, der sich später Ben Gurion nennen sollte, und Elieser Ben Jehuda, der nach seiner Ankunft in Jaffa beschloss, ausschließlich Hebräisch zu sprechen und sein Leben damit zu verbringen, die alte Gebetssprache den Anforderungen der Moderne anzupassen. Sie waren nicht mehr auf einen einzigen, großzügigen Förderer wie Rothschild angewiesen, denn nach dem ersten zionistischen Kongress 1897 war die Jewish Agency gegründet worden, die Geld sammelte, um systematisch Land in Palästina zu kaufen und die Einwanderung zu organisieren. Und sie sollten zur zionistischen Aristokratie des jüdischen Staates werden. Niemand hat Israel stärker geprägt als diese größtenteils osteuropäischen Juden, die vor und nach dem Ersten Weltkrieg einwanderten.

Der neue Hebräer

Für einen Frühlingstag ist es ungewöhnlich heiß, dumpf lastet die Schwüle auf den Hula-Sümpfen, die nur eine Stunde zu Fuß von Jasud HaMa'ala entfernt liegen. Unter den Holzpfeilern der Pontons, die über die glatte Wasseroberfläche führen, warten dicke Welse auf ein paar Brotkrumen; im Schilf paddeln Schildkröten mit den konzentrierten Beinbewegungen gesetzter Damen in städtischen Schwimmbädern.

Kurz nach der Gründung des jüdischen Staates hatte die neue israelische Regierung beschlossen, die Sümpfe in fruchtbares Ackerland zu verwandeln. Ingenieure verlegten Drainagen, gruben Kanäle, pumpten Wasser in die Seitenarme des Jordan. Bis Naturschützer dem Projekt 1958 nach jahrelangen Protesten ein Ende setzen konnten, waren rund 95 Prozent des ursprünglich über 60 Quadratkilometer großen Gebietes trockengelegt. Die verbliebenen 3,2 Quadratkilometer wurden 1963 zum ersten Nationalpark Israels erklärt.

Heute verweist die Broschüre der Nationalparkverwaltung mit Stolz auf die Einmaligkeit des Biotops, «einstmals der wichtigste Nistplatz für Zugvögel auf ihrem weiten Weg von Europa nach Afrika». Vor sechzig Jahren aber muss der Gedanke, ein Sumpfgebiet zu erhalten, geradezu absurd gewirkt haben. Viele der Regierungsmitglieder stammten aus der Kibbuzbewegung, die sie selbst ins Leben gerufen hatten. In ihren Augen war die Natur dazu da, nutzbar gemacht zu werden. Veränderung war ihr Credo. Wesentlich ideologischer als die ersten Einwanderer, hatten sie sich erbitterte Auseinandersetzungen über die richtige Form des Sozialismus, die Rolle der Religion oder die politische Strategie gegenüber der britischen Mandatsmacht geliefert. Bis heute spiegelt das zersplitterte Parteiensystem Israels, die Lust an der Debatte, der offensichtliche Drang, sich abzuspalten und eine weitere Partei zu gründen, die Grabenkämpfe der frühen Zionisten wider.

Allen ideologischen Auseinandersetzungen zum Trotz

waren sie unbeugsame Weltverbesserer und – bekennend oder nicht – treue Schüler A.D. Gordons. Einig in der Verachtung der «Diaspora» und einig in der Absicht, in Palästina den «neuen Juden» zu erschaffen, wollten sie die antisemitischen Stereotype widerlegen. Aus dem angeblichen wurzellosen Schnorrer des osteuropäischen Schtetls sollte ein tief in seiner Heimaterde verwurzelter Bauer werden, aus den Opfern der Pogrome Soldaten, die sich zu wehren wussten.

Namen haben eine fast mythische Kraft. Als Gott Adam aufforderte, «die «Tiere auf dem Feld» zu benennen, übertrug er ihm auch die Verantwortung für Seine Schöpfung. Die Zionisten hebraisierten ihre Namen nicht nur; sie wählten mit Bedacht solche, die ihrer Verbundenheit mit dem Land und ihrer Sehnsucht nach Stärke und Heroismus Ausdruck gaben: «Sadeh» (Feld), «Dagan» (Korn) oder «Tsur» (Fels); «Ben Gurion» (Sohn des Löwen), «Oz» (Stärke), «Barak» (Blitz) oder «Ben Ami» (Sohn meines Volkes); auch die Namen von Bergen wie «Hermon», «Gilboa» und «Azmon» wurden populär.

Als das «Time Magazine» im August 1948 eine erste Titelgeschichte über den neuen jüdischen Staat veröffentlichte (der viele, meist über den andauernden Konflikt mit den Palästinensern folgen sollten), konnte der Reporter nicht ausschweifend genug die «großgewachsenen, braungebrannten, blauäugigen, athletischen jungen Israelis» beschreiben, die er dort traf. Hier war er, der «Sabre», der neue Hebräer, ein Geschöpf, das die Diaspora-Geschichte seiner Vorfahren überwunden hatte. (Die dunkelhaarigen und weniger athletischen, die nicht in dieses Klischee passten, muss er übersehen haben.)

Die sechs Millionen Juden, die in den Vernichtungslagern ermordet wurden, konnten die Pioniere nicht ret-

148

ten. Aber es war den Angehörigen der Zweiten und Dritten Alija gelungen, alle für ein funktionierendes Staatswesen notwendigen politischen und sozialen Institutionen schon vor der Unabhängigkeitserklärung Israels ins Leben zu rufen – von den Parteien über die Gewerkschaften bis hin zu einer Armee und einem öffentlichen Transportwesen. (Den mitteleuropäischen Juden, die vor dem Nationalsozialismus nach Palästina flohen, sind die Hebräische Universität in Jerusalem, ein florierendes kulturelles Leben und ein großer Teil des israelischen Rechtswesens zu verdanken.) Und sie hatten auch eine unverwechselbar israelische, nationale Identität geschaffen. Ihr Haus war bestellt. «Kibbuz HaGalujot», die «Sammlung der Exilierten» konnte beginnen. Wer allerdings jetzt einzog, glaubten sie, müsste sich schon mit der vorhandenen Einrichtung zufriedengeben.

Sammlung der Exilierten

Draußen herrschen frühlingshafte Temperaturen. In den Obstplantagen Metullas, des nördlichsten Ortes in Israel, stehen die Mandel- und Pfirsichbäume in voller Blüte. Doch im «Canada Center» schaben knirschend Kufen über das Eis. Ein paar junge Drusen aus den benachbarten Golanhöhen hangeln sich kichernd an den Banden entlang, darauf bedacht, ihre männliche Würde nicht mit einem Sturz in Gefahr zu bringen und gleichzeitig unbeholfen genug zu wirken, um sich glucksend an ihren Freundinnen festhalten zu können. In der Mitte der Eisfläche drehen zwei Teenager ein paar elegante Pirouetten. «Hey», blafft sie der Aufseher von den Zuschauerrängen aus an, «ihr sollt im Uhrzeigersinn laufen wie die anderen, Training beginnt erst in einer Stunde.» Und dann, offensichtlich um ganz sicher zu sein, dass die Ermahnung auch verstanden wird, folgt die gleiche Ansage noch einmal auf Russisch.

Lässig betreten zwei blonde Schönheiten die Eishalle, die Schlittschuhe an den Schnürsenkeln über die Schulter geworfen, im Gesicht den selbstsicheren Ausdruck, der mit dem Besitz meterlanger, wohlgeformter Beine einherzugehen scheint. Wenn die beiden Nataschas hier jüdisch sind, schießt es mir durch den Kopf, bin ich der Rabbi von Bratzlaw.

Mit der russischen Einwanderungswelle der neunziger Jahre kamen zahlreiche Nichtjuden nach Israel. Das Rückwanderungsgesetz, das die Immigration nach Israel regelt, ist ganz vom Eindruck der nationalsozialistischen Judenverfolgung geprägt. Nach den Nürnberger Gesetzen wurden nicht nur jene diskriminiert und verfolgt, die nach rabbinischer Auffassung Juden waren – also von einer jüdischen Mutter abstammen oder zum Judentum konvertiert sind –, sondern alle, die einen jüdischen Eltern- oder Großelternteil hatten. Wer aufgrund dieses Gesetzes verfolgt worden wäre, darf nach Israel einwandern. Nach einem Zusatzgesetz von 1970 haben auch die «Kinder, Enkel oder Ehegatten eines Juden und die Ehegatten des Kindes oder Enkels eines Juden» Anspruch auf den Status von Neueinwanderern (Olim), die damit verbundenen staatlichen Hilfen und den sofortigen Erhalt der israelischen Staatsbürgerschaft. Dieses Gesetz bot die Möglichkeit, mehr Einwanderer nach Israel zu holen, nicht zuletzt, um angesichts der schnell wachsenden arabischen Bevölkerung eine jüdische Mehrheit zu garantieren. Die meisten der russischen Olim hatten nach der jahrzehntelangen Unterdrückung jeglicher jüdischen Kultur in der Sowjetunion die Verbindung zu ihren kulturellen Wurzeln verloren.

Andere hatten als christliche oder atheistische Ehepartner, Kinder oder Enkel eines Juden nie eine gehabt. «Ob ich jüdisch bin?», wiederholt der Manager des Canada Center, Israels einziger olympiatauglicher Eissporthalle, fast ungläubig meine Frage. Sergei Damidow grinst. «Nicht mal meine ehemaligen Nachbarn in Minsk sind Juden.» Der frühere Eishockeyspieler ist aus Weißrussland hierher nach Metulla gezogen, einem kleinen, von Einwanderern der Ersten Alija gegründeten Dorf im Grenzdreieck zwischen dem Libanon und Syrien, um dem «israelischen Eissport auf die Sprünge zu helfen. Zu Hause war mir die Konkurrenz zu groß. Hier kann ich etwas ganz Neues aufbauen.»

In den schmalen Gässchen Metullas ist die Hitze schon Anfang März beachtlich. Nur der weiße Gipfel des Berges Hermon an der Nordspitze des Golanmassivs lässt ahnen, dass während des Winters auch Minusgrade herrschen und ein paar Schneeflocken vom Himmel trudeln können. Nach der Eroberung der Golanhöhen legten findige israelische Unternehmer auf dem immerhin etwa 2800 Meter hohen Gipfel ein paar Pisten an, bauten Lifte und nannten das Ganze «Israels einziges Wintersportgebiet». Aber wer einmal die dick vermummten Besucher beobachtet hat, die sich eher mutig als anmutig die Hänge hinabstürzen, weiß: Hier befindet sich nicht die Talentschmiede einer großen Skifahrernation. Und Schlittschuhlaufen? Das hätten die frühen Pioniere mit einem der jiddischen Diaspora-Ausdrücke bedacht, die sie sonst so verachteten: Gojim-Naches. Albernheiten, die sich nur Nichtjuden ausdenken können, anstatt sich sinnvolleren Beschäftigungen zu widmen.

Über eine Million oft hochqualifizierte Einwanderer kamen seit den frühen neunziger Jahren aus der ehemaligen

Sowjetunion nach Israel. Sie stellen rund ein Fünftel der Bevölkerung. Ihnen ist nicht nur zu verdanken, dass Israel jetzt auch Teilnehmer zu den Olympischen Winterspielen schickt oder dass Metulla mitten im Juli der Austragungsort für die erste jüdische Eishockeyweltmeisterschaft wurde, an der allerdings nur vier Teams teilnahmen (Israel belegte einen ehrenwerten zweiten Platz hinter den USA und vor Kanada und Frankreich), sondern sie haben auch die israelische Gesellschaft verändert.

Ihre Ankunft fiel zunächst in den Supermärkten auf. An den Kassen saßen immer häufiger rundliche Matronen, deren Namensschilder sie als «Olga» oder «Swetlana» auswiesen – anders als ihre russischen Vorgänger der Zweiten und Dritten Alija dachten diese Neueinwanderer nicht daran, ihre Namen zu hebraisieren – und die vermutlich ein abgeschlossenes Hochschulstudium aufweisen konnten. In den Regalen tauchten Produkte auf, deren Etiketten auch kyrillisch beschriftet waren. Der «Makollet», die israelische Variante des Tante-Emma-Ladens mit dem typischen israelisch-nahöstlichen Angebot an Gemüse, Obst, Hummus, Brot und einer breiten Palette gerösteter Nüsse und Sonnenblumenkerne, bekam Konkurrenz. In den russischen «Delikatessen»-Geschäften wurde Borschtsch in Dosen, Schweinefleisch in jeder Variante und eine große Auswahl an Wodka verkauft. An den Kiosken lagen russischsprachige Zeitungen aus. Und wie bei jeder Einwanderungswelle zuvor sagte man den russischen Neuankömmlingen allerlei Negatives nach. Die Medien berichteten über die Zunahme von Alkoholismus (in einem wenig trinkfreudigen Land tatsächlich ein außergewöhnliches Phänomen), organisiertem Verbrechen und Prostitution (beides hatte es natürlich schon vor der Ankunft «der Russen» gegeben).

152

Dass sich eine so große Einwanderungswelle bald auch politisch bemerkbar machte, konnte nicht verwundern. Politiker aller Schattierungen umwarben die «russische Stimme». Selbstbewusst genug, ließen die russischen Juden es dabei nicht bewenden, sondern gründeten ihre eigenen Parteien und feierten ihre eigenen Helden. Vom Sozialismus hatten sie genug; aber eine Vorliebe für starke Männer zeigten sie allemal. Den Anfang machte der Bürgerrechtler Nathan Scharanski, der in der Sowjetunion wegen seiner zionistischen Aktivitäten zu mehreren Jahren sibirischer Lagerhaft verurteilt und nach andauernden Protesten in einem dramatischen Gefangenenaustausch über die Glienicker Brücke in den Westen abgeschoben wurde.

Seinen Ministerposten in der Regierung Ariel Scharons und den Vorsitz der Partei «Israel BaAlija» gab er im April 2005 aus Protest gegen den israelischen Rückzug aus Gaza ab. Als Hardliner wurde er noch übertroffen von Avigdor Liebermann, dem Gründer und Vorsitzenden von «Israel Beitenu» («Israel, unser Zuhause» – offensichtlich gehen in Israel noch immer derart pathetische Parteinamen durch, auch das ein Erbe der zionistischen Pioniere). Er ist so etwas wie ein Kosake in jüdischem Gewand; ein bulliger Mann, der schon 1978 einwanderte, in einer Siedlung in der West Bank lebt und sich jüngst vor Gericht verantworten musste, weil er einen Schulkameraden seines Sohnes geohrfeigt haben soll. Als «Minister für strategische Fragen» fiel er unter anderem mit den Vorschlägen auf, den Iran mit Nuklearwaffen zu bombardieren oder den israelischen Arabern einfach ihre Staatsbürgerschaft abzuerkennen und sie der Souveränität der Palästinensischen Autonomiebehörde zu unterstellen.

Der neue Star am israelisch-russischen Himmel aber

ist Arkadi Gaidamak. Wie der Multimilliardär mit kanadischer, französischer, angolanischer und israelischer Staatsbürgerschaft sein Vermögen erworben hat (Schätzungen schwanken zwischen 700 Millionen und 4 Milliarden US-Dollar), ist nicht genau bekannt. Ein nicht geringer Teil, heißt es in der israelischen Presse, stamme aus finsteren Geschäften in den Jahren nach dem Zusammenbruch der Sowjetunion und aus noch dunkleren französisch-angolanischen Waffendeals. Jetzt legt er es darauf an, das politische Establishment Israels in Verlegenheit zu bringen. Die Regierung Ehud Olmerts hatte sich während des Libanonkrieges vom Sommer 2006 als unfähig erwiesen, die Bevölkerung des Nordens vor den Katjuschas der Hisbollah in Sicherheit zu bringen. Gaidamak griff großzügig ein und ließ eine Zeltstadt an der südlichen Mittelmeerküste errichten. Etwa 5000 Flüchtlinge sollen sich dort eingefunden haben. Sie wurden mit drei Mahlzeiten täglich, Unterhaltungsprogrammen und sogar einem Wäscheservice versorgt. Die Kosten beliefen sich auf etwa 500 000 Dollar pro Tag.

Hatten die ersten Pioniere die natürliche Landschaft Palästinas verändert, so krempelten vor allem die größeren Einwanderungsgruppen nach der Staatsgründung die politische Landschaft um. Die meisten kamen nicht aus Idealismus, bereit, sich einzufügen in eine «nationale Identität», sondern aus Not, weil sie verfolgt wurden oder sich in einem demokratischen Staat eine bessere Zukunft für sich und ihre Kinder erhofften. Keineswegs wollten sie auf ihre je eigene Kultur verzichten. Sie passten nicht so recht in die vorhandene Ordnung. Und die Ordnung schien ihnen nicht zu passen.

Israels Staatsgründer waren egalitär und säkular. Sie

hatten auf eine Masseneinwanderung aus Osteuropa gehofft, auf Juden, die, wie sie, der Enge der orthodoxen Welt entfliehen wollten. Dieser Hoffnung hatte die Schoa ein Ende gesetzt. Stattdessen waren sie mit der Aufgabe konfrontiert, gleich nach dem Unabhängigkeitskrieg etwa 700 000 Juden aus Nordafrika und dem Mittleren Osten zu integrieren, die nach der Gründung Israels von den arabischen Regierungen vertrieben worden waren. (So wurden etwa 49 000 jemenitische Juden zwischen 1949 und 1950 mit der Operation «Fliegender Teppich» eingeflogen.)

Mit dem Fortschrittsglauben der aus Europa stammenden Aschkenasim hatten die meisten Sefarden – die pauschal «Marokkaner» genannt wurden – nichts am Hut. Sie fassten es als Affront auf, in Durchgangslager, die «Ma'-abarot», und später in abgelegene «Entwicklungsstädte» gesteckt zu werden. Das Essen der Aschkenasim fanden sie fad, den Glauben der aschkenasischen Rabbiner viel zu verkopft. Sie waren stolz auf ihre sefardischen Traditionen – die Europäer dagegen belächelten ihre «abergläubische Verehrung für Wunderrabbiner» (als ob es die in Osteuropa nicht ebenso gegeben hätte) und hielten sie für rückständig. Wie alle Neuankömmlinge fühlten sie sich vernachlässigt und vom Zugang zu wichtigen Schlüsselpositionen innerhalb der Gesellschaft ausgeschlossen. Die sozialen, kulturellen und politischen Auseinandersetzungen zwischen Sefarden und Aschkenasim, Immigranten und Alteingesessenen, arabisch und europäisch geprägten Traditionen sollten jahrzehntelang andauern, und noch immer ist Israels Parteienlandschaft davon geprägt. Viele Sefarden sind Anhänger des rechten Likud; die «alte Elite» wählt überwiegend links. Deren Schock war groß, als mit Menachem Begin 1977 zum ersten Mal ein Likud-Chef ins Amt des Premierministers gewählt wurde und die lange

Vorherrschaft der europäischen zionistischen Aristokratie endete.

Im Laufe der letzten dreißig Jahre hat die Frage der Herkunft an Bedeutung verloren. Generationen von Israelis wurden bereits im Land geboren, und viele können ihre Herkunft heute kaum noch eindeutig auf aschkenasische oder sefardische Wurzeln zurückführen. Der jüdische Staat war nicht mehr Minsk, Plonsk oder Witebsk am Mittelmeer, eine osteuropäische Enklave im Nahen Osten. Er wurde südländischer, auch religiöser, eine Mischung aus Orient und Okzident. Dann kam die Welle der säkularen Russen, und just als sich Israel ins 21. Jahrhundert katapultierte, zur Hightech-Nation wandelte und die alten Ideale der egalitären Gründer mit einer neuen Start-up-Kultur zu Grabe trug, stieß zu Minsk, Marokko und Moskau auch noch Addis Abeba.

Ajelet HaSchachar, nur wenige Kilometer nördlich des See Genezareth, hat schon bessere Tage gesehen. Dem bräunlichen Putz der Häuser in diesem Kibbuz nach zu schließen, wurden die letzten Renovierungsarbeiten in den siebziger Jahren durchgeführt. Das «Kulturhaus», eine Kombination aus Büros, Kantine und Theatersaal, strahlt den Charme einer Zentrale der Kommunistischen Partei Albaniens aus. Wäre Ajelet HaSchachar nicht von riesigen Birkenfeigen, Akazien und Bougainvilleen überwuchert und spielten auf der Wiese vor dem Kulturhaus nicht schokobraune Buben mit großen Kippot auf den Köpfen Fußball, es könnte sich genauso gut in Rumänien, Weißrussland oder auf der Kamtschatka befinden.

Die Rettung vor dem gänzlichen Verfall kam, als die Jewish Agency anbot, die leerstehenden Häuser des Kibbuz als eines ihrer «Absorption Center» für Einwanderer

156

anzumieten. Seither ist Ajelet HaSchachar der erste Ort, den äthiopische Immigranten nach ihrer Ankunft auf dem Flughafen zu sehen bekommen.

In ihrem winzigen Büro im «Kulturhaus» sitzt Tali, eine angenehm rundliche Person, die sich selbst als eine Art «Ersatzmutter für unsere Gäste» bezeichnet. Ihre Pinnwand ist mit Fotos gespickt: stolze Mütter mit ihren Neugeborenen; würdige Herren in den weißen Gewändern religiöser Autoritäten; Aufnahmen des letzten Sederabends zur Feier des Auszugs der Israeliten aus Ägypten. «Es war ein bewegendes Fest; sie lasen ihre traditionellen Texte, wir unsere.» Die Legende will es, dass die äthiopischen Juden aus einer Verbindung zwischen der Königin von Saba und König Salomon entstanden; sie selbst bezeichnen sich als einen der zehn Stämme, die nach der Eroberung des Königreichs Israel durch die Assyrer verloren gingen; mit dieser Begründung erkannte sie der sefardische Oberrabbiner 1975 als Juden an.

Wahrscheinlicher ist, dass sie vor vielen Jahrhunderten konvertierten – und trotz wiederkehrender Verfolgungen an ihrem Glauben festhielten. Den Kontakt mit Juden außerhalb Äthiopiens müssen sie schon vor mindestens zweitausend Jahren verloren haben. Religiöse Feiertage wie Chanukka, das an die Revolte der Makkabäer und die Reinigung des Jerusalemer Tempels von den Götzen der griechischen Eroberer im Jahr 166 vor unserer Zeitrechnung erinnert, waren ihnen ebenso unbekannt wie der Talmud, dessen erste schriftliche Fixierung und Redaktion auf das zweite Jahrhundert nach unserer Zeitrechnung zurückgeht.

Ganz so harmonisch wie der Sederabend verläuft das Zusammenleben im Ajelet HaSchachar nicht immer. «Leute aufzunehmen, die aus einem von Bürgerkriegen zerris-

157

senen Land kommen, in dem die meisten von ein bisschen Landwirtschaft lebten, und sie dann auf eine moderne Gesellschaft vorzubereiten ist keine einfache Sache. Und das ist noch eine Untertreibung.» Viele waren Analphabeten, die wenigsten verfügten über eine Berufsausbildung. Ein paar Kibbuzmitglieder lernten Amharisch, um wenigstens die Sprachbarriere zu überwinden. Die kulturellen Differenzen sind schwerer zu überbrücken. «Sie sind wunderbare Menschen», sagt Tali und fügt hinzu: «Aber wir Kibbuzniks mit unserem Arbeitsethos mussten uns erst daran gewöhnen, dass diese Leute nicht die Kraft haben, sich auf ein neues Leben zu stürzen, Eigeninitiative zu ergreifen und sich selbst Jobs zu suchen.» Einige Einwanderer scheinen den Weg aus der Abhängigkeit von der Jewish Agency, die sie mit einer bescheidenen Behausung und monatlichen Zuwendungen versorgt, in die Selbständigkeit und Härte einer postmodernen Gesellschaft nicht zu schaffen. «Eigentlich sollten sie nach etwa zwölf bis fünfzehn Monaten Platz machen für neue Gäste», sagt Tali. «Aber ein paar Leute bleiben einfach, weil sie selbst nach dem Ulpan (dem Sprachkurs) nur ein paar Brocken Hebräisch sprechen und sich hier aufgehobener fühlen.»

Die äthiopische Einwanderung begann mit einer Nothilfe. Angesichts einer drohenden Hungersnot organisierten die israelische Armee und der amerikanische Geheimdienst CIA 1985 die «Operation Moses»: Rund 8000 Menschen wurden vom Sudan aus direkt nach Israel eingeflogen. Als die ersten Medien darüber berichteten, setzten arabische Staaten den Sudan unter Druck, keine Landeerlaubnis mehr für die israelischen Flugzeuge zu erteilen. Tausende Flüchtlinge starben auf dem Weg von Äthiopien in den Sudan. Über tausend Kinder landeten in Israel, während ihre Eltern in Afrika zurückbleiben mussten. Erst 1991, als das Militärregime Mengistu Haile Mariams vor dem Sturz stand und ein Bürgerkrieg drohte, gelang eine weitere dramatische Rettungsaktion; innerhalb von nur 36 Stunden flogen 34 israelische Passagiermaschinen, deren Sitze entfernt wurden, um eine möglichst große Anzahl von Flüchtlingen unterzubringen, über 14000 sogenannte Falaschas (amharisch für «Exilierte») aus. Ihnen folgen jetzt die «Falasch Muras», die vor langer Zeit gezwungen wurden, zum Christentum zu konvertieren, aber viele jüdische Traditionen beibehielten. Viele tausend weitere warten noch darauf, nach Israel zu kommen.

Ihre Integration war – und ist – schwierig. Das sefardische Oberrabbinat erkannte sie zwar als Juden an, verlangte jedoch eine «Pro-forma-Konversion, um ganz sicher zu sein». Aschkenasische religiöse Autoritäten sprachen ihnen jedwede «echte» Verbindung mit dem Judentum ab. Beides musste die äthiopischen Immigranten zutiefst treffen, die oft genug in ihrer Geschichte und erst jüngst unter Mengistu als Juden und «zionistische Spione» diskriminiert, verfolgt und getötet wurden. Noch immer besteht eine soziale Kluft zwischen Neueinwanderern und Alteingesessenen. Junge Äthiopier weisen den höchsten Anteil an Schulabbrechern auf. Umgekehrt nutzen sie die «große Integrationsmaschine» Armee, um ihren Weg in die Gesellschaft zu finden. Während sich ein Viertel der jungen Israelis vor dem obligatorischen Militärdienst drückt, dienen 90 Prozent der äthiopischen Einwanderer. Viele bewerben sich erfolgreich für eine Eliteeinheit. Wie andere Gruppierungen vor ihnen haben sie begonnen, ihre eigene Kultur offensiver zu vertreten.

Die zionistischen Pioniere irrten. Das Haus Israel ist niemals fertig. Es bleibt eine Baustelle. Manche der Anbauten sind schäbig, manche wackeln bedenklich, und eine Hausordnung gibt es ohnehin nicht. In einer demokratischen und notorisch streitsüchtigen Gesellschaft, in einem Land, in dem so viele ethnische Gruppen mit so unterschiedlichen Traditionen zusammenleben und mehr als 90 Sprachen gesprochen werden, kann es keine «par ordre de mufti» dekretierte nationale Identität geben. Sie entsteht von allein, vielleicht durch einige der herausragendsten israelischen Eigenschaften: einen ungebrochenen Optimismus – nicht von ungefähr gehören «Jihije Tov» («es wird schon gut werden») und «Ein Ba'aja» («kein Problem») zu den Standardsprüchen der Israelis; die Fähigkeit, «vertraute Einrichtungen», alte Traditionen und Wertvorstellungen zu entrümpeln und sich einer neuen Situation anzupassen; und «Improvisatia», die Begabung eines guten Handwerkers, auch unter schwierigen Bedingungen etwas Vorzeigbares herzustellen.

Fremd im eigenen Land

Sie sind leicht voneinander zu unterscheiden: Jüdische Dörfer im oberen Galiläa thronen meist auf den Hügelkuppen. Rot leuchten die Dächer zwischen den Baumkronen. Die Vorgärten sind gepflegt, als hätten ihre Besitzer alle «Home & Garden» abonniert, die Häuser geräumig und ordentlich aneinandergereiht. Schilder am Straßenrand machen darauf aufmerksam, dass es «Zimmerim» – die hebräische Variante von «Bed & Breakfast» – für Wochenendgäste und Sommerfrischler zu vermieten gibt, die vor der drückend feuchten Sommerhitze Tel Avivs in die kühle Bergluft des Nordens fliehen. Manche Restaurants in diesen kleinen Käffern gelten als Geheimtipp für Gourmets.

Arabische Ortschaften hingegen schmiegen sich an Hügelflanken. Manche Gebäude erinnern mit ihren Flachdächern an Schuhschachteln, einige zeugen von einem erstaunlichen Maß an architektonischer Phantasie: Ecktürmchen und Pagodendächer, eckige Fenster, runde Fenster, traditionelle Bogenfenster, manchmal auch alles zusammen an einem Haus, die Fassadenfarben changieren zwischen Rosa, Hellblau, Gelb und Grau. Sämtliche gestalterische Kreativität gilt offensichtlich dem Eigenheim, was jenseits der Gartenmauern liegt, wirkt vernachlässigt.

Ein ganzer Wald von Satellitenantennen auf den Dächern lässt auf die bevorzugte Art der Abendgestaltung schließen.

«Zimmerim» vermietet hier selten jemand. Für welche Kundschaft denn auch? Jüdische Israelis kämen kaum auf die Idee, ihre Ferien in einem arabischen Dorf zu verbringen. Ausländische Touristen sehen diese Gegend höchstens durch die Fenster ihrer Reisebusse. Wollte ich mich hier einquartieren, müsste ich schon an eine Haustür klopfen und die Bewohner höflich um Unterkunft für eine wandernde Journalistin bitten.

Immerhin ein Fünftel der israelischen Bevölkerung sind (überwiegend muslimische, zu etwa einem Zehntel christliche) Araber. Die meisten leben zwischen dem Jesreel-Tal, der nördlichen West Bank und Nazareth sowie in verstreuten Dörfern südlich der libanesischen Grenze. Ich bin oft hier unterwegs gewesen, aber bezeichnenderweise ist mir früher nie aufgefallen, dass Fremden keine Unterkünfte in arabischen Ortschaften zur Verfügung stehen – von Nazareth abgesehen, das als Pilgerstätte vor allem christlicher Touristen reichlich Platz bietet. Als ob es keinen Zugang gäbe zu einer Gruppe, bei der es sich um Bürger des jüdischen Staates handelt, die sich aber wenig mit den Symbolen Israels, der Fahne mit dem Davidstern oder einer Nationalhymne, die die «jüdische Seele» besingt, identifizieren können. Die nicht freiwillig in das «Haus Israel» zogen, das die zionistischen Pioniere errichteten, sondern deren Familien schon seit Jahrhunderten in Palästina lebten. Die in Israel sicherlich eine größere Meinungs- und Religionsfreiheit und einen höheren Lebensstandard als die Bürger der meisten Nachbarländer genießen, sich aber ethnisch und kulturell mit der arabischen Welt identifizieren, die seit Jahrzehnten in Feind-

162

schaft zum jüdischen Staat verharrt. Und deren Existenz viele Israelis nur im Vorbeifahren zur Kenntnis nehmen. Nun gut, quartiere ich mich eben im Kibbuz Lotem ein. Dessen «Zimmerim» bieten einen wundervollen Blick über das Ara-Tal. Sachnin, die nächstgelegene arabische Kreisstadt, ist höchstens einen Fußmarsch von einer halben Stunde entfernt.

Die stolzen Söhne Sachnins

Die Stadtgrenze zwischen Sachnin und den zweiundzwanzig jüdischen Dörfern des sogenannten Misgav-Blocks, zu dem Lotem gehört, ist am stechenden Geruch zu erkennen. In einer Senke, dem «Industrieviertel», das aus nicht mehr als ein paar Autowerkstätten und seltsamerweise einem Gemüsemarkt besteht, liegt auch die regionale Mülldeponie. Nachdem ich sie eilig passiert habe, wird es nur wenig attraktiver.

Vor fünfzig Jahren war Sachnin noch ein kleines Dorf, dessen Häuser sich um eine Moschee gruppierten. Jetzt wuchert die auf knapp dreißigtausend Einwohner angewachsene Stadt an der von Schlaglöchern übersäten Hauptstraße entlang. Eine Beleuchtung fehlt fast vollständig, den Gebäuden ist nicht immer anzumerken, ob sie noch im Rohbau stecken oder schon vor dem Abriss stehen. Oft ragen halbverrottete Pfeiler aus den Fundamenten, was nicht etwa Schlamperei im Baugewerbe geschuldet ist, sondern arabischer Tradition: Geheiratet wird meist erst, wenn die Familie des Bräutigams ein Haus zur Verfügung stellen kann oder wenigstens beginnt, eines zu bauen. Geht das Geld aus, muss die Fertigstellung des nächsten Stockwerks eben eine Weile warten.

Was Jugendliche hier am Abend machen, weiß der Himmel. Aufgeputzt sind sie ja, vor allem die jungen Männer mit ihren engen T-Shirts und sorgfältig gegelten Haaren. Cafés oder Diskotheken aber sind weit und breit nicht zu finden, dafür umso mehr Geschäfte mit Brautmoden in jeglicher Form und Farbe. Flirten ist hier offensichtlich eine ernsthafte Angelegenheit.

Das prächtigste Gebäude in Sachnin ist das von Katars Herrscher Scheich Hamad bin Khalifa al Thani finanzierte Fußballstadion. Richtiger: Es ist das einzige prächtige Gebäude und der gesellschaftliche Mittelpunkt des Ortes. Denn die Leute von Sachnin sind fußballverrückt.

Die Einweihung in Anwesenheit einer Delegation aus Doha war eines der denkwürdigen Ereignisse in der an solchen Momenten nicht eben reichen Stadt. Fast so schön wie die glückselige Saison 2004, als ihre Mannschaft, die Bnei Sachnin («Söhne Sachnins») den Aufstieg in die erste israelische Liga schaffte und dann auch noch den Israel Cup gewann. Oder als die «Söhne» ihren Erzfeind Beitar Jerusalem mit einem sensationellen 4:0 schlugen. Das war die angemessene Rache für die Anzeigen, die die notorisch rassistischen Fans von Beitar geschaltet hatten, nachdem eine arabische Mannschaft Meister geworden war (obgleich neben Spielern aus dem Kongo, Polen, Kolumbien und den USA auch mehrere Juden der Mannschaft angehören). Vom «Ende des israelischen Fußballs» war darin die Rede. Bis heute genießen die Sachniner diesen Triumph, und sie lachen Tränen, wenn sie an die Gesichter der Beitar-Fans denken, die mit jedem Tor länger wurden. Einige tobten, andere brachen heulend zusammen – die «Tod den Arabern!»-Rufe blieben ihnen jedenfalls endlich einmal im Hals stecken. Was vielleicht auch am riesigen Polizeiaufgebot im Stadion lag.

Wie fast überall ist Fußball auch in Sachnin wesentlich mehr als nur ein Spiel. Er gibt Selbstbewusstsein. Die Schulen im «arabischen Sektor» sind schlechter ausgestattet, die Rate der Abbrecher ist höher, die Anzahl der Absolventen einer Universität niedriger als unter der jüdischen Mehrheit. Arabische Journalisten, Moderatoren oder Unternehmer sind im öffentlichen Leben Israels eher die Ausnahme als die Regel. Viele der für die Karriere so hilfreichen «Boy-Networks» entstehen in der Armee, und vom Militärdienst sind Muslime und Christen befreit. Von Drusen und Beduinen abgesehen, dienen wenige israelische Araber freiwillig, und Pläne für eine Art «Zivildienst» wurden immer wieder diskutiert und nie verwirklicht. Fast sechzig Jahre mussten nach der Staatsgründung vergehen, bevor eine israelische Regierung mit Raleb Majadele Anfang 2007 einen arabischen Minister ins Kabinett berief.

Auf dem grünen Rasen aber können es auch Underdogs ganz an die Spitze schaffen, selbst wenn es nicht leicht ist, sich dort gegen sämtliche Widrigkeiten zu behaupten. Als Bnei Sachnin nach einem kurzen Ausrutscher in die Zweite Liga 2007 wieder der Aufstieg gelang, hatte Manager Masen Ghnaim vielleicht mit einer Spur zu viel Pathos verkündet: «Der Repräsentant des arabischen Sektors ist auf seinen angestammten Platz zurückgekehrt!» – und die Fans hatten gejubelt, als seien sie alle miteinander in den oberen Rängen der israelischen Gesellschaft angekommen. Jetzt scheinen Ghnaims Haare noch ein wenig grauer geworden zu sein. Der Club kann die notwendigen Mittel nicht aufbringen, um seinen Verbleib in der Ersten Liga zu sichern. 1,5 Millionen Dollar fehlen. Auf den einstigen Retter Arkadi Gaidamak kann man nicht mehr hoffen. Gaidamak hatte dem Verein in den vorangegangenen zwei Jahren insgesamt vier Millionen Dollar gespendet.

165

Aber er hat auch Beitar Jerusalem gekauft, den Erzfeind. Zwei Clubs darf er nicht unterstützen. Bei den Spielen der «Söhne» tauchte er nie auf. Und weil man ihm obendrein Ambitionen auf das Amt des Bürgermeisters von Jerusalem nachsagt, dürfte wohl klar sein, an wen der Millionär sein Herz hängt. Selbst wenn er dafür eine anrüchige Fangemeinde umschmeicheln muss.

Von arabischen Geschäftsleuten ist leider auch nichts zu erwarten. Masen Ghnaim hatte den Fehler begangen, «Balad», eine der drei in der Knesset vertretenen arabischen Parteien, zu unterstützen, was dem Bürgermeister Sachnins missfiel. Der gehört nämlich einer konkurrierenden arabischen Partei, der kommunistischen «Hadasch», an. Und mit dem Bürgermeister wollen es sich die Geschäftsleute lieber nicht verscherzen.

Fußball dient aber auch der Nachbarschaftspflege. Jeden Samstag sammeln Busse die Fans aus den umliegenden jüdischen Dörfern ein. In den roten Vereinsfarben gekleidet, schreien sie sich die Kehlen für ihre Jungs heiser, bejubeln einen Sieg und betrauern eine Niederlage, ganz wie die Sachniner.

«Wir haben gute Beziehungen», sagt Hassan, der unter der Woche als Bademeister in einer der Siedlungen des Misgav-Blocks arbeitet und mich und ein paar Fans aus Lotem mit seinem Minivan zu einem Fußballspiel gefahren hat. Doch über ein paar Tassen starken türkischen Kaffees nach dem (verlorenen) Spiel, die mich einem Infarkt näherbringen und ihm offensichtlich das Herz öffnen, wird er gesprächiger. «Ich passe auf, dass ihren Kindern nichts zustößt, aber unsere Kinder haben nicht einmal einen Swimmingpool. Wenn ich ihre gepflegten Vorgärten sehe, werde ich neidisch. Und wenn ich eigentlich die Aussicht genießen will, die sie von ihren Dörfern auf den

Hügelkuppen haben, dann werde ich wütend.» Denn die treuen jüdischen Fans der Bnei Sachnin, in der Mehrzahl Wähler linker Parteien und im Großen und Ganzen recht friedensbewegt, leben auf dem ehemaligen Besitz ihrer Nachbarn.

1976 verabschiedete die israelische Regierung einen «Entwicklungsplan», um mehr jüdische Israelis nach Galiläa zu locken. Denn würde die arabische Bevölkerung weiter so rasant wachsen, gerieten die Juden in dieser Region in die Minderheit. Einundzwanzig Quadratkilometer Land im unmittelbaren Umfeld Sachnins sollten enteignet werden – und das wäre nicht das erste Mal gewesen. 1950, nur ein Jahr nach Ende des Unabhängigkeitskrieges, hatte ein israelisches Gesetz den Landbesitz arabischer Flüchtlinge zu «absentee property» und damit offiziell zum Staatsland erklärt. Dazu gehört auch der Besitz derer, die in Israel leben, aber nach 1949 nicht mehr in ihre alten Dörfer zurückdurften. Staatsland können zwar prinzipiell auch arabische Kommunen oder Privatleute erhalten (es wird grundsätzlich nicht verkauft, sondern nur lebenslang verpachtet), aber etwa ein Zehntel wird vom «Jewish National Fund» verwaltet, dessen Statuten eine Verpachtung an Nichtjuden explizit ausschließen. (Neuerdings erklärte der Oberste Gerichtshof diese Praxis für «diskriminierend», da sie mit den Gesetzen eines demokratischen Staates nicht zu vereinbaren sei.) Und auch was den «Rest» betrifft, gehörte der «arabische Sektor» nicht zu den bevorzugten Klienten. Etwa tausend Quadratkilometer wurden seit der Staatsgründung als «absentee property» faktisch enteignet.

Mit schleichenden Enteignungen hatten die israelischen Araber fast zu leben gelernt. Aber 1976 war ein Siedepunkt erreicht, als Land enteignet werden sollte, das zu Sachnin gehörte. Und nun wehrten die Sachniner sich. Nach dem Sechstagekrieg von 1967 war ohnehin alles anders geworden. Die arabischen Staaten waren vernichtend geschlagen, zu Ende war es mit der Hoffnung, dass der jüdische Staat verschwinden würde. Man würde sich mit dessen Existenz arrangieren müssen – und das bedeutete unter anderem, für die eigenen Rechte zu kämpfen. Vielleicht war auch die Ausgangssperre, welche die israelischen Sicherheitsbehörden nach der Verabschiedung des Enteignungsgesetzes über Sachnin und dessen Nachbarorte Deir Hanna und Arabe verhängten, «der Strohhalm, der den Rücken des Kamels brach». Die zunächst friedlichen Massenkundgebungen weiteten sich jedenfalls schnell zu einem Aufstand aus, den die Armee rücksichtslos zu beenden versuchte. Sechs arabische Demonstranten wurden getötet, zahlreiche verletzt, Hunderte verhaftet.

Das Land wurde dennoch enteignet, um die Ortschaften des Misgav-Blocks zu errichten, in denen Hassan jedes Wochenende die Fans der Bnei Sachnin abholt. Was blieb, ist ein Mahnmal für die «Märtyrer der Stadt» im Zentrum Sachnins. Und Protestdemonstrationen in den meisten arabischen Ortschaften, die jährlich am 30. März, dem «Landtag», zur Erinnerung an den Aufstand von 1976 stattfinden.

«Was gibt es am Landtag eigentlich zu feiern, ihr habt doch im Grunde verloren?», frage ich ihn.

«Wir sind stolz, dass wir uns wenigstens gewehrt haben», sagt Hassan. «Man bietet uns Entschädigung an. Aber es geht um mehr als um Besitz. Boden bedeutet für uns Heimat, eine Verwurzelung mit dieser Erde. Die Tatsache, dass wir lange vor den Zionisten da waren.»

Von Moskobitern und Fellachen

Ich habe mir oft vorzustellen versucht, wie die Ankunft
vor allem der Zweiten und Dritten Alija wohl auf die arabische Bevölkerung gewirkt haben muss. Viele der frühen
Einwanderer waren angesteckt von einer romantischen
Verehrung des Orients, der auch so viele europäische
Intellektuelle erlagen. Einige waren der festen Überzeugung, bei den vorwiegend armen Pachtbauern, den «Fellachen», auf die sie in Palästina stießen, handele es sich
um Nachkommen der alten Hebräer, die im Lauf der Jahrhunderte ihre kulturellen Wurzeln verloren hatten und
zum Christentum oder zum Islam übergetreten waren.
Die Pioniere bewunderten die Verbundenheit der Araber
mit ihrer Heimat (und kamen gar nicht auf die Idee, dass
diese genau deshalb einen Anspruch auf denselben Boden
wie sie erheben könnten), verklärten die «Echtheit» und
den «Edelmut der Eingeborenen». Viele ließen sich gleich
nach der Ankunft in arabischer Tracht fotografieren.

Die Muslime, die seit langem die Mehrheit in Palästina
stellten, kannten Juden nur als eine gefügige, auf Schutz
angewiesene Minderheit, der es sogar verboten war, Waffen, die Insignien des Stolzes und Respekts, zu tragen.
Diese «Moskobiter» aber, wie die arabische Bevölkerung
die Zionisten lange eher abfällig nannte, waren anders.
Gar nicht fügsam und verstörend modern. Fanden die Fellachen es skandalös, dass die Pioniere in Gemeinschafts-
unterkünften lebten? Waren sie befremdet, dass deren
Frauen, ganz anders als in ihren eigenen Gesellschaften,
selbstbewusst mit den Männern diskutierten, sich nicht
auf eine Rolle als Hüterin von Haus und Nachkommenschaft reduzieren ließen und – Zeichen höchster moralischer Verkommenheit – bei der Feldarbeit kurze Hosen

trugen? Erschraken sie über die enormen kulturellen Unterschiede? Die Schulbildung der meisten Angehörigen der Zweiten und Dritten Alija mochte zwar stark zu wünschen übriglassen, aber sie waren eifrige Autodidakten und literarisch ungeheuer produktiv. Kaum eine Einwanderungsgruppe hat eine derartige Fülle an Tagebüchern und politischen Schriften hinterlassen (in denen es vor allem um die eigenen Wunschträume geht und selten um Begegnungen mit der einheimischen Bevölkerung). Drei Viertel der männlichen muslimischen Bevölkerung (und vermutlich fast alle Frauen) hingegen waren wegen des miserablen osmanischen Schulsystems Analphabeten; ihr Anteil unter den christlichen Arabern, deren Kinder oft von ausländischen Kirchen geleitete Konfessionsschulen besuchten, war nur geringfügig niedriger.

Bis heute weiß ich nicht, ob ich die berühmte Passage über die Begegnung zwischen Arabern und Juden in Theodor Herzls Utopie «Altneuland» von 1902 zum Lachen oder zum Weinen finden soll. Dort beschreibt Herzl die Palästinareise der beiden Freunde Friedrich Löwenberg (eines Wiener Intellektuellen, der, wenig überraschend, Herzls eigene Züge trägt) und Kingscourt (eines preußischen Adligen). Die beiden finden ein unterentwickeltes, nur spärlich besiedeltes Land vor. Zwanzig Jahre später kehren sie in ein Palästina zurück, das durch die zionistische Einwanderung nicht mehr wiederzuerkennen ist: Moderne Industrie sorgt für eine florierende Wirtschaft, eine kosmopolitische Gesellschaft erfreut sich eines hohen Lebensstandards, politische Entscheidungen werden in geradezu süßlicher Harmonie getroffen. Eine Armee wird in diesem Musterländle gar nicht benötigt, und selbst der Dritte Tempel wurde in Jerusalem ohne großen Widerspruch der Muslime wiedererrichtet. (Was mit dem

Haram al Scharif geschah, verschweigt Herzl ebenso wie die Gründe dafür, dass ein Dritter Tempel gebraucht wird: «Sein» Palästina stellte er sich nämlich durch und durch säkular vor.) Überzeugt, dass die Welt, inklusive der arabischen Einwohner Palästinas, die Juden nur lieben könnte, wenn diese erst einmal Gelegenheit hätten, sich von ihrer besten Seite zu zeigen, vermochte sich Herzl nicht auszumalen, warum die Araber unzufrieden sein sollten. In einem Gespräch mit dem vornehmen Dorfältesten Raschid Bey, dem einzigen arabischen Charakter in «Altneuland», fragt Kingscourt: «Haltet Ihr die Juden nicht für Eindringlinge?» Worauf Raschid erwidert: «Christ, was sagt Ihr für seltsame Dinge? Würdet Ihr jenen einen Räuber nennen, der nichts von Euch nimmt, sondern Euch etwas gibt? Die Juden haben uns reich gemacht. Warum sollten wir ihnen zürnen?»

So viel zur Blindheit großer Visionäre.

Ganz so blauäugig wie Herzl waren Palästinas jüdische Pioniere nicht. Sie lebten ja in unmittelbarer Nachbarschaft der Fellachen. Aufgeschlossenen Raschid Beys, die die Segnungen der Moderne rückhaltlos begrüßten – und das umso freudiger, wenn sie von jüdischen Fremdlingen gebracht wurden –, dürften sie nicht oft begegnet sein. Aber auch für sie bedeutete Zionismus Fortschritt. Sie konnten zunächst nur einen sozialen, keinen politischen und schon gar keinen kulturellen Konflikt erkennen. Die Fellachen waren in ihren Augen Proletarier wie sie, unterdrückt von den osmanischen Behörden und ausgebeutet von der kleinen Elite arabischer Großgrundbesitzer, die oft weit weg in Damaskus oder Beirut lebten und ihre Pächter ohne Zögern von dem scheinbar unbrauchbaren Land vertrieben, um es an die jüdischen Einwanderer zu verkaufen. Diese wiederum waren überzeugt: Mit der

Zeit würde das arabische Proletariat Palästinas einsehen, dass es von der Aufbauarbeit der Pioniere nur profitieren könne.

Der Zionismus wird heute gerne als ein Unternehmen interpretiert, das von Beginn an darauf angelegt war, die Araber zu vertreiben und zu enteignen. Doch keine noch so revolutionäre Bewegung agiert im luftleeren Raum. Sie alle sind abhängig von der Willkür der Geschichte oder werden von den Handlungen der Beteiligten in unvermutete Bahnen gelenkt. Vielleicht hätten die Pioniere den Mut verloren, wäre ihnen früher klar geworden, wie stark die Ablehnung der arabischen Seite war. Noch Anfang der dreißiger Jahre gingen die meisten davon aus, dass Palästina ausreichend Platz biete für Juden wie Araber. Warum denn auch nicht? Neben jüdischen Einwanderern strömten zahlreiche arabische Immigranten aus dem heutigen Jordanien, Syrien und Irak ins Land, angezogen von den Arbeitsmöglichkeiten, die sich mit dem langsamen Aufbau einer Industrie durch die Zionisten und die verlässlichere Administration der Briten ergaben. Bis 1947 war die arabische Bevölkerung Palästinas auf etwa 1,3 Millionen angewachsen.

Als die Zionisten endlich begriffen, dass sie ihren Staat nur gegen den Willen der einheimischen Bevölkerung würden durchsetzen können, war es zu spät. Nach Hitlers Machtergreifung in Deutschland, so Chaim Weizmann, Israels späterer Staatspräsident, «teilte sich die Welt in Länder, in denen Juden nicht bleiben können, und solche, die sie nicht aufnehmen». Palästina musste offen bleiben für jüdische Flüchtlinge. Sie zu retten war wichtiger, als einen Kompromiss mit den Arabern zu finden.

Für die gemäßigteren arabischen Nationalisten wäre eine jüdische Autonomie akzeptabel gewesen. Doch für die

172

Extremisten war die Duldung einer großen und vor allem selbstbewussten jüdischen Minderheit oder gar die Teilung des Landes undenkbar. Sie behielten die Oberhand. 1936 organisierte ihr Führer, Hadsch Amin al Husseini, eine Revolte, die mit Überfällen auf die jüdische Bevölkerung in Jaffa begann. Den Kompromissplan einer britischen Kommission, der «Peel-Commission», der im gleichen Jahr ausgearbeitet wurde und einen winzigen Küstenstreifen für die Juden vorsah, lehnten sie ebenso ab wie später den UN-Teilungsplan von 1947. (Die Zionisten hingegen akzeptierten beide Vorschläge.) An Husseinis Absichten konnten nicht die geringsten Zweifel bestehen: Von den Briten ins Exil getrieben, bot er Adolf Hitler eine Zusammenarbeit an. Auf dem Balkan rekrutierte er während des Zweiten Weltkriegs Freiwillige für eine bosnisch-muslimische Einheit der Waffen-SS. Die Juden, hämmerten arabische Propagandasender ihren Zuhörern ein, müssten «sämtlich abgeschlachtet» werden.

Als die Briten 1947 schließlich abzogen, war klar: Der Krieg, der nun folgte, würde mit aller Härte geführt werden.

Auf dem Weg von den frühen Siedlungen der Pioniere nach Sachnin muss ich zahlreiche arabische Dörfer passiert haben, die auf israelischen Landkarten nicht mehr zu finden sind. Keine Spur ist von ihnen in den waldigen Hügeln Galiläas geblieben; die Mauern der Häuser von Umm al Schauf westlich der Stadt Safed, Beisamun südlich von Metulla oder Al Abbasija unweit Jasud HaMa'alas und viele andere sind überwuchert von Gestrüpp und ausladenden Sykomoren oder wurden abgetragen, um den Feldern der Kibbuzim Platz zu machen. Nirgendwo ist auch nur ein winziges Täfelchen angebracht, das an sie erinnern wür-

173

de. Sie existieren allein im Gedächtnis ihrer ehemaligen
Bewohner und deren Kinder und Kindeskinder.

«Wo sind die Schilf-Araber hin, die euch heimlich Brot
und Ziegenkäse vor die Tür gestellt haben?», wollte ich von
Rosa Lubowsky in Jasud HaMa'ala wissen.

«Sie sind eines Tages verschwunden», lautete die Antwort.

Aber die arabische Bevölkerung in Palästina ist nicht
einfach «verschwunden». Ihre städtische, gebildete Elite
hatte sich in der Mehrzahl schon vor dem Beginn des
Krieges in Sicherheit gebracht. Etwa 400 000 meist ärmere
Araber flohen mit dem gerade Notwendigsten in die Nachbarstaaten oder in die West Bank und den Gazastreifen,
wo sie zum großen Teil noch immer in Flüchtlingslagern
leben. (Die Vereinten Nationen zählen auch Flüchtlinge,
die im heutigen Israel blieben, aber ihre Dörfer verlassen
mussten, weshalb sie eine Zahl von 711 000 angeben.) Sie
wollten nur «vorübergehend» dem Bürgerkrieg zwischen
Juden und Arabern ausweichen, der nach der israelischen
Unabhängigkeitserklärung von 1948 in eine Invasion arabischer Armeen mündete. Sie schenkten – ängstlich und
hoffnungsvoll zugleich – der Gräuelpropaganda ihrer eigenen Führung und der arabischen Regime Glauben, die
ihnen einerseits unablässig die «schrecklichen Massaker»
ausmalten, die «die Juden» an ihnen begehen würden, und
andererseits versicherten, dass man ebenjene skrupellosen Juden innerhalb kürzester Zeit «besiegen und vernichten» würde. Einige arabische Dörfer und Städte, darunter
Sachnin und Nazareth, ergaben sich und überstanden
den Krieg völlig unbeschadet. Viele andere wurden von
der israelischen Armee zerstört und deren Bewohner vertrieben. Der jüdische Staat hatte sein Überleben gesichert.
Aber für die arabische Minderheit war das «Al Nakba», die
Katastrophe.

174

Kämpfe um die Moschee

Atallah Mansur ist ein Wanderer zwischen den Welten. Er wurde in einem kleinen Dorf in der Nähe von Safed geboren, floh als Elfjähriger mit seiner Familie in den Libanon, wo er «als Katholik die erste von Palästinensern gegründete Oberschule» besucht hat, und gehört zu den wenigen Flüchtlingen, deren Rückkehr die israelische Regierung nach dem Krieg erlaubte. Er studierte in Oxford, ist Autor mehrerer Bücher über arabische Israelis, spricht Englisch mit britischem Akzent und ist stolz darauf, als erster arabischer Kolumnist der angesehenen hebräischsprachigen Tageszeitung «Ha'aretz» gearbeitet zu haben. Kaum jemand wäre so berufen wie Atallah Mansur, Auskunft über Fragen arabischer Identität in Israel zu geben. Leider bin ich weniger berufen, seinen klaren Wegbeschreibungen zu folgen. Mehrmals verirre ich mich in den Straßen Nazareths, die mich auf rätselhafte Weise im Kreis zu führen scheinen, bis ich endlich vor seiner Haustür stehe. Die einstündige Verspätung, mit der ich zu unserem Treffen erscheine, vergibt er mir großzügig.

Und so sitze ich auf dem Sofa seines mit Bücherregalen vollgestopften Wohn- und Arbeitszimmers, trinke den starken, süßen Tee, den seine Frau serviert, und ermahne mich, nicht etwa in «israelische Sitten» zu verfallen und Fragen direkt und ohne Umschweife zu stellen, denn das gälte wiederum nach arabischer Sitte als unhöflich. Ich erkundige mich nach dem Wohlergehen seiner Kinder, er sich nach dem Verlauf meiner Reise. Zeit, sage ich mir, haben wir genug, auch wenn es mir normalerweise Unbehagen bereitet, anderer Leute Geduld über Gebühr zu strapazieren. Schließlich platze ich doch heraus:

«Kann eine arabische Minderheit einen Staat, der sich

175

als jüdisch definiert und gegründet wurde, um Juden eine sichere Zufluchtsstätte zu gewähren, als ihr Zuhause betrachten?»

Mansur sieht mich mit dem nachsichtigen Lächeln eines Professors an, der einem Studenten erst einmal das Einmaleins beibringen muss, bevor er ihn in die Mysterien der Algorithmen einweihen kann.

«Sie als Deutsche müssten die Antwort eigentlich wissen.»

Ich? Als Deutsche? Seit wann gilt Deutschland als Vorbild für die gelungene Integration von Minderheiten?

«Europa hat trotz zweier grausamer Kriege einen Prozess der Integration begonnen. Das ist unser Vorbild. Nationalismen sind hinfällig, auch der Zionismus. Israel sollte ein Staat all seiner Bürger werden.»

Das habe ich in vielen Gesprächen mit arabischen Staatsbürgern Israels gehört. Es ist in jedem Programm ihrer Parteien – der nationalistischen ebenso wie der kommunistischen und der islamistischen – fest verankert und bedeutet letztlich, dass der jüdische Staat gewissermaßen aufhören solle, ein jüdischer Staat zu sein. Allerdings wage ich zu bezweifeln, dass Israel seine eigene Entstehung für einen dummen Irrtum erklären und seine Selbstauflösung beschließen würde. Und seit wann fühlen sich Franzosen, Italiener oder Spanier trotz eines jahrzehntelangen erfolgreichen Integrationsprozesses nicht mehr als Franzosen, Italiener oder Spanier?

Widerspruch irritiert Herrn Mansur. Eher zeigt er einen ausgesprochenen Hang zum Dozieren. Und in seinen Überzeugungen ist er nicht zu erschüttern. Irgendwann wird es völlig zweitrangig sein, glaubt er, ob jemand Jude, Araber, Christ oder Muslim ist. Seinen Optimismus möchte ich haben.

176

Ein Gang durch die Altstadt Nazareths könnte mich fast von der Durchsetzbarkeit solcher kosmopolitischer Träume überzeugen. Touristen feilschen um religiöse Devotionalien, ein paar arabische Kundinnen – einige im Hedschab, andere mit eng geschnittenen Hosenanzügen und Kreuzen im tiefen Ausschnitt – warten geduldig darauf, von ihrem Gemüsehändler bedient zu werden. Schwer bepackt schleppen russische Einwanderer, die in der nach 1948 entstandenen jüdischen Satellitenstadt Nazareth Ilit leben, ihre Einkäufe nach Hause. Bei kaum einer Beschäftigung wirken Menschen so friedlich wie beim Geldausgeben.

Doch der schöne Schein trügt. Nur wenige Meter entfernt, an der Ecke zwischen Casa-Nova und Marienstraße, liegt ein kleiner, idyllischer Park. Unter den von blühenden Glyzinien überwachsenen Pergolen rasten ein paar Pilger, bevor sie den steilen Weg zur Verkündigungskirche erklimmen, einer architektonischen Scheußlichkeit aus weißem Beton, die in den sechziger Jahren über dem Ort errichtet wurde, an dem der Erzengel Gabriel Maria die Geburt eines Sohnes verheißen haben soll. Eine bronzene Tafel weist den Flecken als «Park der Versöhnung» aus. Zwei Jahre lang haben die Bewohner Nazareths erbittert über diese paar Quadratmeter gestritten. Anlässlich des Besuchs von Papst Johannes Paul II. im Jahr 2000 wollte die Stadtverwaltung hier eine kleine Fläche für all jene Gläubigen planieren, die während der Papst-Messe keinen Platz in der Kirche finden würden. Kaum wurden diese Absichten bekannt, forderten konservative Muslime, dass just an dieser Stelle eine Moschee gebaut werden solle, schließlich habe sich hier das Grab eines Neffen des großen Heerführers Saladin befunden. Sie errichteten ein Protestzelt, Imame hielten feurige Reden. Gemäßigte

Muslime beteuerten, dass sie im Prinzip nichts gegen eine Aussichtsplattform für christliche Pilger hätten, aber ihre Glaubensbrüder auch nicht davon abhalten könnten, für ihre Sache zu streiten. Christen empfanden wiederum eine Moschee in unmittelbarer Nähe zu ihrem Heiligtum als Affront. Krisensitzungen wurden einberufen, der Vatikan um Hilfe gebeten, der nur verlauten ließ, dass man für eine friedliche Lösung beten werde. Der Besuch des Papstes war schon längst vorüber, als eine Vermittlungskommission der israelischen Regierung unter der Leitung Nathan Scharanskis den Streit endlich salomonisch beilegte. Niemand sollte Anspruch auf den Ort erheben. Die Protestzelte wurden abgebaut, die Baugruben zugeschüttet – und der «Park der Versöhnung» angelegt.

Mit wem ich auch in Nazareth sprach, beteuerte zunächst, dass es keinerlei Animositäten mehr gebe. Muslime und Christen wohnten schließlich schon seit Jahrhunderten friedlich zusammen, und in erster Linie verstehe man sich doch als Araber. Es ist schon erstaunlich: Seit sechzig Jahren lebt diese Minderheit in einer der debattierfreudigsten und streitsüchtigsten Gesellschaften, aber nicht viel scheint davon auf sie abgefärbt zu haben. Konflikte werden selten offen angesprochen oder gar ausgetragen. Erst in längeren Gesprächen kommt zutage, dass von einer harmonischen Koexistenz keine Rede sein kann. Die Idee von einer «europäischen Integration» innerhalb Israels, von einer Gesellschaft, in der die Frage der jüdischen, christlichen oder muslimischen, israelischen oder arabischen Identität keine Rolle mehr spielen würde, ist nichts als ein rührender Traum. Christen stellen nur noch ein Drittel der etwa 60 000 Einwohner Nazareths, und dass ihre Anzahl zusehends schrumpft, liegt nicht nur an ihrem geringeren Bevölkerungswachstum. Viele wandern aus, weil sie es müde sind, gegen Misstrauen und Ignoranz der jüdischen Mehrheit anzukämpfen. Und weil die Islamisten, die nicht eben für religiöse Toleranz bekannt sind, auch in Israel an Einfluss gewinnen. Umm al Fahm ist ihre Hochburg.

Der Weg dorthin führt durch Armageddon, das biblische Megiddo, den berühmtesten Kriegsschauplatz der Welt. Laut Altem Testament fochten hier schon Kanaaniter, Assyrer, Ägypter, Israeliten, Griechen, Perser, Philister und Römer, kurz: so ziemlich alle alten Kulturvölker. Im Ersten Weltkrieg begann der britische General Allenby seine Offensive gegen die Türken in diesem schüsselförmigen Tal. Nach der Wiederkehr des Messias, heißt es in der Offenbarung des Johannes, werde sich in Armageddon eine überwältigende «Armee des Westens» versammeln, um gegen die «Mächte des Ostens» zu Felde zu ziehen, hinter denen christliche Fundamentalisten die «islamischen Nationen und deren eurasische Alliierte» vermuten.

Für viele Israelis ist Umm al Fahm auch ohne apokalyptische Visionen ein Albtraum: Etwa 40 000 Einwohner, mit dreizehn Prozent die höchste Arbeitslosenquote im ganzen Land und an der Spitze der Stadtverwaltung ein Bürgermeister, der zu den Gründern der islamistischen Bewegung in Israel gehört.

Während der achtziger Jahre regierten die Kommunisten in Umm al Fahm. Ein unverkennbarer Ostblock-Charme haftet der Stadt nach wie vor an, auch wenn keine roten Fahnen mehr in ihren Straßen wehen, sondern die grünen des Islam. Weit und breit ist nichts zu sehen, was das Auge erfreuen könnte – keine Parks, keine Grünflächen, noch nicht einmal ein paar Bäume an den Straßenrändern. Selbst die als Schmuck gedachten Blumen, die hinter den schmiedeeisernen Gittern aus Plastikeimern und Blechdosen ragen, wirken ärmlich und vernachlässigt. Die Waren in den Lebensmittelläden sind mit ähnlich absurdem Hang zur dekorativen Verteilung des Mangels angeordnet wie weiland in der DDR. Sogar eine Mauer gibt es. Allerdings trennt sie hier nicht das Paradies des Sozialismus vom kapitalistischen Ausland, sondern Umm al Fahm von der West Bank.

Ein «Skorpionnest» potenzieller Terroristen nennen selbst seriöse israelische Medien die Stadt. Bis zum Bau des Sicherheitswalls, heißt es, hätten Attentäter aus der West Bank ungehindert über Umm al Fahm nach Israel gelangen können. Wann immer ein arabischer Staatsbürger Israels an einem Attentat beteiligt war (und das war eher selten der Fall – viel öfter gehörten sie zu den Opfern der Terroristen), zeigten israelische Fernsehsender zur Illustration fast routinemäßig eine Karte von Umm al Fahm. Im Jahr 2000, kurz nach dem Besuch des damaligen Oppositionsführers Ariel Scharon auf dem Haram al Scharif, fanden auch hier Massenproteste statt, die schnell eskalierten und auf andere arabische Städte innerhalb Israels übergriffen. Jugendliche zertrümmerten die Straßenbeleuchtungen, fackelten eine Tankstelle ab und verbrannten Autoreifen, ganz wie die Palästinenser in der West Bank und im Gazastreifen. Israelisch-arabische Politiker taten wenig, um die Wogen zu glätten. Und die israelischen Sicherheitsbehörden, immer in der Furcht, ihre eigenen Staatsbürger könnten sich doch als «fünfte Kolonne» der Palästinenser in den besetzten Gebieten entpuppen, verhielten sich ebenso unerbittlich wie schon während der Proteste gegen die Landenteignungen in Sachnin. Sie schossen. Nicht nur mit Tränengas, sondern mit scharfer Munition. Dreizehn Menschen wurden getötet. Keine einzige Demonstration israelischer Araber zur

180

Unterstützung der Zweiten Intifada fand danach mehr statt. Aber der «Kampf um die Moschee» ist noch lange nicht beendet.

Jeden Freitag sammeln Busse die Gläubigen ein, um sie nach Jerusalem zum Gebet zu fahren. Überall hängen Banner, die verkünden: «Al Aksa muss gerettet werden.» In keiner arabischen Stadt Israels wird so viel Geld für die «Renovierung der Moschee» oder für islamische Wohlfahrtsorganisationen gesammelt wie in Umm al Fahm. Und nicht nur das. Im Mai 2003 verhafteten israelische Sicherheitsbehörden eine ganze Gruppe islamistischer Aktivisten – darunter den damaligen Bürgermeister Scheich Ra'ad Salach – unter dem Verdacht, mit den Geldern die palästinensischen Extremisten der Hamas unterstützt zu haben. Sie sitzen noch immer in Haft.

In einem kleinen Lebensmittelladen, hinter dessen Theke ein riesiges Plakat des Felsendoms hängt, frage ich: «Vor wem muss die Al-Aksa-Moschee gerettet werden?», obgleich ich mir die Antwort schon denken kann. Ich habe sie oft genug in den Straßen Ostjerusalems, den besetzten Gebieten, aber auch von arabischen Abgeordneten des israelischen Parlaments gehört.

«Vor dem Zugriff der Zionisten. Sie graben unter dem Haram al Scharif. Am Ende wollen sie unsere Moschee zum Einsturz bringen und ihren Tempel wiedererrichten», antwortet der Verkäufer.

«Also muss auch Jerusalem befreit und womöglich ein islamischer Staat anstelle Israels errichtet werden?»

«Ganz und gar nicht», erwidert einer der Kunden zu meiner Überraschung. «Wir wollen Respekt für unsere Religion und unsere Heiligtümer und möglichst nach den Gesetzen der Schari'a leben. Aber israelische Staatsbürger bleiben.»

Wie das zusammengehen soll, muss mir jetzt schon Umm al Fahms Bürgermeister selbst erklären.

Scheich Haschem Abd al Rachman sitzt in seinem bescheiden ausgestatteten Büro und verbreitet Optimismus. «Als Erstes müssen wir die Barriere der Furcht beseitigen und die jüdische Öffentlichkeit mit den besseren Seiten Umm al Fahms vertraut machen», sagt er. Immerhin hat er es bereits geschafft, amerikanisch-jüdische Delegationen in seine Stadt einzuladen, die sich vor Ort von Reformplänen des Scheichs überzeugen konnten. «Wir wollen eine effizientere Verwaltung und vor allem unsere Steuern nachdrücklicher einfordern.» Wie die meisten arabischen Städte leidet auch Umm al Fahm unter der laxen Steuermoral seiner Bürger. Noch immer bestimmt eine tief verwurzelte Clanmentalität das politische Leben dieser zu schnell gewachsenen Dörfer. Jeder Bürgermeister ist von den Stimmen freundlich gesinnter Familienverbände abhängig, die als «Preis» für ihre Unterstützung wenigstens «Nachsicht» erwarten.

«Viele sagen: ‹Warum soll ich meinem Cousin zweiten oder dritten Grades Steuern bezahlen?› Diese Haltung müssen wir abschaffen, wenn wir ein ordentliches Budget haben wollen», erklärt Rachman. Und außerdem setzt der Scheich große Erwartungen in den Sicherheitszaun. «Es gibt keine Lücke mehr, durch die Terroristen schlüpfen können. Das sollte unser Image doch verbessern.»

Ein arabischer Bürgermeister, der den Sicherheitszaun begrüßt?

«Verstehen Sie mich nicht falsch», sagt Scheich Rachman. «Die Palästinenser in den besetzten Gebieten sind unsere Brüder und Schwestern, unsere Familie. Auch wir verstehen uns als Palästinenser. Aber wir wollen keine gewalttätigen Auseinandersetzungen, wie sie jetzt in Gaza stattfinden.»

Das ist die Antwort auf die Frage, warum «satte 93 Prozent der Bewohner Umm al Fahms», wie Rachman betont, «unter keinen Umständen» die israelische Staatsbürgerschaft aufgeben würden, um unter die Herrschaft eines palästinensischen Staates zu geraten, sollte er denn endlich einmal entstehen. Man habe ausreichend Gelegenheit gehabt, das Gebaren der Palästinensischen Autonomiebehörde zu beobachten, sagte mir einer meiner Gesprächspartner in Umm al Fahm – die Korruption, die ineffiziente Verwaltung, den Aufbau zahlreicher Sicherheitsdienste. «Als arabischer Bürger Israels mag ich unter Diskriminierung leiden. Aber wenigstens habe ich eine Chance, meine Rechte einzuklagen.»

Nicht alle Bewohner Umm al Fahms sind von der Sanftmütigkeit ihres Bürgermeisters überzeugt. In seinen Freitagspredigten klingt der 48-Jährige, der an den Universitäten von Hebron und Nablus Islam studierte und viele Jahre als rechte Hand seines Vorgängers, des verhafteten Scheichs Salach, galt, weit radikaler. Eines Tages in nicht allzu ferner Zukunft, versprach er seinen Zuhörern, stellten die arabischen Bürger Israels ohnehin die Mehrheit. Und dann würde in Palästina endlich doch noch ein «islamischer Staat entstehen».

Die «Barriere der Furcht» dürfte er mit solchen Äußerungen nicht niederreißen.

Rekruten, Reservisten und Regierungschefs

Schmal sieht er aus in seinem ärmellosen T-Shirt. Und jung. Viel jünger als Mitte zwanzig, daran ändert auch der Dreitagebart nichts. Die Mädchen mögen Yoram mit den engstehenden bernsteinfarbenen Augen und den dunklen Locken, die ihm das Aussehen eines israelischen Jim Morrison verleihen; sie kichern und stoßen sich mit den Ellenbogen in die Seiten, wenn er für einen Moment aus seiner Versunkenheit auftaucht, den Oberkörper über seinen Trommeln gerade reckt und lächelt, mehr nach innen als zu seinem schwärmerischen Publikum. Wer ihn so erlebt, seiner Musik völlig hingegeben, kann sich kaum vorstellen, dass Yoram einmal einer Eliteeinheit der israelischen Armee angehörte, trainiert darauf, in den Flüchtlingslagern der West Bank potenzielle Attentäter aufzuspüren, mitten in der Nacht Türen mit schweren Armeestiefeln einzutreten und vor den Augen verängstigter Kinder Verhaftungen vorzunehmen. Oder jemanden zu erschießen.

Ich habe Yoram in einem kleinen Café in Karmi'el getroffen. Tagsüber arbeitet er als Bedienung, abends spielt er dort mit seiner Band. Während des Libanonkrieges im Juni 2006 waren zahlreiche Katjuschas in dem kleinen Ort eingeschlagen. Ein beiläufiger Kommentar über die noch sichtbaren Zerstörungen führte unvermutet zu einem langen Gespräch über Krieg, Militär und schließlich seine eigene Armeezeit. Erst später fiel ihm auf, dass er zum ersten Mal über diese drei Jahre seines Lebens sprach.

Den Armeedienst hätte er sich eigentlich sparen können wie inzwischen so viele seiner Altersgenossen. Es reicht, dem Musterungsausschuss zu erzählen, dass man regelmäßig kifft, um für untauglich erklärt zu werden. Schon gar nicht hätte er in einer kämpfenden Einheit dienen müssen. Sein Vater starb, als Yoram drei Jahre alt war. Als Halbwaise hätte ihm das Recht zugestanden, in irgendeinem angenehm klimatisierten Büro Akten zu verwalten oder sich als Sozialarbeiter in Uniform um Soldaten aus prekären Verhältnissen zu kümmern. Aber weder wollte er sich drücken und auf die «israelischste Erfahrung» verzichten noch in der Schreibstube herumhocken. «Seit ich denken kann», sagt Yoram, «wollte ich derselben Eliteeinheit angehören, in der schon mein Vater und mein neun Jahre älterer Halbbruder gedient hatten.» Vielleicht um sein eigenes Männlichkeitsideal zu erfüllen, vielleicht, um dem Vater, den er nie richtig gekannt hat, ein wenig näher zu sein. Genau erklären kann er es sich heute nicht mehr. Der Tag, an dem die Mutter seinem Drängen nachgab und im Rekrutierungsbüro die Zustimmungserklärung unterschrieb, gibt er fast erstaunt über sich selbst zu, «war der glücklichste meines Lebens».

Die ersten eineinhalb Jahre waren ein «reiner Abenteuerspielplatz». Seine Einheit trainierte in der Negevwüste, sie lernte, ohne Wasser und Nahrung zurechtzukommen, und absolvierte Schießübungen auf Pappkameraden. «Die Soldaten und Soldatinnen der israelischen Verteidigungskräfte handeln im Geist der Brüderlichkeit und Ergebenheit für ihre Kameraden, helfen ihnen, wann immer dies

186

nötig ist, oder verlassen sich auf sie, allen Schwierigkeiten und Gefahren zum Trotz, selbst wenn sie ihr eigenes Leben dafür aufs Spiel setzen müssten», heißt es im «Code of Conduct» der «Zva Haganat LeIsrael», der «Streitkräfte zur Verteidigung Israels», kurz «Zahal». Das muss ihnen niemand einbläuen. Zahal ist alles andere als eine Anstalt für Kommissköpfe. Vorgesetzte werden nicht militärisch gegrüßt; niemand käme auf die Idee, ihnen beim Mittagessen einen Platz im Speiseaal frei zu räumen. «Offizierscasinos» gibt es nicht, alle erhalten dasselbe ziemlich ungenießbare Kantinenessen (und manche von ihnen «Care»-Pakete ihrer Mütter). Offiziere und Ausbilder lassen sich nicht mit ihrem Rang ansprechen, sondern mit dem Vornamen.

Um die Rekruten zu einer Truppe zusammenzuschweißen, in der jeder rückhaltlos für seine Kameraden einsteht, reichen ein paar Monate, in denen sie Märsche mit schwerem Gepäck absolvieren, in der Wüste zelten und sich Unterkünfte teilen, die mit ihrer notorischen Unordnung und den Postern an den Wänden eher den Jugendzimmern ähneln, denen sie gerade entwachsen. Ab jetzt ist es gleichgültig, ob einer erst jüngst als Neueinwanderer in Israel ankam oder ob seine Vorfahren schon hier geboren wurden, wer von ihnen im Kibbuz aufgewachsen ist, wer aus den Villenvororten Tel Avivs oder den Entwicklungsstädten der Negevwüste stammt. Die Armee wurde zu Yorams neuer Familie.

Im März 2002 wird seine Einheit in die West Bank verlegt. Die Al-Aksa-Intifada geht in ihr zweites Jahr. In den Städten der West Bank liefern sich militante Palästinenser und die israelische Armee fast täglich Gefechte. In den israelischen Städten jagen sich allein in diesem Monat zwölf Selbstmordattentäter in die Luft. Sie aufzuspüren, bevor sie sich den Sprengstoffgürtel umschnallen, das ist die Aufgabe seiner Spezialeinheit.

«Und wie findet man sie?», will ich wissen.

«Meistens durch Spitzel. Ich war erstaunt, wie viele Palästinenser dem Inlandsgeheimdienst Schin Bet zuarbeiten.»

Sobald die Informationen nachgeprüft sind, wird Yorams Truppe losgeschickt. Mitten in der Nacht, mitten in die gefürchtetsten Orte, die Flüchtlingslager nahe Ramalla, Kalkilia oder Tulkarem: ein Gewirr aus unüberschaubaren Gassen, die sich nach den winterlichen Regenfällen in Schlammpfade verwandeln, in denen die Stiefel mit einem schmatzenden Geräusch stecken bleiben. Die Häuser übereinandergeschachtelt wie Baumpilze – man muss jedes Fleckchen ausnutzen für die beständig wachsenden Familien –, die unverputzten Mauern zugekleistert mit einer Ahnengalerie des Todes, Fotos der «Märtyrer», in der Hand die Maschinenpistole oder den Koran, im Hintergrund die goldene Kuppel des Felsendoms.

«Du schleichst dich rein, du weißt, dass man von jedem Dach aus auf dich schießen kann, und du fühlst dich nicht als Held. Dir pocht das Herz bis zum Hals vor Angst.» Im Training war alles viel einfacher: anpirschen, das Haus des Verdächtigen sichern, die Tür eintreten, um ihm keine Chance zur Flucht zu lassen. Verhaften. Die Überlegenheit liegt in der Überraschung. Aber niemand hat sie auf den Ausdruck im Gesicht der Kinder vorbereitet, «die stumm vor Entsetzen auf uns und unsere Gewehre starren, wenn wir ihren Vater oder Bruder mitnehmen».

Wie sollte einer wie Yoram auch wissen, was ihn da erwarten würde? Seine Schulzeit hat er in einem musischen Gymnasium unter anderen wohlbehüteten und sorgfältig geförderten Kindern verbracht. Er interessierte sich für

Kunst, nicht für den Konflikt mit den Palästinsensern. In einer Eliteeinheit zu dienen war etwas Abstraktes, etwas, das nichts mit einem Feind zu tun hatte, sondern höchstens mit der Fähigkeit, die erforderlichen Prüfungen zu bestehen. Die besetzten Gebiete hätten auch auf dem Mond liegen können, Orte wie Ramalla, Kalkilia, Bethlehem oder gar die Flüchtlingslager, nur wenige Kilometer von seinem Zuhause entfernt, hat er vor seinem Armeedienst nie besucht. «Von dort kamen Terroristen, die sich in unseren Städten in die Luft sprengten, und ich glaubte fest daran, dass wir alles Recht der Welt haben, sie daran zu hindern», sagt er.

Flüchtet ein Verdächtiger, sind ihre Befehle klar. Zweimal «Stopp!» rufen, dann wird geschossen. Bei einem ihrer nächtlichen Einsätze werden sie angegriffen. Yorams Truppe stellt einem der Bewaffneten nach, hetzt ihm hinterher durch die gespenstisch stillen Gassen, ruft ihn an, aber er bleibt nicht stehen. Einer seiner Kameraden schießt, der Mann bricht zusammen. Und dann?

«Die übliche Routine; wir müssen überprüfen, ob der Gegner tot ist.»

«Was macht ihr, wenn er nur verletzt ist?»

Die Antwort kommt leise. «Er war tot. Aber er war kein Mann, sondern ein Halbwüchsiger. Noch viel jünger als wir.»

Als sie in jener Nacht in ihre Unterkunft zurückkehren, werden sie mit einer Art «Galadiner» empfangen. Ihr Vorgesetzter lobt sie für die «erfolgreich ausgeführte Operation». In Yorams Gesicht ist noch die Fassungslosigkeit zu lesen, die er damals empfunden haben muss. «Ich dachte nur: Was gibt es hier zu feiern? Wir haben eben jemanden getötet.»

Bevor sie irgendwann vor dem Morgengrauen in ihre

Betten kriechen, spricht Yoram den Schützen an. «Was mache ich jetzt damit? Ich habe jemanden umgebracht?», fragt der nur. Danach wird nie wieder ein Wort darüber verloren. Aber jetzt beginnen Zweifel an ihnen zu nagen. «Manchmal saßen wir im Jeep, die Gefangenen mit gefesselten Händen und verbundenen Augen zu unseren Füßen. Und dann haben wir uns gefragt, wer eigentlich recht hat. Sie kämpfen für ihre Sache, und wir? Was machen wir eigentlich hier?» Ihre Einsätze führen sie trotzdem weiter durch. Yoram wird ausgezeichnet, weil er unter Beschuss einen verwundeten Kameraden auf dem Rücken aus der Gefahrenzone trägt. Seiner Mutter erzählt er davon nichts. Was soll man sagen, was erklären? Wie soll man die Kluft überbrücken zwischen dem Leben in Uniform irgendwo in den palästinensischen Gebieten und der zivilen Welt mit ihren harmlosen Vergnügungen?

«Jene Nacht war für mich der Beginn eines langsamen Abschieds von meiner zweiten Familie», sagt er. «Ich liebe Israel. Und ich würde wieder in die Armee gehen. Aber das Gefühl, völlig allein zu sein, ging seither nie mehr weg.»

Soldaten sind im Straßenbild Israels wirklich nicht zu übersehen. Ich begegnete ihnen an Checkpoints, wenn ich in der West Bank oder im Gazastreifen unterwegs war. Manche versuchten, die Spannung mit einem freundlichen Wort aufzulösen – man sah ihnen an, wie unwohl sie sich fühlten; andere genossen ganz offensichtlich ihre kleine Macht, fanden Gefallen daran, sich mit arrogantem Gesichtsausdruck die Papiere der Palästinenser zeigen zu lassen oder sie zu «näheren Inspektionen» an den Straßenrand zu winken, die Stunden dauern konnten. Ich hatte einige interviewt oder wie alle Journalisten mit dem Armeesprecher telefoniert, wenn es galt, eine offizielle Stellungnahme einzuholen. Aber wer fragt schon Soldaten im Dienst, wie sie sich dabei fühlen? Eine offene Antwort dürfen sie ja ohnehin nicht geben.

Manche meiner israelischen Freunde mussten ihren jährlichen vierwöchigen Reservedienst ableisten, die meisten hatten selbst irgendwann ihre Armeezeit absolviert, einige hatten Kinder, die inzwischen ebenfalls am Wochenende in der Uniform nach Hause kamen, um den elterlichen Kühlschrank leer zu futtern, zu schlafen und sich dann mit den Freunden ins Nachtleben zu stürzen.

Niemand zeigte sich besonders glücklich darüber, dass nun der Nachwuchs dem Vaterland diente. Man war verhalten stolz, wenn die Sprösslinge in einer angesehenen Einheit landeten, in der sie wenigstens «etwas Sinnvolles» tun würden – Sprachen lernen im militärischen Geheimdienst, Sozialarbeit leisten oder als Hightech-Ingenieure eine Ausbildung erhalten, mit deren Hilfe sie «danach» vielleicht ein erfolgreiches Start-up-Unternehmen gründen könnten. Und besorgt, wenn sie den kämpfenden Truppen angehörten. Gleich, welche politischen Anschauungen geäußert wurden – fast immer fiel der Satz: «Wir hatten uns gewünscht, dass unseren Kindern einmal der Militärdienst erspart bleiben würde.»

Seit seiner Geburt befindet sich Israel in einem Zustand des Krieges oder doch der permanenten Gewalt – und gegen alle bisherige Erfahrung klammert sich jede Generation an die Hoffnung, dass endlich Frieden einkehrt, bevor die eigenen Kinder eingezogen werden. So hatten die Gründerväter sich das nicht vorgestellt. Sie träumten vom «neuen Hebräer», der alle antisemitischen Klischees von den schwachen Juden widerlegen und sich im Notfall verteidigen würde, aber nicht von einem Staat, in dem die jungen Frauen 21 und die jungen Männer 36 Monate ihres

Lebens beim Militär verbringen und danach jährlich mindestens vier Wochen Reservedienst leisten müssen.

Noch immer gilt die Armee als «heilige Kuh», und wenn ein Star wie das Model Bar Rafaeli in einem Interview naiv zugibt, dass sie sich um ihre Armeezeit gedrückt hat – es sei schließlich «schöner, in New York zu leben, als für sein Land zu sterben» –, dann empört sich die ganze Gesellschaft. Aber «Heldenmythen» oder gar ein Todeskult sind nie entstanden; ich kenne keinen israelischen Roman, keinen Film, kein Kunstwerk, das den Krieg oder «soldatische Tugenden» verklären würde. Ganz im Gegenteil: Schriftsteller wie Amos Oz, David Grossman oder Yoram Kaniuk verdanken ihre Anerkennung auch der Tatsache, dass sie sich kritisch mit dem Militär auseinandersetzen.

Über keine Region der Welt wird so ausführlich berichtet wie über den Nahen Osten, und keine Gesellschaft beschäftigt sich so erschöpfend mit der eigenen politischen Situation wie die Israelis. In jedem Bus läuft das Radio, und sobald zur vollen Stunde eine sonore Frauenstimme die «Nachrichten der Stimme Israels» ankündigt, verstummt jede Konversation. Während des Achtuhrjournals des staatlichen Fernsehens zu stören käme einem Sakrileg gleich. «Auf dem Laufenden» zu sein ist eine Art Nationalsport. Gibt es keine größeren Skandale in der Regierung zu beklagen und ist «HaMazav», die generelle Lage, gut, kann man sich getrost den alltäglichen Dingen des Lebens zuwenden. Wird eine neue Gesprächsrunde mit der Palästinensischen Autonomiebehörde angekündigt, diskutiert man heftig über das Für und Wider und die Erfolgsaussichten. Militäraktionen werden mehr oder minder kenntnisreich analysiert, schließlich hat man ja selbst einmal gedient. Fand ein Terrorattentat statt und spielen die Radiosender für den Rest des Tages nur noch melancholische

Musik, abgelöst nur von «Updates» über die Anzahl der Opfer und Verletzten, versinkt das ganze Land in Trauer. Niemals habe ich Israel deprimierter erlebt als nach einer Reihe von Attentaten im März 2002. Cafés, Restaurants und Kinos blieben leer, dafür verzeichneten Videoverleihe Rekordumsätze. Eltern versuchten, ihre Kinder vom Ausgehen abzuhalten, denn ein Besuch in der Disco konnte lebensgefährlich sein. Und wenn das schon nicht gelang, so riefen sie wenigstens regelmäßig und in kurzen Abständen mit der ängstlichen Frage an: «Wo bist du? Ist alles in Ordnung?» Politik ist in Israel kein Konversationsthema für Abendgesellschaften. Politik ist ein Lebenselixier.

Und dennoch wachsen israelische Jugendliche auf, ohne wirklich über den Konflikt Bescheid zu wissen, der ihr Land seit seiner Entstehung in Atem hält. In der Schule studieren sie die jüdische Geschichte der biblischen Zeit und der Diaspora und lernen einiges über die Ideale des Zionismus. Aber sie erfahren kaum etwas über arabische Geschichte oder die Schattenseiten der Gründung Israels. In jedem Supermarkt, Café, Restaurant oder Kino prüfen Sicherheitsleute die Taschen der Besucher. Aber die wenigsten unter den Jüngeren beschäftigen sich mit dem Leben der Palästinenser oder könnten erklären, wer oder was die fundamentalistische «Hamas» ist, auf deren Konto die meisten Terrorattentate gehen, vor denen ihre Eltern sie tagtäglich warnen. Spätestens nach der zehnten Klasse erhalten sie in ihren Schulen Besuch von Rekrutierungsoffizieren, die sie über den Armeedienst informieren. Bis sie eingezogen werden, dürfte die Mehrzahl an einem mehrwöchigen paramilitärischen Training teilgenommen, eine Waffe in der Hand gehalten und sich mit der Frage beschäftigt haben, welcher Einheit sie gerne angehören würden. Aber niemand scheint sie darüber aufzuklären, was es bedeutet, wenn es ernst wird, wenn sie in den besetzten Gebieten eingesetzt werden und wie Yoram nachts durch Flüchtlingslager schleichen müssen, um potenzielle Attentäter zu verhaften.

«Was hast du von Hebron und den jüdischen Siedlern in einer arabischen Stadt gewusst, bevor du abkommandiert wurdest, um sie zu schützen?», fragte ich einen jungen Soldaten, der vor dem angeblichen Grab Abrahams, der «Machpela», Wache schob. Seine Antwort war frappierend: «Nichts.» Er hatte keine Ahnung, wann und warum sie sich überhaupt in Hebron niedergelassen hatten, wie viele von ihnen in der Stadt leben oder welche politischen Meinungen sie vertreten. Er hat für Ruhe zu sorgen und aufzupassen, dass die fanatischen Siedler nicht allzu oft mit den Palästinensern zusammenstoßen. Aber wie um alles in der Welt soll ein gerade 20-Jähriger, der sich mit seinen Altersgenossen vor nicht langer Zeit noch belanglose Schulhofkabbeleien lieferte, «Spannungen deeskalieren» und eine Aufgabe bewältigen, mit der gestandene Psychologen überfordert wären?

Es ist, als führten die Israelis ein Doppelleben, als verwendeten sie alle Kraft darauf, sich möglichst wenig mit der brutalen Seite ihrer Existenz im Nahen Osten zu beschäftigen. Wie alle Eltern der Welt möchten sie ihre Kinder vor den Auswirkungen des Konflikts beschützen und vor den moralischen Herausforderungen, denen sich viele während ihres Militärdienstes stellen müssen. Und lassen sie doch unvorbereitet in diesen Abschnitt ihres Lebens ziehen. Ich konnte mit meinen Freunden hitzige Debatten über die Besatzung führen, in denen so manches kritische Wort über Politiker oder die Armeeführung fiel. Aber so gut wie nie sprachen sie über Persönliches, über die eigenen Erfahrungen als Soldat oder Reservist, die in

eine andere Zeit und einen anderen Kosmos zu gehören
schienen. Offensichtlich gilt wenigstens in diesem Punkt
noch immer das Klischee des «Sabre», der seinen weichen
Kern hinter einer dicken, rauen Schale verbirgt. Als in den
israelischen Medien Mitte der neunziger Jahre zum ersten
Mal Bilder von weinenden Soldaten beim Begräbnis eines
Kameraden zu sehen waren, empörte sich die halbe Nation: «Seit wann zeigen wir offen unsere Gefühle?»

Nein, «offen Gefühle zu zeigen» ist nicht Sache der Israelis. Fast zwei Jahre habe sein Sohn in einer Kampfeinheit an
der Grenze des Libanon gedient, erzählte mir ein Freund.
Nicht ein einziges Mal sprach er zu Hause darüber. Das ist
keine Ausnahme. Frage ich die Kinder von Freunden nach
ihrem Armeedienst, wiegeln sie ab: «Alles in Ordnung.»
Wobei mir nie klar ist, ob sie einer Geheimhaltungspflicht
unterliegen, niemanden (schon gar nicht ihre Eltern) beun-
ruhigen wollen oder ihr Leben in Uniform so schnell wie
möglich vergessen möchten, sobald sie ihren Stützpunkt
verlassen haben. Sie sind damit beschäftigt, schneller er-
wachsen zu werden und ihre jugendliche Unbeschwert-
heit zu verlieren als ihre Altersgenossen in anderen westlichen Gesellschaften. Ihre Vorgesetzten betrauen sie mit
Aufgaben, die in den Armeen anderer Länder gestandene
Offiziere leisten. Sie werden mit Anfang zwanzig zum
Kommandeur einer Flugabwehrstaffel ernannt, überwachen (und entwickeln) teuerste Technik, werten im militärischen Geheimdienst selbständig Informationen aus,
auf deren Grundlage Politiker weitreichende Entscheidungen treffen müssen; sie trainieren Panzerfahrer und
Schützen (Zahal setzt gerne weibliche Ausbilder ein – man
hat schnell begriffen, dass die hübschesten Offizierinnen
der Welt die ganze Aufmerksamkeit der jungen Männer
genießen); gerade erst der Pubertät entwachsen, betreuen

195

sie psychisch labile Soldaten, die kaum älter sind als sie, fertigen Palästinenser an den zahlreichen Kontrollposten ab oder führen Razzien in palästinensischen Flüchtlingslagern durch. Für Reden ist da nicht viel Raum.

Ohne Zweifel wachsen viele der jungen Rekruten an ihren Aufgaben. Manche beginnen ihren Dienst als gänzlich unpolitische Halbwüchsige und beenden ihn als engagierte Friedensbefürworter. Andere gehen den umgekehrten Weg und glauben, nur eine einzige Lektion gelernt zu haben: dass «die Araber» keine andere Sprache als Gewalt verstünden. Die meisten brechen nach dem Militärdienst zu Abenteuerreisen in die entlegensten Gebiete der Welt auf, schlagen sich als Rucksacktouristen in den Anden durch oder bevölkern indische Aschrams. Möglichst weit wegzufahren ist zur Mode geworden. Aber auch zur ernsthaften Suche nach einer neuen Freiheit jenseits eines strikt reglementierten Alltags und jenseits moralischer und politischer Probleme, die schon ihre Eltern und Großeltern nicht zu lösen wussten.

Yoram ist nicht verreist. Er brach den Kontakt zu seiner Ersatzfamilie gänzlich ab. Nicht einen der Kameraden aus seiner Einheit hat er seit dem Ende seiner Dienstzeit wiedergesehen. Für ein Jahr zog er sich in einen Kibbuz in der Negevwüste zurück. Dorthin, wo das Leben noch ein harmloser Abenteuerspielplatz war.

Ein Krieg ohne Ende

Man gewöhnt sich erstaunlich schnell an den Anblick von Waffen. Als frischgebackene Abiturientin, die es sich in den Kopf gesetzt hatte, allein durch Israel zu reisen, zuckte ich noch zusammen, wenn Soldaten ihre Maschinengewehre ins Gepäcknetz der Überlandbusse warfen. Ein paar Tage später schon hatte ich aufgehört, fasziniert auf «Uzis» oder «Galim» zu starren. Nach einer Woche und unterwegs von Akko an der Mittelmeerküste zum See Genezareth kam es mir nicht einmal mehr ungewöhnlich vor, dass ganze Panzerkolonnen Richtung libanesische Grenze rumpelten. In einem Land, in dem man Waffen mit sich herumträgt, fährt man vielleicht auch Panzer spazieren. Erst nach einer im Speisesaal der Jugendherberge von Tiberias aufgeschnappten Bemerkung verstand ich, warum.

«Daaaaahling», wandte sich ein am Nebentisch sitzender Brite über den Rand der «Jerusalem Post» seiner Ehefrau zu: «Did you know that there is a war?»

Die «Operation Frieden für Galiläa» hatte begonnen. Am Tag zuvor, dem 6. Juni 1982, waren israelische Truppenverbände in den Libanon einmarschiert. Seit Jahren hatte die Bevölkerung Galiläas unter dem Raketenbeschuss der Palästinensischen Befreiungsorganisation gelitten. Jetzt endlich, versprach die Regierung unter Premier Menachem Begin und Verteidigungsminister Ariel Scharon, würde man dem ein Ende setzen und die Palästinensische Befreiungsorganisation aus einer etwa 40 Kilometer breiten «Sicherheitszone» herausdrängen. Die ganze Angelegenheit, versicherte Generalsstabschef Rafael Eitan, wäre «tschick-tschack» (ein beliebter Ausdruck für «zackig» oder «schnell») erledigt.

«Operation Frieden für Galiläa» war beileibe nicht Israels erster Krieg. Schon unmittelbar nach der Staatsgründung im Mai 1948 oder an Jom Kippur, dem 6. Oktober des Jahres 1973, musste es sich gegen Angriffe wehren; mit der Suez-Kampagne vom 29. Oktober 1956 versuchte die israelische Regierung, Ägyptens Staatspräsident Gamal Abdel Nasser an der Verstaatlichung des Suezkanals (und der Sperrung dieser wichtigen Lebensader des Landes) zu hindern; und am 6. Juni 1967 wollte sie einem Angriff Ägyptens zuvorkommen.

All diese Kriege begannen an einem bestimmten Tag. Alle endeten an einem bestimmten Tag. Selbst wenn die Israelis später heftig über deren politische Auswirkungen debattieren sollten – das palästinensische Flüchtlingsproblem von 1948; das Versagen der Regierung und der Geheimdienste 1973, die vom Angriff Syriens und Ägyptens überrascht wurden; die Frage, was mit den Gebieten geschehen solle, die 1967 erobert wurden –, so hatten sie doch deren Legitimität nie angezweifelt. «Ein Breira» hieß der Standardspruch: «Es gibt keine Alternative, wir haben keine andere Wahl, als uns zu verteidigen.»

Der Libanonfeldzug aber wollte nicht enden. Er war auch keine «Militäraktion», um terroristische Überfälle der PLO auf Nordisrael «tschick-tschack» zu beenden, sondern, zum ersten Mal in Israels Geschichte, ein politischer Krieg, der auch noch ein größenwahnsinniges Ziel hatte: die PLO gänzlich aus dem Libanon zu vertreiben, wo sie einen Staat im Staat gegründet hatte, die Kämpfe zwischen Sunniten, Schiiten und Christen zu beenden und obendrein eine «freundliche Regierung» zu installieren, die mit dem jüdischen Staat Frieden schließen würde.

Die israelische Armee rückte weit über den Südlibanon hinaus in die Hauptstadt Beirut vor, die sie wochenlang belagerte, um die PLO zum Aufgeben zu zwingen. Ariel Scharon hatte seinen Premierminister nicht nur über seine wahren Absichten getäuscht. Er war auch, so stellte eine israelische Untersuchungskommission später fest, «indirekt» für das Massaker christlich-libanesischer Milizen in den palästinensischen Flüchtlingslagern von Sabra und Schatilla vom September 1982 verantwortlich. Seine

Truppen hatten das Lager umstellt und alle Ausgänge verriegelt, während die Phalange, die christliche Miliz unter deren Führer Elie Hobeika, beinahe zwei Tage lang ungestört mordete.

Hunderttausende Israelis demonstrierten kurz nach diesem Blutbad auf dem «Platz der Könige» in Tel Aviv gegen einen Krieg, der außer Kontrolle geraten war und vor allem seine Legitimität verloren hatte. Zum ersten Mal distanzierten sich sogar Generäle öffentlich von ihrem Verteidigungsminister. Brigadekommandeure baten noch während der Belagerung Beiruts darum, von ihren Posten entbunden zu werden, da sie ihren Untergebenen keine Befehle erteilen wollten, die unzählige Zivilisten das Leben kosten würde. Reservisten weigerten sich, in einem Krieg zu kämpfen, der nicht ausschließlich der Verteidigung diente.

«Ein Breira» – wir haben keine andere Wahl – galt nicht mehr. Jedenfalls nicht für die Generäle, Brigadekommandeure und Reservisten, die diesen Feldzug für falsch hielten. Und nicht für einen großen Teil der israelischen Öffentlichkeit, die entsetzt war über das Massaker, das unter den Augen ihrer Armee stattgefunden hatte. Der Empörung über einen Krieg, dessen Ziel und Zweck in den Augen vieler nicht zu rechtfertigen war, entsprang die israelische Friedensbewegung – die vielleicht einzige der Welt, die von Militärs maßgeblich mitbegründet wurde.

Nein, beendet wurde der Krieg mit den Protesten nicht. Noch fast zwanzig Jahre lang besetzte der «Zahal» eine 40 Kilometer breite Sicherheitszone im Südlibanon, in die sie sich 1985 zurückgezogen hatte. Die Diskussionen über das Für und Wider des Unternehmens aber hielten an. Schon wahr: Die PLO war ins tunesische Exil vertrieben worden. Doch an ihrer Stelle kämpften jetzt die Fundamentalisten

der schiitischen Hisbollah gegen die Besetzung des Südlibanon. Einige Experten beharrten darauf, dass Israel
sich «unter keinen Umständen» eine Blöße geben und sich
zurückziehen dürfe, denn dann sei das Abschreckungs-
potenzial der Armee gefährdet. Man könne keinen Krieg
in einem Territorium gewinnen, in dem der Feind jeden
Quadratzentimeter kenne und von der Bevölkerung unterstützt werde, hielten andere dagegen. Die Soldaten der «Golani-Brigaden», die ich in den neunziger Jahren mehrmals
in ihren Stellungen an der libanesischen Grenze besuchte,
waren überzeugt, «eine wichtige Aufgabe zur Sicherung
unserer Zivilisten im Norden» zu leisten. «Wenn wir nicht
hier wären, könnte die Hisbollah direkt an unserer Grenze Raketen auf Nordisrael abfeuern», versicherte mir ein
junger Kommandeur. Doch mit jedem meiner Besuche
wurden die Betonmauern, mit denen sie ihre Stellungen
umgaben, dicker und höher. Immer mehr Soldaten fielen
in der sogenannten Sicherheitszone. Immer aussichts-
loser wurde der Kampf gegen eine Truppe, die ihre Gue-
rillataktik mit freundlicher Hilfe des Iran und Syriens perfektionierte, angeblich unzerstörbare Panzer in die Luft
sprengte und israelische Patrouillen aus dem Hinterhalt
überfiel. Dieser Krieg war nicht zu gewinnen.

Im Juni 2000 zog sich Israel einseitig aus dem Libanon
zurück. Aber die Hisbollah erkannte – im Gegensatz zu
den Vereinten Nationen – den Rückzug nicht als vollständig an und feuerte weiter ihre Katjuschas. Als sie im Sommer 2006 zwei israelische Soldaten entführte, antwortete
die Armee mit einem erneuten Feldzug, bombardierte den
Libanon mehrere Tage lang unerbittlich und versuchte,
die Fundamentalisten aus ihren Stellungen zu vertreiben,
während die Bewohner Galiläas unter dem Raketenhagel
tagelang in ihren Bunkern verharren oder in den Süden

Israels fliehen mussten. Nach Wochen wurde mühsam ein Waffenstillstand ausgehandelt, den eine internationale Friedenstruppe überwachen soll.

Im Libanon finanzieren ausländische Regierungen den Wiederaufbau; in Israel sind die Schäden in den Städten des Nordens weitgehend beseitigt, die Flüchtlinge zurückgekehrt, die Cafés und Restaurants wieder bevölkert. Aber der Unmut über eine Regierung, die sie im Stich ließ, der Zweifel an einer Armeeführung, die ihre Truppen zum Teil mit veralteter Ausrüstung losschickte und es zuweilen nicht einmal schaffte, sie mit Nahrung zu versorgen, und der Schock, sich wochenlang verkriechen zu müssen, sitzen tief; die Bunker, mit denen jeder Neubau in den Städten des Nordens ausgerüstet wird, bleiben mit dem Notwendigsten bestückt. Matratzen, Decken, genügend Wasser und Dosennahrung, Fernseher und Computerspiele, um sich die Zeit zu vertreiben. Kaum jemand, mit dem ich sprach, glaubt, dass das letzte Kapitel dieses Krieges schon geschrieben ist.

Pazifisten in Uniform?

Im Libanonkrieg ging es «nur» um Sicherheit, nicht um die dauerhafte Eroberung eines fremden Territoriums und schon gar nicht um biblische Geschichte. Dennoch verursachten die Auseinandersetzungen um den Sinn und Unsinn dieses Unternehmens tiefe Risse in der israelischen Gesellschaft. Die Erste Intifada jedoch, die im Dezember 1987 ausbrach, nachdem ein Militärfahrzeug im Gazastreifen ein palästinensisches Kind überfahren hatte, rührte an die Fundamente der israelischen Gesellschaft. Sie zertrümmerte eine jahrzehntelange Selbsttäuschung.

201

«Es gibt kein palästinensisches Volk», hatte die ehemalige Premierministerin Golda Meïr einmal behauptet. Aber da war es, demonstrierte, schwenkte die verbotenen palästinensischen Fahnen und warf Steine auf israelische Soldaten. Man würde die besetzten Gebiete nur als Faustpfand behalten, hatten sich selbst kritischere Geister eingeredet – und dabei zugesehen, wie israelische Regierungen jeglicher Couleur Unsummen in den Bau von Siedlungen steckten und damit Tatsachen schufen, die einem Tausch «Land gegen Frieden» sichtbar im Weg standen. Israelis bildeten sich viel darauf ein, die «einzige Demokratie im Nahen Osten» zu sein. Für die Bewohner der besetzten Gebiete allerdings galten die demokratischen Spielregeln nicht. Man war stolz auf die Ideale der Gründerväter, die sich einen säkularen Staat vorgestellt hatten. Trotzdem sah man tatenlos zu, wie eine Gruppe religiöser Zeloten an Einfluss gewann, die die schnelle Eroberung «Judäas und Samarias», der «Wiege des Judentums», im Sechstagekrieg als Fingerzeig Gottes und die Bibel als Grundbuch interpretierten und erklärten, sie würden die besetzten Gebiete niemals räumen. Man hatte an die Fähigkeiten einer hochqualifizierten und mit allen technischen Finessen ausgestatteten Armee geglaubt und sich eingebildet, schlecht bezahlte Jobs in den israelischen Städten und der Bau von Universitäten, Schulen und Krankenhäusern in den «Gebieten» könnte die Sehnsucht der Palästinenser nach einem selbstbestimmten Leben unter eigener Führung in einem unabhängigen Staat vergessen machen. Doch jetzt war es vorbei mit dem Irrglauben, es gäbe eine humane Besatzung. Entsetzt musste ein Teil der israelischen Gesellschaft zur Kenntnis nehmen, dass ihre Armee unfähig war, den Aufstand niederzuschlagen – und ein anderer, mit welch gewalt-

202

tätigen und zuweilen verbrecherischen Methoden sie es versuchte.

Noch immer ist die Armee die größte Integrationsmaschine in einem Land, das sich aus so vielen verschiedenen Nationalitäten und Kulturen zusammensetzt. Hier entsteht immer wieder neu der «army-slang», der das künstlich wiederbelebte Hebräisch erst richtig zu einer Umgangssprache formte. Einwanderer nutzen die Armee, um, wie Yoram, die «israelischste Erfahrung» zu machen und zu beweisen, dass sie der neuen Heimat angehören wollen und bereit sind, dafür ihr Leben einzusetzen. Aber es gehört zu den vielen Widersprüchlichkeiten des Landes, dass der jahrzehntelang beschworene Konsens, Israel sei nur ein kleines, schwaches Land, das sich gegen eine Übermacht von Feinden wehre, ausgerechnet in der israelischsten aller Institutionen zerbrach. Dass das «Kollektivideal» der Gründerväter, welches das «Wir» über das «Ich» stellte, gerade in der Armee nicht mehr aufrechtzuerhalten war. Denn spätestens mit der Ersten Intifada wurde jede Handlung zur ganz persönlichen Gewissensentscheidung. Wollte man wirklich Steine werfenden palästinensischen Jugendlichen hinterherjagen, die sich nur gegen eine Besatzung zur Wehr setzten? Tatenlos zusehen, wie Kameraden Zivilisten verprügelten oder Gefangene schlugen? Oder als «Verräter» gelten, wenn man gegen die Regeln einer eingeschworenen Gemeinschaft verstieß und solcherlei Gewalttätigkeiten den Vorgesetzten oder gar einer der vielen israelischen Menschenrechtsorganisationen meldete? Den Reservedienst ableisten, auch wenn man der Überzeugung war, die Besatzung greife die moralischen Fundamente der israelischen Gesellschaft an und kein Volk könne dauerhaft über ein anderes herrschen? Tagsüber in Uniform Dienst an einem Kontrollposten schieben und am Abend in Zivil Flugblätter gegen die Besatzung verteilen?

Israels Rechte, allen voran die Siedler, forderten weiter, dass die Armee den Aufstand niederschlagen und die «Terrorattacken» der Palästinenser unterbinden müsse, koste es, was es wolle. Aber ein Großteil der Bevölkerung war es leid, in einem permanenten Ausnahmezustand zu leben. Genau wie während des Libanonkriegs begannen Reservisten, den Dienst in den besetzten Gebieten zu verweigern, und eine wachsende Friedensbewegung organisierte wieder Demonstrationen, in denen eine politische Lösung und das Recht der Palästinenser auf Selbstverwaltung gefordert wurden. Schließlich habe PLO-Chef Jassir Arafat 1988 offiziell dem Terror abgeschworen und das Existenzrecht Israels anerkannt. Jetzt sei es an der Zeit, mit dem Gegner zu reden.

In einer Demokratie sind Kriege nicht ohne die Unterstützung der Bevölkerung zu gewinnen. Doch Protestkundgebungen allein hätten vermutlich nicht gereicht, um endlich zu einer politischen Lösung zu gelangen. Es war die Armeeführung, die erkannte, dass ein militärischer Sieg in der Auseinandersetzung mit den Palästinensern unmöglich war. Und dass es Zeit war umzudenken: Die Sicherheit Israels beruhte nicht nur auf dessen Fähigkeit zur Abschreckung. Es ging nicht mehr darum, feindliche Truppen vernichtend zu schlagen und deren Waffenarsenal zu zerstören. Es war auch nicht mehr so wichtig, an den besetzten Gebieten festzuhalten, um sich eine geostrategische «Pufferzone» zu bewahren und Invasionen feindlicher Staaten rechtzeitig stoppen zu können. Mit Ägypten hatte Israel 1979 einen Friedensvertrag geschlossen, Jordanien machte keinerlei Anstalten, einen neuen Krieg zu beginnen – dessen damaliger

König Hussein unterhielt schon seit längerem geheime, aber herzliche Kontakte mit israelischen Regierungen. Und die Sowjetunion, der größte Waffenlieferant der arabischen Staaten, war nach dem Fall der Berliner Mauer zusammengebrochen. Ohne Zweifel – für die nächsten Jahrzehnte wäre die israelische Armee jeder anderen im Nahen Osten weit überlegen.

Fast einhellig kam die Militärführung zu dem Schluss, nichts könne der Sicherheit Israel besser dienen – und zudem das schwer beschädigte Image ihres Landes und seiner Armee verbessern – als Friedensverhandlungen mit der PLO, die schrittweise Räumung der besetzten Gebiete und die Gründung eines palästinensischen Staates.

Das Bild hätte bewegender nicht sein können. Da stand Israels Premierminister Jitzchak Rabin, ein Mann, der als junger Soldat im Unabhängigkeitskrieg gekämpft hatte, als General maßgeblich am Erfolg des Sechstagekriegs beteiligt war und als Verteidigungsminister während der Ersten Intifada noch gefordert hatte, man solle den «Aufständischen Arme und Beine brechen», und schüttelte auf dem Rasen des Weißen Hauses in Washington PLO-Chef Jassir Arafat die Hand. Mit deutlich erkennbarem Widerwillen zwar, aber immerhin.

Mich haben, angesteckt von der Euphorie, die einen Großteil der Israelis nach dem Abschluss der Osloer Verträge im September 1993 ergriff, andere Bilder wesentlich mehr beeindruckt: der damalige Generalstabschef Amnon Lipkin Schahak und der palästinensische Unterhändler Mahmud Abbas, die während einer Verhandlungspause im ägyptischen Badeort Scharm El-Scheich einen Spaziergang am Strand des Roten Meeres unternahmen und sich, ganz in ihr Gespräch vertieft, vertrauensvoll untergehakt hielten. Israelische und palästinensische Delegationen, die sich über den Verhandlungstisch hinweg lachend Feuer für ihre Zigaretten gaben. Oder die Jeeps mit den orangen Fahnen an den Antennen, in denen palästinensische und israelische Soldaten in der West Bank gemeinsam Patrouille fuhren.

Israelis in Zivil mieden die besetzten Gebiete auch, als schon lange keine Steine mehr auf Autos mit den gelben israelischen Nummernschildern geworfen wurden und nachdem das Osloer Abkommen geschlossen und Jassir Arafat 1994 aus seinem tunesischen Exil nach Gaza zurückgekehrt war. Die einzigen «Nachbarn», die die Palästinenser nach wie vor zu sehen bekamen, waren Siedler und Israelis in Uniform. Zuweilen schien es, als würden hauptsächlich die Militärs mit den Palästinensern Frieden schließen.

Sichtbare Grenzen

Etwa 600 000 Männer und Frauen, inklusive Reservisten, dienen in der israelischen Armee. Bei einer Bevölkerung von knapp sieben Millionen sind das immerhin fast zehn Prozent. Noch in den achtziger Jahren floss ein Viertel des Bruttoinlandsprodukts in den Verteidigungshaushalt. In den letzten Jahren, nachdem die Armee Reformen unternommen hatte, um «Zahal» zu einer «schlanken, mobilen Einsatztruppe» umzuformen, waren es noch knapp zehn Prozent. Mit schöner Regelmäßigkeit wechseln Militärs kurz nach Beendigung ihrer Laufbahn in die Politik. Die Liste israelischer Staatschefs und Minister allein der letzten fünfzehn Jahre liest sich wie ein «Who's who?» der Karriereoffiziere. Jitzchak Rabin und Ehud Barak waren

Generalsstabschefs, Benjamin Netanjahu gehörte der Elite-einheit «Sajeret Matkal» an (und zehrte vom Ruhm seines Bruders Jonathan, der die Befreiung israelischer Geiseln aus einem von der «Palestinian Front for the Liberation of Palestine» 1976 nach Entebbe entführten Flugzeug kommandiert hatte und dabei getötet worden war). Ariel Scharon galt in jungen Jahren als ebenso brillanter Stratege wie rücksichtsloser und eigensinniger Offizier, weshalb er nie zum Stabschef aufstieg. Die derzeitige Regierung darf geradezu als Ausnahme gelten. Premier Ehud Olmert gehörte zunächst den kämpfenden «Golani-Brigaden» an, arbeitete aber nach einer schweren Verletzung als Journalist für das Armeemagazin «BaMachane». «Elder Statesman» und Präsident Schimon Peres musste sich während seiner ungewöhnlich langen politischen Karriere immer wieder gegen den Vorwurf wehren, er verstehe wenig von Sicherheitspolitik, habe er doch nicht gedient. Dabei war er als junger Protegé des Staatsgründers Ben Gurion maßgeblich für Israels Nuklearprogramm verantwortlich (sowie für einige spektakuläre Waffenbeschaffungsmaßnahmen wie den «Diebstahl» von fünf Raketenbooten aus dem Hafen von Cherbourg 1969, die Israel bereits bezahlt hatte, Frankreichs Regierung unter Charles de Gaulle aber nicht mehr liefern wollte).

Angesichts einer dermaßen großen Präsenz von Militärs in der Politik darf man also getrost fragen: Ist Israel nun ein Staat mit einer Armee oder eine Armee mit einem Staat? Doch so leicht sind die Grenzen nicht zu ziehen. Ehemalige Generäle sind auf allen Seiten des politischen Spektrums zu finden. «Zahal» ist eine Volksarmee. In ihr verlaufen dieselben Bruchlinien, die auch den «Rest» der israelischen Gesellschaft durchziehen, und dabei stehen nicht einfach die «Friedensbefürworter» den

«Friedensgegnern» gegenüber. Spätestens seit den Osloer Verträgen wünscht sich die überwiegende Mehrheit der Israelis ein Ende der Besatzung. Selbst die Rechte – bis auf die radikale Siedlerbewegung – hat eingesehen, dass Israel kein jüdischer und demokratischer Staat bleiben kann, wenn es weiter über die Palästinenser herrscht. Die Frage ist vielmehr, ob man sich in Israel – auch in der Armee – von den alten Denkmustern lösen kann. Jahrzehntelang hatten die arabischen Staaten und die PLO keinen Zweifel daran gelassen, dass sie den jüdischen Staat vernichten wollen. Ägypten mag einen Friedensvertrag mit Israel geschlossen und die PLO das Existenzrecht Israels anerkannt haben. Doch ägyptische und palästinensische Medien betreiben eine zum Teil üble antisemitische Hetze. Konnte man den Palästinensern wirklich trauen, oder waren nicht jedes Selbstmordattentat und die deutliche Unterstützung für die «Märtyrer» und den «bewaffneten Widerstand» und nicht zuletzt die Wahl der fundamentalistischen Hamas im Gazastreifen ein Beweis dafür, dass sie ihr Ziel, den Staat Israel zu zerstören, doch nicht aufgegeben hatten? Die meisten Israelis bringen den radikalen Siedlern der West Bank wenig Sympathie entgegen. Aber haben sie je begriffen, dass der Ausbau dieser hoch subventionierten Kleinstädte alles andere als dazu angetan war, das Vertrauen der Palästinenser zu gewinnen? Würden sie den Mut aufbringen, einen Großteil der Siedlungen in der West Bank zu räumen und sich dem Widerstand der Bewohner entgegenzustellen?

Seit die Verhandlungen von Camp David im Sommer 2000 scheiterten und unmittelbar darauf die Al-Aksa-Intifada ausbrach, scheint sich Israel wieder in der gleichen Lage zu befinden wie vor den Osloer Abkommen. Soldaten durchkämmen palästinensische Städte und Flüchtlingslager auf der Suche nach Selbstmordattentätern, die Friedensbewegung fordert neue Verhandlungen, und die Bevölkerung hat den ewigen Konflikt satt, ohne genau zu wissen, wie man ihn beenden soll. So entschloss sich Israel zu einem radikalen Schritt.

Sie ist wirklich nicht zu übersehen. In Jerusalem verläuft die Mauer quer über die Hügel der Judäischen Wüste und mitten durch die palästinensische Vorstadt Abu Dis, in der so manche Straße unvermittelt vor dem meterhohen Betonwall endet. In Umm al Fahm war sie schon von weitem zu erkennen. Jetzt, auf meinem Weg nach Tel Aviv entlang der neuen Autobahn Nummer 6, wird sie fast zur ständigen Begleiterin. «Sicherheitszaun» nennen sie die Israelis, «Apartheidsmauer» die Palästinenser. Kaum eine Maßnahme – seien es die gezielten Tötungen von Aktivisten der Hamas, die Abriegelung der West Bank nach Attentaten oder die Demolierung palästinensischer Häuser durch die israelische Armee – rief einen solchen Sturm der Entrüstung hervor wie der Bau des «Trennungswalls». Die Generalversammlung der Vereinten Nationen erklärte sie für «illegal», das Internationale Rote Kreuz hält sie für eine Verletzung der Genfer Konvention, die Europäische Union erkannte zwar «Israels legitimes Recht zur Selbstverteidigung» an, empfahl aber, auf «einseitige Grenzziehungen» zu verzichten und lieber schnellstens zu Verhandlungen zurückzukehren.

Als Jitzchak Rabin nach einem Terrorattentat 1994 zum ersten Mal den Bau eines Trennungswalls vorschlug, hielt ein Großteil der israelischen Bevölkerung die Idee noch für absurd. Sicherlich, glaubten sie, sei es möglich, mit Hilfe eines friedlichen Abkommens zu einer dringend notwendigen Grenzziehung zwischen Israel und einem zukünftigen palästinensischen Staat zu gelangen. Doch mit jeder Bombe, die israelische Zivilisten tötete, schien der Plan weniger abwegig. Nach dem Beginn der Al-Aksa-Intifada und einer ganzen Welle von Attentaten war die Stimmung umgeschlagen. Über achtzig Prozent der Israelis befürworten den «Sicherheitszaun».

Auf israelischer Seite macht er mit seiner geradezu liebevollen Begrünung einen fast harmlosen Eindruck. Aber die meisten Israelis haben nie die palästinensische Seite der Mauer zu Gesicht bekommen. Dieser «Sicherheitszaun» ist eben nicht nur ein Zaun. Ihm vorgelagert sind Sicherheitsschneisen, mancherorts verläuft er mitten durch die Felder der Palästinenser, und einige Dörfer wurden fast völlig von ihrem Hinterland abgetrennt. Die palästinensische Stadt Kalkilia, die direkt an das israelische Kfar Saba grenzt, wurde von ihm eingekreist, ihre Bewohner können die Stadt nur noch durch einen von israelischen Soldaten bewachten Checkpoint verlassen.

In Israel selbst hat sich eine seltsame Koalition von Kritikern ergeben. Die Siedler würden den Wall lieber heute als morgen niederreißen: Sie fürchten, ähnlich wie die Palästinenser, eine einseitige Grenzziehung, nur dass sie gleichsam auf der «falschen Seite» landen würden. Die Friedensbewegung hat «im Prinzip» nichts gegen ihn einzuwenden, protestiert aber dagegen, dass die Mauer nicht genau entlang der grünen Grenze verläuft.

Mehr als 50 Prozent des Trennungswalls sind bereits gebaut, über die Pläne für die zweite Hälfte wird noch gestritten. Der Oberste Gerichtshof Israels ordnete mehrmals Änderungen an, um die «negativen Auswirkungen auf das Leben der Palästinenser zu minimieren». Die Armee führt an, dass sie seit dem Bau des Walls die Anzahl der Kontrollposten wesentlich verringert habe, und das trage dazu bei, die Bewegungsfreiheit der Palästinenser zu erhöhen. (Was diese, milde ausgedrückt, als Zynismus empfinden. Schließlich müssten zahlreiche Bewohner abgelegener Dörfer oder der Vorstädte Jerusalems lange Wartezeiten an den Übergängen und mehrstündige Umwege auf sich nehmen, nur um die nächstgelegene Stadt zu erreichen.)

Maximalisten möchten, dass möglichst viele der Siedlungsblocks vor allem um Jerusalem auf der israelischen Seite liegen. Optimisten hoffen, Israelis und Palästinenser könnten sich endlich in gemeinsamen Verhandlungen auf eine Grenze ohne Mauer einigen.

Ganz unumstritten ist der Bau des Sicherheitswalls also nicht. Tatsache ist, dass die Zahl der Terrorattentate erheblich abgenommen hat. Und ein Argument bleibt bestechend: Der Verlauf einer Mauer kann verändert werden. Auch Betonwälle kann man wieder abreißen. Aber ein verlorenes Menschenleben ist nie wieder zurückzubringen.

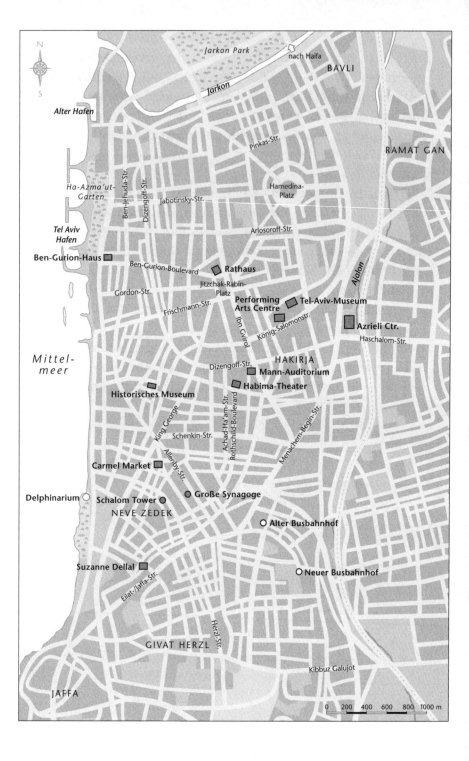

IV. «Der Messias kommt nicht,
     er ruft auch nicht an»

Tel Aviv

Big Orange

Alle Wege nach Tel Aviv führen durch Industriegestrüpp, eine einzige, nicht enden wollende urbane Landschaft mit Wäldern aus Strommasten und Flüssen aus Asphalt. Im Süden wuchern die Einheitshochhäuser von Bat Jam und Holon übergangslos in die heimliche Hauptstadt Israels. Petach Tikva und Rischon LeZion, einst von Avocadofeldern und Orangenplantagen umstandene Bauerndörfchen, sind schon längst zu Vorstädten der Metropole geworden.

Am Küstenstreifen kann ich schon lange nicht mehr unterscheiden, wo ein Ort aufhört und der nächste beginnt. Die Autobahn Nummer 6 wirkt noch wie einer dieser beschaulichen amerikanischen Freeways, die durch endloses Grün zu führen scheinen. Aber nachdem der Bus in der Nähe von Tulkarem erst einmal Richtung Westen abgebogen ist und Netanja durchfahren hat, wechseln sich in endloser Abfolge Apartmentblocks mit Shopping Malls und Bürohäusern ab. Tel Aviv hat keine Stadtgrenze – jedenfalls keine, die zu erkennen wäre.

Für mich beginnt die Stadt mit Theodor Herzl. Nicht historisch, er starb fünf Jahre vor deren Gründung. Aber mit einer zwei Meter hohen Holzstatue des Visionärs am Rand der Schnellstraße 2, dort, wo das nach ihm benannte Herzlija und Tel Aviv ineinanderwachsen, befestigt auf einem mit dem Davidstern und den zwei hellblauen Streifen der israelischen Fahne bemalten Wassertank, den flachen Rücken schnöde mit Balken und Drahtseilen gestärkt, die Arme über dem feschen Bratenrock verschränkt und den Blick zum Meer gerichtet.

Wann immer ich Herrn Herzl auf seinem Wassertank passiere, so wie jetzt, führen wir ein stilles Zwiegespräch. Zugegeben, früher gab er sich etwas wortkarg, die Aussicht auf immer nur Dünen und Sand und einen kleinen Streifen Mittelmeer muss ihm die Laune verdorben haben. In jüngster Zeit jedoch, bilde ich mir ein, ist sein strenger Blick einem freundlicheren Ausdruck gewichen. Dem feinen Lächeln jener, die gegen alle Warnungen recht behalten haben, aber viel zu vornehm sind, es sich allzu deutlich anmerken zu lassen. Theodor Herzl blickt nicht mehr auf Sand und Dünen, sondern auf die Glaspaläste von IBM und Motorola, Intel, Google und Cisco Networks, SAP und Microsoft, kurz, alles, was in der Welt des Hightech Rang und Namen hat. Jeden Morgen kann er beobachten, wie junge Software-Millionäre im Schritttempo ihre teuren Jeeps, Mercedes-Limousinen und Sportwagen durch den unvermeidlichen Stau zu ihren Büros steuern, um spät am Abend den gleichen mühevollen Weg zurück zu nehmen. Könnte er sich ein wenig nach links drehen und über seine Schulter schauen, sähe er «Ramat HaChajal», eine sanfte Erhebung, die von einem dichten Eukalyptuswäldchen gekrönt ist, und zu ihren Füßen das, was einmal eine typische «Schchuna» war – eine dieser Siedlungen, die in den fünfziger Jahren für Einwanderer gebaut wurden, in denen sich die Nachbarn am Samstag gegenseitig in ihren kleinen Häuschen besuchten, um einen Plausch zu halten, die Frauen eine Kostprobe des traditionellen Schabbatessens mitbrachten und die Männer auf der Veranda eine Runde Karten spielten.

Die kleinen, einstöckigen Häuschen gibt es noch in Ramat HaChajal. Aber dazwischen haben sich einige stattliche Villen gedrängt und gleich hinter dem Eukalyptuswäldchen wuchs in den letzten Jahren ein neues Viertel heran, in dem *young executives* mit Firmenausweisen um den Hals mittags Sushi in einem der edel ausgestatteten Restaurants verzehren, Tag für Tag Millionendeals verhandeln und ein Hebräisch gesprochen wird, das mit zahlreichen englischen Ausdrücken versetzt ist.

Herr Herzl muss sich nicht mehr in den Sanddünen langweilen. Er steht jetzt mitten im «Emek Silikon», dem Silicon Valley des jüdischen Staates, und das sollte ihn außerordentlich freuen. Anders als A. D. Gordon, David Ben Gurion und all die anderen zionistischen Pioniere war er nämlich nie davon überzeugt, dass man sich das Land Palästina mit den eigenen Händen erarbeiten müsste. Von Landwirtschaft hielt er wenig; der Feuilletonist war ein Neoliberaler *avant la lettre*. Es gebe keinen Anlass zur Sorge, entgegnete er gleich im ersten Kapitel seines «Judenstaates» den Kritikern, die, verblüffend genug, ein altes antisemitisches Klischee ins Feld führten und behaupteten, die so lange von ihren «Wirtsvölkern» abhängigen Juden könnten keine eigenständige Ökonomie auf die Beine stellen.

«In unserer vermöge der technischen Fortschritte wunderbaren Zeit sieht auch der geistig Ärmste mit seinen verklebten Augen rings um sich her neue Güter auftauchen», schrieb er. «Der Unternehmensgeist hat sie geschaffen. Die Arbeit ohne Unternehmensgeist ist eine stationäre, alte; ihr typisches Beispiel ist die des Ackerbauers, der noch genau dort steht, wo sein Urvater vor tausend Jahren stand. Alle materielle Wohlfahrt ist durch Unternehmer verwirklich worden. Man schämt sich beinahe, eine solche Banalität niederzuschreiben. Selbst wenn wir Juden also ausschließlich Unternehmer wären – wie die törichte Übertreibung behauptet –, brauchten wir kein ‹Wirtsvolk›. Wir sind nicht auf einen Rundlauf immer gleicher Güter angewiesen, weil wir neue Güter erzeugen.»

Niemand, selbst der fortschritts- und technikgläubige Herzl nicht, hätte sich die Art der «neuen Güter» vorstellen können, die seit den frühen neunziger Jahren im «Emek Silikon» erzeugt werden: «Firewalls» zur Sicherung vernetzter Rechner, «Instant Messaging» oder Kameras in Miniaturformat, die als Pillen geschluckt werden können.

Aber hier, am Nordrand Tel Avivs, hat er sich verwirklicht, Herzls «Unternehmensgeist». Und nichts hat Israel in den letzten Jahrzehnten so verändert wie diese neue Industrie. Aus einem sozialistischen Land, das hauptsächlich Orangen exportierte und eine überbordende Bürokratie produzierte, ist ein kapitalistisches geworden. Noch in den achtziger Jahren galt ein lebenslanger Job in einem der staatlichen Betriebe oder in der übermächtigen Gewerkschaft «Histradrut» als respektabel, wenn nicht als erstrebenswertes Lebensziel. Die israelische Gesellschaft war egalitär aus Überzeugung, die Einkommensunterschiede waren gering, auf den Straßen fuhren in den achtziger Jahren vor allem «Polski Fiat», die Anfang der neunziger von bescheidenen Subarus abgelöst wurden; ausländische Güter wurden mit hohen Einfuhrsteuern belegt und waren deshalb kaum erschwinglich. Wer vor den Kühlregalen der Supermärkte stand, der hatte die Wahl zwischen fade schmeckendem weißem und noch fader schmeckendem gelbem Käse, der lokal hergestellt wurde. Ins Ausland fuhr meist nur, wer als Teil einer Delegation zu einem Kongress oder einer Fachtagung eingeladen worden war, und diejenigen, die dieses Glück hatten, sammelten zuvor im weitesten Familien- und Freundeskreis lange Listen der mitzubringenden Waren ein, weshalb sich Israelis bei diversen Fluggesellschaften den Ruf einhandelten, neben Kaffeemaschinen und elektrischen Mixern sogar Rasenmäher in die Gepäckfächer über ihren Sitzen stopfen zu wollen. Inzwischen übertrifft das Angebot in israelischen Supermärkten längst das amerikanischer Fresstempel. Auch ein nagelneuer Jaguar ist keine seltene Erscheinung mehr, Staus gehören zum Alltag, und wie in den meisten westlichen Ländern wollen israelische Jugendliche lieber bei «Israel sucht den Superstar» oder «Israel's next Top Model» gewinnen oder ein Start-up-Unternehmen gründen, das in kürzester Zeit Millionen bringt, anstatt Busfahrer bei einer staatlichen Kooperative zu werden. Nein, Israel ist gewiss keine egalitäre Gesellschaft mehr, höchstens eine, die sich über die immer tiefere Kluft zwischen Arm und Reich sorgt und dem alten Ideal sozialer Gerechtigkeit nachtrauert, weil es irgendwie auch jüdisch und zionistisch war, ohne jedoch ihren angenehmeren Lebensstil aufgeben zu wollen. Gleichzeitig ist man nicht wenig stolz darauf, dass Israel in den letzten Jahren den Aufstieg in den Club der reichen Länder geschafft hat und über ein Bruttosozialprodukt verfügt, das nur knapp hinter dem Großbritanniens liegt. Und das alles in einem Land, das, abgesehen vom Sonnenschein, über keine nennenswerten natürlichen Ressourcen verfügt – dafür aber über einen tief verwurzelten Glauben an die Macht der Ideen (dem es seine ganze Existenz verdankt), eine in der Diaspora perfektionierte Fähigkeit, auch aus unmöglichen Situationen das Beste zu machen, und eine jahrtausendealte Tradition, die Lernen, Bildung und Kreativität (das, was wir heute als Know-how-Gesellschaft bezeichnen) über alle Maßen schätzt – was immerhin auch sehr jüdisch und zionistisch ist.

«Ist doch nicht schlecht, oder?», wende ich mich an den Holz-Herzl. Der wäre kein waschechter Wiener, würden ihm allein wirtschaftlicher Erfolg und «Unternehmensgeist» genügen.

«Gibt's auch genügend Kaffeehäuser?»

«Reichlich», nicke ich ihm zu. «Pro Einwohner mehr als in Manhattan, Bars und Restaurants nicht mitgerechnet.»

«Ein ordentliches Kulturleben?»

«Fünf größere Theater, eine Menge kleinerer Bühnen, ein philharmonisches Orchester, das immerhin von Zubin Mehta und Daniel Barenboim dirigiert wird, eine Oper, in der Placido Domingo einst Haustenor war, jeden Abend ausverkaufte Säle, zwei Universitäten, mehrere große Museen, viele kleine Galerien, von Kinos ganz zu schweigen. – Zufrieden?»

«Zufrieden», nickt er.

Fabelhaft. Dann kann der gute Herzl auf seinem Wassertank ja weiter das Gedeihen seines Werks betrachten. Ich hingegen stürze mich hinein in das aufregendste Produkt seiner einst als absurd abgetanen Ideen und begebe mich schnurstracks zu meiner Freundin Hanna nach Ramat HaChajal, die nur darauf wartet, dass ihr Haus sich wieder mit Leben füllt, seit ihr Mann, mein wunderbarer Kollege André, viel zu früh verstarb, Tochter Sira zum Studium nach Europa ging und Sohn Adam seinen Armeedienst leistet.

Ich spaziere durch das Gartentor, vorbei an dem ausladenden Olivenbaum, der bislang nur wurmige Früchte getragen hat; «Dot», die riesige weiße Wolfshündin, die ihren Namen nur trägt, damit André sie beim Spaziergang durch das Emek Silikon «Dot – komm!» rufen konnte (was sie störrisch ignorierte), begrüßt mich träge. Hanna öffnet mir die Tür und sagt den Satz, von dem ich während der eiskalten Nächte im Sinai geträumt habe: «Sylkelein, bist du endlich wieder in der Zivilisation angekommen? Komm rein, ich mach uns Kaffee.»

Es ist ja vollkommen klar, was wir am nächsten Tag unternehmen werden. «In die Stadt» fahren. Hanna, die als Korrespondentin für dänische Medien arbeitet, möchte zur Abwechslung etwas anderes sehen als ihren Computer. Ich will meine Reiseklamotten gegen etwas Stadtfeines eintauschen; meine schweren Wanderstiefel ablegen und in leichte Flip-Flops schlüpfen. Oder Plateauschuhe. Jedenfalls irgendetwas garantiert Unpraktisches.

«Zur Schenkin?», fragt Hanna.

Die Schenkin-Straße ist so etwas wie das East Village Manhattans im Kleinformat. Zentrum des flippigen Tel Aviv, Laboratorium für neue Trends, Laufsteg für alle, die hip sind (oder es wenigstens sein wollen). Hier eröffneten die ersten Tattoostudios, hier versuchen junge Designer, ihre Mode in einer der Boutiquen unterzubringen, flaniert «tout Tel Aviv» am Freitagnachmittag die kleine Straße zwischen dem sternförmigen «Platz» (den die Jeckes «Potsdamer Platz» nannten) mit seinen Bauhausgebäuden bis zur Allenby-Straße. Vor ein paar Jahren eröffnete jemand ein Café, das er «Ke'ilu» («Als-ob») nannte und in dem die Kellner den Gästen zwar eine Speisekarte vorlegten, nur um ihnen dann mit großartigen Gesten Luftkaffee oder Luftsalate zu servieren. Die Kundschaft machte freundlich mit, tat so, als ob sie tatsächlich Kaffee tränken oder Salat äßen, und bezahlte schließlich für den Spaß – nicht «als ob», sondern mit richtigen Schekeln. Das Café konnte sich mehrere Wochen halten, dann zog eine Boutique ein, in der Secondhand-Mode, bevorzugt aus den siebziger Jahren, verkauft wird.

«Zur Schenkin», sage ich, «und nach dem Bummeln setzen wir uns in ein Café, betrachten die Leute und reden kein Wort über Politik oder Geschichte.»

«Abgemacht», strahlt Hanna.

Fröhliche Sünderin

Verrückt. Kaum war man einmal ein paar Monate weg, ist die Stadt schon wieder gewachsen, nicht in Länge und Breite, da ist einfach kein Platz mehr, aber in die Höhe. «15 000 Dollar pro Quadratmeter kosten die Wohnungen dort», sagt Hanna und deutet auf die Wolkenkratzer südlich des Jarkon-Parks, die vor kurzem noch im Rohbau standen. «Wer kann sich das leisten?» Den Lichtern in den Fenstern nach zu schließen, offensichtlich nicht wenige. Selbst die Luxusapartments im Penthouse waren angeblich innerhalb von ein paar Wochen verkauft. Im Jahr 2007 hat es Tel Aviv in die Hitliste der teuersten Städte der Welt geschafft, auf Platz 17, gleich hinter New York und Dublin, vor Rom und Stockholm und sogar vor Dubai, den einzigen ernstzunehmenden nahöstlichen Konkurrenten.

«Diese Stadt ist wie mein Sohn während der Pubertät», behauptet Hanna. «Er hat sich so rasend schnell verändert, dass ich das Gefühl hatte, das Kind, das morgens im Bett lag, muss ein anderes sein als das, welches sich abends dort schlafen gelegt hatte.»

Nur legt sich Tel Aviv nie schlafen. Es kennt, wie jede

anständige Großstadt, keine Ruhepausen, in denen die Bürgersteige hochgeklappt werden. Gegen sechs Uhr morgens gehörte der Strand jahrelang den älteren Damen und Herren, die sich sommers wie winters vor dem Hilton Hotel versammelten, zum Aufwärmen ein paar Gymnastiкübungen absolvierten, um dann ihre Badekappen überzustülpen und ihre Runden zu schwimmen. Als es modern wurde, gesundheitsbewusst zu leben, und in der Stadt die ersten Bioläden auftauchten, stießen die Jogger hinzu, dann die Walkerinnen, die eher so aussahen, als wollten sie Sportmode vorführen. Ihnen folgten die Yoga-Gurus und die Thai-Chi-Gruppen. Jetzt ist das aus Brasilien stammende Capoeira besonders angesagt, und morgen wird es etwas anders sein, das als trendy gilt.

Wie gut ich es doch getroffen habe: In Tel Aviv zu recherchieren ist ungefähr so, als hätte man mich als Schokoladenliebhaber zum Vorkoster bei «Lindt» ernannt. Mein Vormittag im Café gleitet langsam in einen Nachmittag im Café über, bevor ich mich mit Freunden zum Essen verabrede. Grundregel ist: Wer vor Mitternacht in Diskotheken, Clubs oder Bars auftaucht, gilt als hoffnungsloser Provinzler. Man geht erst aus, wenn die Abendvorstellungen in den Kinos, Theatern, Konzerthäusern und Jazzclubs gelaufen sind. Am frühen Morgen, der einzigen Stunde, in der im Sommer die Schwüle ein wenig nachlässt, treffen die letzten Nachteulen am Strand auf die ersten Sportler. Tel Aviv ist rund um die Uhr laut, lebendig und lebenshungrig. Und es besitzt kein Zentrum. Eher schon ist es eine von Süden nach Norden verlaufende Zeitachse.

Ich habe oft versucht, mir vorzustellen, wo genau sich die Delegation des Siedlungsvereins «Achusat Bait» an jenem 11. April 1909 getroffen hat. Vielleicht hier, wo sich der

Rothschild-Boulevard und die Nachmani-Straße kreuzen, zwischen dem zur Espressobar umfunktionierten Kiosk und den Gebäuden mit den orientalischen Fassaden und Rundbogenfenstern. Feierlich waren sie aus den überfüllten, stickigen Gassen der alten Hafenstadt Jaffa herausgewandert, die Damen in luftigen Kleidern, die Herren in eleganten Sommeranzügen, die Gesichter von breitkrempigen Hüten beschattet. Unter Führung des deutschen Soziologen Arthur Ruppin und des aus Bessarabien stammenden späteren Bürgermeisters Meir Dizengoff hatten sie «Neve Zedek», die «Oase der Gerechten», passiert, die der jüdische Philanthrop Aharon Schlusch 22 Jahre zuvor gegründet hatte, und inmitten einer wogenden Dünenlandschaft angehalten. Arthur Ruppin hielt eine kleine Ansprache, der es am Größenwahn der frühen Zionisten nicht fehlte. An diesem Ort, diesem Stückchen Land, das man Beduinen abgekauft hatte, werde eine Stadt entstehen, die «wir nach Maßstäben modernster Ästhetik und Hygiene anlegen, mit Gärten und Blumenbeeten, Kinderspielplätzen, Straßenbeleuchtung und fließend Wasser in jedem Haus, eine Stadt, die sich hinter keiner Metropole der Welt verstecken muss.» Dann rammten sie ein paar Holzpflöcke in den Sand, verlosten die Parzellen für die gerade einmal sechzig Mitglieder der «Achusat Bait», stritten noch ein wenig über einen Namen für ihren soeben gezeugten urbanen Embryo und nannten ihn schließlich «Tel Aviv» nach dem Titel, den der Dichter Nachum Sokolov seiner Übersetzung von Herzls «Altneuland» gegeben hatte. «Tel» ist die Bezeichnung für einen Hügel über antiken Ruinen, «Aviv» bedeutet «Frühling», und dabei gibt es hier weder das eine noch das andere. Das Einzige, was bei den permanenten Bauarbeiten je zutage gefördert wurde, war das Skelett eines Nilpferdes, das sich vor Urzeiten einmal in den Jarkon verirrt haben muss, einen kleinen Fluss im Norden der Stadt, der jahrelang eine stinkende Kloake war, aber inzwischen gesäubert wurde und Ruderern als bescheidene Trainingsstrecke dient. Unter diesem Pflaster befindet sich tatsächlich nichts anderes als Strand.

Und «Aviv»? Der Frühling mit erträglichen Temperaturen findet für ungefähr zwei Wochen statt, kurz nach den etwa drei Wintermonaten, in denen die Stadt buchstäblich in wolkenbruchartigen Regenfällen ersäuft und als Vorspiel zu einem langen, schwül-heißen Sommer, der keine Jahreszeit ist, sondern ein Lebensgefühl. Und Maßstäbe der modernen Ästhetik? Dafür kamen zu viele Einwanderer in zu kurzer Zeit mit zu verschiedenen ästhetischen Vorstellungen. Die ersten Gebäude nördlich von Neve Zedek hatten rote Ziegeldächer, Bogenfenster und Bodenkacheln in orientalischem Muster. Dem wild durcheinandergewürfelten Stil entsprach in etwa die Bevölkerung, die aus den europäischen Gründern bestand, sefardischen Juden, die 1921 nach einem arabischen Pogrom aus Jaffa geflohen waren, und einer ersten Welle jemenitischer Einwanderer. In den zwanziger Jahren gesellten sich hauptsächlich Übersiedler aus dem polnischen Mittelstand hinzu, die neben den jemenitischen Silberschmieden ihre kleinen «Schmattesläden» eröffneten – in etwa das, was in Deutschland «Kolonialwarenhandlung» genannt wurde und wo man von Nähgarn über Kleidung bis hin zu Nahrungsmitteln so ziemlich alles finden konnte.

Einige der Läden jenseits des «Carmel-Marktes» mit seinen Gemüseständen, Klamotten und Plastikwaren made in China sehen immer noch so aus, als hätten sie weder den Besitzer noch Sortiment oder Schaufensterdekoration gewechselt. Nach ihnen erschienen deutsche Juden, gründeten ein philharmonisches Orchester und neue Theater, in denen man, laut meiner Freundin Lotte, nicht mehr den «melodramatischen Quatsch» der Bühne «Habima» zeigte, sondern «anspruchsvolle Stücke». Die Jeckes pflegten ein großstädtisches Verhältnis zu Flora und Fauna, das dem legendären Ausspruch eines Wiener Kaffeehausbewohners entsprach, der eine Aufforderung zum Spaziergang an der frischen Luft empört mit den Worten ablehnte: «An Natur reicht mir der Schnittlauch auf der Suppe!» Was Tel Aviv betraf, reichten die Alleebäume in den südlichen Vierteln und die ordentlich geschnittenen Ficus-benjamina-Hecken vor den Hauseingängen in der Gegend rund um die Ben-Jehuda-Straße. Es sollte Jahrzehnte dauern, bis neben dem Unabhängigkeitspark, einer Ansammlung räudigen Buschwerks, in dem sich die Schwulenszene Tel Avivs trifft, eine richtige «grüne Zone» entlang dem Jarkon-Flüsschen geschaffen wurde.

Des Weiteren brachten die Jeckes Kaffeehäuser mit, Leuchtreklamen, Buchhandlungen und vor allem die Bauhaus-Architektur. Sie errichteten moderne, weißgestrichene, geometrische Häuser, die großen Fenster der Wohnzimmer nach Westen gerichtet, damit sie die frische Seebrise einfangen konnten. Etwas später kamen sie auf die Idee, die Häuser auf Säulen zu bauen, damit der Sand nicht in die Fenster wehte, sondern untendurch.

Mit den Jahren fraß die salzige Meeresluft den weißen Putz von den Wänden und brachte die metallenen Fensterrahmen zum Rosten. Während die alten Viertel langsam verrotteten, wuchs die Stadt immer weiter am Strand entlang Richtung Norden; rund um die Universität entstand Ramat Aviv mit seinen Apartmentblocks, dahinter das schicke Ramat Aviv Gimel (was so viel bedeutet wie «drittes Ramat Aviv» – wo das zweite abblieb, ist mir schleierhaft) mit seinen noch höheren Apartmentblocks und den Shopping Malls, in denen so ziemlich alle Luxusmarken ihre Geschäfte haben. Und weil kein Platz mehr ist im Norden und schon die letzten Dünen zwischen Tel Aviv und Herzlija bebaut wurden, fängt das Ganze jetzt wieder von vorne an: Vor ein paar Jahren entdeckte die Tel Aviver Boheme das alte Neve Zedek und begann, die verschachtelten Häuser ebenso liebe- wie phantasievoll wiederherzustellen. Dann kamen die ersten Yuppies und mit ihnen die steigenden Grundstückspreise.

Mein Freund Jair hatte Glück. Erstens, weil er seinen Lebenspartner Elias traf. Und zweitens, weil Elias zu jenen Künstlern gehört, die ein Häuschen in Neve Zedek kauften, als sie noch für einen Apfel und ein Ei zu haben waren. Jair sieht im Profil sogar noch exzentrischer aus als Virginia Woolf, spricht ein herrlich manieriertes britisches Englisch (drei Jahre als Musikproduzent in London und eine Mutter, die aus Südafrika stammt), ist der ausgeglichenste Mensch, den ich kenne, und mein wandelndes Stadtmagazin. Er weiß, in welche Restaurants man gehen kann oder wo eine neue Bar eröffnet hat, die wir «unbedingt» ausprobieren müssen. Und ich weiß, dass der Abend lang und vergnüglich wird, wenn er anruft und fragt: «Daahhhhling, do you feel like going out?»

Am liebsten aber sitze ich mit ihm unter einem der Orangenbäume im Hof der ehemaligen Knabenschule von Neve Zedek, die Ende der achziger Jahre renoviert wurde und nun als *Suzanne Dellal Centre for Modern Dance and Theatre* unter anderem die *Batsheva Dance Company* beherbergt. Bei einer leichten Brise ist das Meer zu riechen, aus den geöffneten Fenstern dringt Musik. Und um uns herum wuseln die Tänzer mit ihren wohlgeformten Körpern und eleganten Bewegungen.

«Sollte ich je im Lotto gewinnen», seufze ich, «dann

227

kaufe ich mir ein Haus in Neve Zedek, sitze auf meinem Balkon, werde in Würde alt und guck mir den ganzen Tag hübsche junge Menschen an.»

«Ist doch ganz einfach», erwidert der ewig optimistische Jair. «Entweder du gründest ein Start-up-Unternehmen. Oder du kaufst dir endlich ein Los.»

«Schön ist anders», pflegten meine Jerusalemer Jecke-Freunde oft schnippisch über Tel Aviv zu sagen. Aber diese klugen Menschen in ihrem beschaulichen Rechavia verstanden nicht, dass «schön» keine Kategorie für Großstädte ist. Die müssen laut sein, ein bisschen schmuddelig, widerspenstig und verheißungsvoller Anziehungspunkt für alle, die ihrer Provinz entfliehen wollen. In einer richtigen Stadt, behauptet Jair, darf mit bloßem Auge keine Landschaft zu erkennen sein; das Meer zähle nicht, denn das sei keine Landschaft, sondern ein Ereignis.

Großstädte haben bestimmte Charakterzüge. Sie können unprätentiös sein wie Berlin, schnell und geistreich wie New York oder museal und leicht snobistisch wie Paris. Außer museal ist Tel Aviv all das und noch ein wenig aufregender. Vielleicht liegt es an der Tatsache, dass es jung ist, nicht nur an Historie – in kaum einer anderen Stadt dürfte das Durchschnittsalter so niedrig sein wie hier. An der Kreativität und am Selbstbewusstsein, mit denen sich die Stadt buchstäblich selbst erfunden hat und immer weiter neu erfindet. Oder auch nur daran, dass die boudoirhafte Schwüle eine so verführerisch glänzende Feuchtigkeit auf die nackte Haut zaubert, die man hier schon aus klimatischen Gründen reichlich zeigt. Tel Avivs hervorstechendste Eigenschaft jedenfalls ist eine geradezu waffenscheinpflichtige Sinnlichkeit.

Dem flatterhaften Charme dieser Stadt konnte ich lange nichts abgewinnen. Was an meiner ersten Begegnung mit ihr gelegen haben mag, die – schlecht für unsere Beziehung, aber wo sonst? – an der «Tachana Merkasit», dem Busbahnhof, stattfand, einer Ansammlung heruntergekommener Läden, in die sich röhrende Dieselbusse ihren Weg durch Menschenmassen bahnten, fliegende Händler tagsüber billige T-Shirts und Musikkassetten anboten, die sie auf voller Lautstärke abspielten, und sich nachts die Prostituierten mit ihren Freiern tummelten. Inzwischen treffen die Überlandbusse in einem mehrstöckigen, funktionalen Gebäude ein, das dem Flügelemblem der staatlichen Gesellschaft «Egged» nachempfunden ist. Allerdings ändert die avantgardistische Architektur wenig daran, dass auch der neue Bahnhof mit seinem grellen Neonlicht, den Fast-Food-Imbissen und den Billiggeschäften den Charme einer Fabrikhalle ausstrahlt. Das Gebiet der alten «Tachana Merkasit» haben inzwischen Gastarbeiter in Beschlag genommen. Geschäfte wurden zu Kirchen umfunktioniert, in denen Schwarzafrikaner am Sonntag Gospel singen, in der Kneipe neben einem Copy-Shop, der auch Billigtelefonate ins Ausland anbietet, trinken sich Rumänen ebenso schweigend wie entschlossen in die Besinnungslosigkeit, auf der Bordsteinkante davor sitzen Chinesen, die in endlose Unterhaltungen vertieft sind und dabei ihre klapprigen Fahrräder bewachen.

Was interessierte mich schon dieses vulgäre Tel Aviv? Mich zog es in das ehrwürdige Jerusalem mit seinen wuchtigen Mauern, exotischen Menschen und der jahrtausendealten Geschichte. Gewiss, Tel Avivs Strand war lang und schön, leider wurde die Erholung etwas getrübt von den vielköpfigen Familien, die es offensichtlich als unsozial empfunden hätten, ihre Grills, Plastikstühle, Kühlboxen, Sonnenschirme und vor allem schreienden Kinder mehr als zwei Meter entfernt von mir aufzubauen, selbst wenn es einmal reichlich Platz geben sollte. Die Judäische Wüste und ein Besuch am Toten Meer schienen mir weit außergewöhnlicher und aufregender.

Es dauerte eine Weile, bis ich begriff, dass mir die geschichtsträchtige Schwere Jerusalems zunehmend auf die Nerven ging und ich die fröhliche Oberflächlichkeit Tel Avivs zu schätzen lernte. Immer öfter fuhr ich anstatt nach Osten in die Wüste lieber nach Westen zum Meer, fühlte mich nicht mehr zu Hause, wenn ich die kurvige Bergstraße nach Jerusalem hinauffuhr, sondern wenn die Silhouette der Azrieli-Towers am Horizont der Küstenebene auftauchte. Ich wurde Jerusalem untreu und begann, mich in Tel Aviv zu verlieben.

Tel Aviv gegen Jerusalem einzutauschen ist kein Umzug, sondern eine Entscheidung für einen anderen Lebensstil. Es ist, als würde sich die Stadt am Mittelmeer geradezu als Gegensatz zu Jerusalem definieren. Der alten Dame auf dem Berg ist es gleichgültig, wer in ihren Mauern wohnt, denn die stehen seit Tausenden von Jahren. Tel Aviv lebt durch seine Menschen. Die Stadt sei eine einzigartige soziologische Freiluft-Versuchsanstalt, bemerkte bereits in den fünfziger Jahren der britische Philosoph Isaiah Berlin. Nirgendwo sonst sei in so kurzer Zeit aus so vielen verschiedenen Ethnien ein so typischer Menschenschlag entstanden. Allerdings müsste er seine Beobachtungen jetzt schon nach den verschiedenen Gegenden der Stadt spezifizieren: Die Shopping-Malls von Ramat Aviv Gimel beherrscht die Tel Aviverin mit dem Hang zu Designermode in zu kleinen Größen, glitzernden Accessoires und Schönheitsoperationen. Zwischen Dizengoff-Straße mit dem «Mann-Auditorium» und dem Performing Arts Center an der König-Schaul-Straße ist ihre intellektuelle Schwester zu finden: aschkenasisch und eher gut situiert, flotter Kurzhaarschnitt und Designerbrille. Man findet sie auch oft bei Friedensdemonstrationen. Der Süden – und der Strand – ist das Reich der «Frecha» mit den kurzen Röcken, engen Tops, offenherzigen Ausschnitten und blondierten Haaren. Begegnet man ihr am Schalter einer Bank, der Kasse eines Supermarktes oder in irgendeiner Amtsstube, sprich an Orten, an denen man ihr hilflos ausgeliefert ist, wird sie, auffällig Kaugummi kauend, entweder ihre langen falschen Fingernägel zu Ende feilen oder das Telefongespräch mit der besten Freundin zu Ende führen (wobei es ihr herzlich egal ist, ob die Kunden mitbekommen, dass es der neue Typ im Bett nicht gebracht hat), bevor sie sich unwillig den Kunden zuwendet. Aber wen sie erst einmal ins Herz geschlossen hat und womöglich mit «Mottek» («Süßer») anspricht, dessen Probleme kann sie im Nu lösen. Sie findet Waren, die angeblich nicht mehr im Sortiment sind, klärt die Sache mit dem falschen Steuerbescheid ohne viel Aufhebens und gelegentlich unter Missachtung aller Vorschriften oder gewährt eine kleine Kontoüberziehung, ohne die Genehmigung des Filialleiters einzuholen, der sowieso gerade in die Mittagspause verschwunden ist.

Jerusalem wählt überwiegend rechts, Tel Aviv links. «Die dort oben», wie die Tel Aviver die Jerusalemer gerne nennen, protestierten gegen die Osloer Abkommen, «bei uns» fanden alle großen Friedensdemonstrationen statt. Jerusalem erstickt an seiner Vergangenheit, den Ansprüchen, die jeder aus ihr ableitet, an seiner Heiligkeit und den messianischen Erlösungsphantasien seiner Bewohner. Tel Aviv ist zukunftsorientiert und betont säkular. Vielleicht konnte nur hier ein Lied zum Klassiker werden, in dessen Refrain es heißt: «Der Messias kommt nicht, er ruft auch nicht an.» Selbst die Ultraorthodoxen aus dem angrenzenden B'nei B'rak wirken nicht so vergeistigt, sondern legen ab und an ihre schwere schwarze Kleidung ab und sonnen sich am Strand von Tel Aviv, der natürlich mit einer Sichtblende abgetrennt ist und an dem eine strenge Geschlechtertrennung herrscht: An den ungeraden Tagen baden die Frauen, an den geraden die Männer.

Leben im Hier und Jetzt

«Wir sollten diese winzige Region nicht in zwei Staaten teilen, sondern gleich in drei», hat der israelische Schriftsteller Yoram Kaniuk einmal vorgeschlagen. «Einen palästinensischen Staat, ein theokratisches Königreich Judäa plus Jerusalem für die religiösen Fanatiker unter den Juden und Palästinensern und ein modernes Israel mit Tel Aviv als Hauptstadt.»

Nicht ohne Stolz merkt der etwas bibelfestere Tel Aviver an, dass nicht nur der Stammvater Jakob «Israel» geheißen wurde, nachdem er eine Nacht mit einem Engel Gottes gerungen hatte und davon ein leichtes Hinken zurückbehielt, sondern dass dies auch der Name des biblischen Königreichs war, das vor allem für seine sündigen Könige bekannt wurde. Man bildet sich viel darauf ein, dass es in Tel Aviv eine lebendige «Gay-Scene» gibt – die einzige des gesamten Mittleren Ostens, inklusive der palästinensischen Gebiete, in denen Homosexuelle oft den schlimmsten Verfolgungen ausgesetzt sind und sich deshalb nicht selten in das nahe Tel Aviv flüchten. An den Paraden anlässlich des «Christopher Street Day» nimmt inzwischen die halbe Stadt teil. Und dass sich in Tel Baruch im Norden der Stadt der Straßenstrich just neben einem Stückchen

232

Strand befindet, den vor allem Familien gerne besuchen, oder dass der Schwulenstrand am Fuß des Unabhängigkeitsparks direkt neben dem der Orthodoxen liegt, scheint hier niemanden zu stören.

«Big Orange» nennen Tel Aviver ihre Stadt in leicht größenwahnsinniger Anlehnung an den «Big Apple» New York. Wie alle anständigen Großstädter sind sie überzeugt, dass es außerhalb ihres urbanen Dschungels kein wirkliches Leben geben kann und dass man nach ein paar Tagen in einem der «Zimmerim» des Nordens oder bei einer Wüstentour im Negev unter Entzugserscheinungen zu leiden beginne. Und dass Tel Aviv mit dem «Rest» des Landes genauso wenig zu tun habe wie New York mit Amerika oder Paris mit der französischen Provinz. Ihre Stadt, bilden sie sich ein, sei vollkommen unabhängig von der Außenwelt. Welch ein betörender Irrtum.

Es ist nur ein bescheidenes Denkmal. Ein paar in den Boden gelassene schwarze Basaltsteine, einer trägt in bronzenen Lettern die Aufschrift: «An dieser Stelle wurde am Schabbat, dem 4. November 1995, der Premierminister des Staates Israel, Jitzchak Rabin, ermordet.» Passanten verharren hier oft für einen Moment, zünden eine Kerze an oder betrachten ein wenig verloren das Porträt Rabins, das ein Graffitikünstler gleich hinter dem Denkmal an die Wand des Tel Aviver Rathauses gesprüht hat.

Eine fröhliche Demonstration hatte es werden sollen an diesem ungewöhnlichen warmen Novemberabend. Eine Erwiderung auf den Zorn der Oslo-Gegner, die seit Wochen schon in Jerusalem protestierten, Jitzchak Rabin einen «Verräter» nannten oder sogar Plakate mit sich trugen, auf denen der Premierminister in SS-Uniform abgebildet war. Hunderttausende hatten sich versammelt und

233

strömten über die breite Ibn-Gvirol-Straße in die Seiten-
gassen, vertieften sich in ihre eigenen Gespräche, wenn
die zahlreichen Reden oben auf der Brüstung vor der
Betonfassade des Rathauses zu langatmig wurden, oder
sangen die Lieder ihrer gefeierten Rockstars mit, die zu
dem Großereignis erschienen waren. Man schwenkte
israelische Fahnen und Plakate und demonstrierte über-
legenes Selbstbewusstsein. «Wir sind mehr Leute als die
da oben», hörte ich in Anspielung auf die Proteste in Jerusalem sagen. «Und wir werden gewinnen, ein Frieden
ist unausweichlich.» Nein, Angst hatte man «vor denen»
nicht. «Die» waren nur rückwärtsgewandte Fanatiker, die
sich dem unvermeidlichen Lauf der Geschichte schon
noch würden beugen müssen.

Wie die meisten anderen bemerkte ich nicht, was pas-
sierte, nachdem Rabin seine eher spröde Ansprache beendet, unwillig das leicht kitschige «Lied des Friedens»
gesungen – oder wenigstens die Lippen dazu bewegt
hatte – und von der Bühne abgetreten war. Dass sich der
fünfundzwanzigjährige Jigal Amir, ein Mann, der tief in
der radikalen Siedlerbewegung verwurzelt war, an den
Sicherheitskräften vorbeidrängen und auf den Premierminister schießen konnte. Erst später erreichten mich
die Anrufe von Freunden: Ich solle das Radio einschalten,
es sei «etwas passiert». Zunächst hieß es, Rabin sei «verletzt» worden. Später war von «schweren Verwundungen»
die Rede. Weit nach Mitternacht schließlich trat Rabins
Berater Eitan Habermann vor die Presse, die sich bereits
im Ichilov-Krankenhaus versammelt hatte. Er unternahm
mehrere vergebliche Versuche, sich zwischen klingelnden
Telefonen und aufgeregt schreienden Journalisten Gehör
zu verschaffen. Dann verkündete er mit tonloser Stimme,
dass der Premierminister seinen Verletzungen erlegen sei.

Noch nie, schon gar nicht im lauten, quirligen Israel, hatte ich eine solch unheimliche Stille gehört.

Dabei war es nicht das erste Mal, dass Tel Aviv von einem Akt roher Gewalt heimgesucht wurde. Etwas mehr als ein Jahr zuvor, im Oktober 1994, hatte sich ein Selbstmordattentäter der islamistischen Hamas mitten auf der belebten Dizengoff-Straße in einem Bus der Linie 5 in die Luft gesprengt. 21 Menschen wurden getötet. Im Gazastreifen lieferten Aktivisten der Hamas noch am gleichen Tag ein obszönes Schauspiel, als sie, versteckt hinter Gesichtsmasken und wild ihre Kalaschnikow-Gewehre abfeuernd, um eine Pappmaché-Replika des «Busses Nummer fünf» tanzten und drohten, es würden noch viele weitere Attentate folgen.

Auf den Mord an Rabin reagierte Israel mit einer Art Flucht in die Erinnerung. Noch wochenlang saßen Scharen von Jugendlichen unter der Brüstung des Tel Aviver Rathauses, sangen sentimentale Lieder zur Gitarre und entzündeten Kerzen. Ich weiß nicht, ob ihre Bestürzung echt war oder Ausdruck eines Massenphänomens, ähnlich der Trauer um Prinzessin Diana. Nach einigen weiteren Terrorattentaten der Hamas jedenfalls, die dieses Mal vor allem in Jerusalem stattfanden, wurde der Chef des rechten Likud, Benjamin Netanjahu, zum Regierungschef gewählt – also genau jener Mann, der die Demonstrationen gegen die Osloer Verträge angeführt hatte. Für die israelische Linke aber wurde Rabin zur Lichtgestalt. Jedes Jahr erinnert eine Kundgebung am gleichen Platz vor dem Tel Aviver Rathaus an seine Ermordung. Und nicht wenige halten standhaft an dem Glauben fest, Israel könnte schon längst in Frieden leben, hätte sich an jenem Abend des 4. November 1995 nicht ein Attentäter an den Sicherheitsleuten vorbeidrängen können.

Die Selbstmordattentate beantwortete die israelische Armee mit der Abriegelung der besetzten Gebiete und die israelische Bevölkerung mit einer trotzigen Flucht ins Vergessen, einem störrischen Festhalten an einem möglichst normalen Alltag.

Die Reaktionen auf das erste große Selbstmordattentat und die Ermordung Rabins fielen unterschiedlich aus, und die Täter repräsentierten die jeweiligen Extreme im israelisch-palästinensischen Konflikt. Aber beide Ereignisse besaßen eine ähnliche, grausame Logik, beide rissen Tel Aviv – das Symbol eines vorwärts gewandten, nach Normalität dürstenden Israel – aus seiner fröhlichen Selbstbezogenheit. Für die Islamisten der Hamas (und für die jüdischen Extremisten) verkörpert das sinnliche und weltzugewandte, offene und tolerante Tel Aviv nichts als «Verruchtheit» und «Dekadenz», kurz, alles, was sie als Bedrohung empfinden.

Das Muster sollte ähnlich bleiben, gleich, ob sich die Attentäter in Tel Aviv, Jerusalem oder einer israelischen Provinzstadt in die Luft sprengten. Fast immer suchten sie als Ziele die Zeichen dieser weltlichen Verworfenheit: Cafés, Diskotheken, Restaurants oder Buslinien, die durch säkulare Viertel verlaufen, alles Orte, in denen Menschen ein ganz normales Leben führen wollten.

Für die radikalen Siedler war es unerträglich, dass eine große Mehrheit der Israelis eine Entscheidung getroffen hatte: Sie wollten auf «Judäa und Samaria», die «Wiege des Judentums», verzichten. Sie brauchten keine Verbindung mehr mit den geographischen Orten ihrer Geschichte. Hebron und Nablus, das biblische Sichem, gehörten in die Vergangenheit, nicht mehr in die Gegenwart und schon gar nicht in die Zukunft. Erlösungsphantasien spielten für sie keine Rolle mehr, es ging darum, das Hier und Jetzt er- und verträglich zu gestalten. Und sie warteten gewiss nicht auf einen Messias, der weder kommen noch anrufen würde. Als Existenzberechtigung reichte ihnen die Tatsache, dass Israel gegründet und aus einer verrückten Idee ein Staat geworden war.

Kein Boulevard, keine Straße, nicht einmal ein schmales Gässchen trägt seinen Namen: Mosche Rabbeinu, «Moses unser Meister», stotternder Sohn israelitischer Fronarbeiter, der in den vierzig Jahren der Wüstenwanderung aus einem versklavten Volksstamm mit noch diffuser Auffassung einer gemeinsamen Herkunft eine Nation mit einem klaren Sinn für eine gemeinsame Identität machte. Und mit dem eine Traditionskette begann, die ungefähr so lautet: Gott hat am Sinai zu seinem Volk gesprochen; das Judentum ist die ewige Debatte über die Frage, was genau Er eigentlich gesagt hat, und im modernen Israel streitet man nun, was man mit alldem in einem modernen Staat anfängt.

«Ach was, Moses – Schmoses», sagt Jair. «Dass er uns die Thora überbracht hat, darauf muss man mich nicht mit einer Straße aufmerksam machen, das tun tagtäglich die Religiösen in diesem Staat.» Und was den ganzen Rest der langen jüdischen Geschichte betrifft, da hegt er ebenfalls seine ganz eigene Auffassung: «Mottek, das Beste an Tel Aviv ist, dass die Juden, diese Meister der Erinnerung, sich einen Ort geschaffen haben, in dem sie zur Abwechslung mal getrost vergessen können.»

Wir sitzen vor dem Café Mersand, drinnen spielen ein paar junge Musiker, das Publikum wippt zur Musik, selbst die Bedienungen tänzeln im Takt. Draußen herrscht diese aufreizende boudoirhafte Schwüle des Tel Aviver Sommers. Über die Ben-Jehuda-Straße flitzt ein Tross von Rollschuhläufern, heute ist Skater-Nacht. Später gehen wir vielleicht noch ins Leila, Tel Avivs ältesten Nachtclub. Er hat mal wieder den Besitzer gewechselt, also gibt es eine Abschiedsparty, der in wenigen Tagen eine Eröffnungsparty folgen wird. Es ist einer dieser Momente, an denen man sich völlig mit sich und der Welt im Einklang fühlt.

Mein Handy klingelt. Freunde aus Berlin wollen wissen, wann ich endlich zurückkäme. Morgen schon? Dann solle ich mir besser etwas Warmes anziehen, das Wetter sei für die Jahreszeit ungewöhnlich kalt und regnerisch. Und ob ich denn nicht Angst hätte in Israel, da könne doch jederzeit etwas passieren ...

Ach, wenn sie wüssten, wie angenehm es sich hier leben lässt.

Anhang

Zeittafel

Ca. 13. Jh. vor unserer Zeitrechnung Auszug aus Ägypten. Der Exodus von, laut dem «Buch Genesis», etwa 600 000 (männlichen) Hebräern aus Ägypten ist nicht belegbar. Archäologische Spuren eines Aufenthalts einer größeren Menschenmenge aus jener Zeit sind im Sinai nie gefunden worden.

13.–12. Jh. Laut dem «Buch Josua» erobert Moses' Feldherr Joschua Ben Nun Kanaan. Vermutlich handelte es sich eher um eine «schleichende Übernahme» kanaanitischer Siedlungen entweder durch Nomaden, die über den Sinai eingewandert waren, oder durch «ausgestoßene» Kanaaniter, die sich außerhalb der Städte ansiedelten, diese dann mit Nomadenstämmen übernahmen, dabei eine einheitliche Identität entwickelten und den glorreichen Feldzug, wie er im «Buch Joschua» geschildert wird, als gemeinsame Geschichte erfanden.

Um 1000 Laut dem zweiten «Buch Samuel» wird David zum König Israels gewählt. Er gebietet dem Vordringen der Philister von der Mittelmeerküste Einhalt und gründet nach dem Sieg über Ammoniter, Moabiter, Amalekiter und Aramäer ein Königreich Israel, das in etwa das Gebiet des heutigen Israel, Teile Ostjordaniens und Südsyriens umfasst. Jerusalem wird Hauptstadt und geistiges Zentrum.

Ca. 967 Davids Sohn Salomo tritt dessen Nachfolge an. Er beginnt laut dem ersten «Buch der Könige» mit dem Bau des Ersten Tempels. In diese Zeit fällt vermutlich auch der Beginn der schriftlichen Niederlegung der Thora, der Fünf Bücher Moses.

928 Tod Salomos. Das Reich Israel zerfällt in zwei Teile: Juda (Südreich) und Israel (Nordreich), die sich erbarmungslose Bürgerkriege um die territorialen Grenzen als auch um die Frage liefern, welches der beiden Königshäuser sich als wahrer Herrscher über das von Gott verheißene Gelobte Land betrachten darf.

722 Israel wird von den Assyrern erobert. Zehn der zwölf Stämme Jakobs werden nach Assyrien entführt, ihre Spur verliert sich. Sie gelten als «verlorene Stämme».

598 Nach einem Aufstand des judäischen Königs Jojakim belagert der babylonische König Nebukadnezar Jerusalem. 10 000 Männer der wichtigsten Familien werden nach Babylonien verschleppt.

586 Die babylonischen Truppen stürmen Jerusalem, der Tempel wird am «Neunten des Monats Av» zerstört, ein weiterer großer Teil der jüdischen Bevölkerung und deren König Zedekia ins babylonische Exil geführt.

538 Der persische König Kyros erobert Babylonien und erlaubt den Juden die Rückkehr und den Wiederaufbau des Zweiten Tempels in Jerusalem. Etwa 50 000 Juden kehren zurück. Ein Teil bleibt in Mesopotamien, dem heutigen Irak sowie dem späteren Persien.

516 Der Zweite Tempel wird eingeweiht. Die Propheten Esra und Nehemia lassen sieben Tage öffentlich aus der Thora lesen, deren jahrhundertelange Entwicklung vermutlich zu diesem Zeitpunkt abgeschlossen ist. Sie wird als verbindliches Gesetz konstituiert.

301 Der ägyptische Herrscher Ptolemaios erobert Judäa, macht es zum Teil der Provinz «Syrien und Phönizien» und deportiert eine große Anzahl Juden nach Ägypten. In Alexandria entsteht eine der größten und einflussreichsten Diasporagemeinden. Die Ausbreitung des Seehandels fördert die Entstehung zahlreicher weiterer jüdischer Ansiedlungen im gesamten Mittelmeerraum. Intensiver denn je beschäftigen sich Juden mit der Kultur ihrer nichtjüdischen Umwelt, was zu scharfen Angriffen, vor allem der Priesterkaste, gegen die «Hellenisierer» führt. In diese Zeit fällt die endgültige Kanonisierung der Bibel; um das Jahr 250 ordnet Ptolemaios Philadelphos eine Übersetzung der Bibel ins Griechische an.

167 Antiochus IV. verbietet die Ausübung wesentlicher Elemente der jüdischen Religion. Der Tempel in Jerusalem wird Zeus geweiht. Der jüdische Priester Mattathias ruft zum Aufstand auf, der sich zunächst auch gegen jene Juden richtet, die sich «griechischer Lebensweise» angepasst haben. Er und seine Söhne kämpfen in mehreren Schlachten erfolgreich gegen die griechischen Truppen.

164 Antiochus stirbt, der Tempel wird von allen Spuren des Götzendienstes gereinigt. Die Makkabäer (in der nichtbiblischen Literatur auch Hasmonäer genannt) weiten das Territorium Judäas auf den nördlichen Negev (Idumäa) und große Teile Galiläas bis in das heutige Syrien aus. Es kommt zu ständigen Auseinandersetzungen der hasmonäischen Könige mit den Hohepriestern. Zahlreiche Sekten entstehen.

63 Der römische Feldherr Pompejus erobert den Nahen Osten. Den beständigen Auseinandersetzungen zwischen Priestern und Königen wird damit ein Ende gesetzt – aber auch dem Hasmonäerstaat. Den Gebieten mit mehrheitlich jüdischer Bevölkerung wird zunächst Autonomie gewährt. Die Römer küren einen Hasmonäer zum Herrscher, aber nur als «Ethnarch» und als Hohepriester des Volkes. Spannungen zwischen griechischen und jüdischen Bewohnern der Provinz.

37 Herodes, Spross einer zum Judentum konvertierten idumäischen Adelsfamilie, wird König. An der hauptsächlich von Griechen bewohnten Mittelmeerküste gründet er als neue Hauptstadt seines Reiches Caesarea; auf Massada in der jüdischen Wüste lässt er einen prächtigen Palast errichten, den Tempel in Jerusalem baut er in grandiosen Proportionen aus – die als Klagemauer bekannte Westmauer ist der Überrest einer der herodianischen Befestigungswälle. Nach Herodes' Tod wird Judäa unter die Verwaltung eines römischen Statthalters gestellt.

243

66 nach unserer Zeitrechnung In Caesarea, wo es zu Auseinandersetzungen zwischen griechischen und jüdischen Einwohnern gekommen war, beginnt ein Aufstand gegen die Römer. Sie verfügen über drei Legionen mit etwa 60 000 Berufssoldaten und zahlreiche Hilfstruppen.

71 Nach monatelanger Belagerung wird Jerusalem, wiederum am Neunten des Monats Av, gestürmt und der Tempel vollständig zerstört. Tausende Juden werden in die Sklaverei verkauft oder deportiert. 73 wird auch Massada erobert, wo sich die letzten Aufständischen verschanzt hatten. Jochanan Ben Sakkai gründet eine Akademie in Jawne. Fortan stehen nicht mehr Tempel und Opferdienst im Zentrum der Religion, sondern Synagoge und Thora.

132 Kaiser Hadrian schlägt einen weiteren Aufstand der Juden unter der Führung Simon Bar Kochbas nieder. Er benennt Jerusalem in «Aelia Capitolina» um und Judäa in «Provinz Palästina». Ein Großteil der noch verbliebenen jüdischen Bevölkerung wird getötet. Die Diasporagemeinde «Babylons» wird nun zum religiösen Zentrum.

324 Der oströmische Kaiser Konstantin besetzt Palästina. In Jerusalem lässt er zwischen 326 und 335 die Grabeskirche errichten. Zahlreiche Edikte beschränken die freie Religionsausübung von Juden.

6. Jh. Christliche Mönche siedeln sich am «Berg Moses» im Sinai an; zwischen 548 und 565 lässt der byzantinische Kaiser Justinian dort das Katharinenkloster erbauen. Zu dieser Zeit ist die Mehrzahl der Bewohner Palästinas christlich.

637/638 Kalif Omar besetzt und erobert Jerusalem. Drei Jahre später wird ganz Palästina von den Arabern beherrscht. Juden ist es nun wieder erlaubt, sich in Jerusalem anzusiedeln. Sie erhalten eine religiöse Autonomie für ihre Gemeinschaften. Auf dem Tempelplatz lässt Omar zwischen 669 und 692 den Felsendom errichten.

1099 Eroberung Jerusalems durch die Kreuzritter. Zahlreiche jüdische Gelehrte aus Westeuropa pilgern ins Heilige Land und gründen religiöse Akademien in Tiberias und Safed, da es den Juden unter den Kreuzfahrern wiederum verboten wird, sich in Jerusalem niederzulassen.

1187 Saladin erobert Jerusalem; Ende des christlichen Königreichs. Juden wird die Ansiedlung in Jerusalem wieder erlaubt.

13.–15. Jh. Nachdem die Mongolen Palästina stürmten und einen Großteil der Bevölkerung niedermetzelten, erobern die Mamelucken das Land. Sie gehören einer von Sklaven abstammenden ägyptischen Militäraristokratie an.

1516 Die Osmanen erobern Palästina. Juden haben eine Kopfsteuer zu entrichten und die Überlegenheit des Islam anzuerkennen, dürfen ihre Religion aber frei ausüben. Palästina wird dem Verwaltungsbezirk Sam zugeordnet, der von Damaskus aus regiert wird.

Ab 1880 Starkes Bevölkerungswachstum in Europa, Aufklärungsbewegungen innerhalb des Judentums und Pogrome in Russland führen zu einer Massenauswanderung osteuropäischer Juden. Die meisten emigrieren in die Vereinigten Staaten, ein kleiner Teil siedelt in Palästina (Erste Alija).

1897 Gründung der zionistischen Bewegung auf dem Ersten Zionistenkongress in Basel durch Theodor Herzl. Es handelt sich um eine übernationale parlamentarische Institution, in der das ganze Spektrum jüdischer Parteien und Gruppierungen vertreten ist.

1903 Die britische Regierung schlägt die Gründung einer jüdischen Kolonie in Ostafrika vor («Uganda-Plan» – in Wirklichkeit war das heutige Staatsgebiet Kenias vorgesehen). Herzl möchte dem Plan zustimmen. Dessen Gegner beharren auf einer nationalen Autonomie in Palästina; sie setzen sich erst nach Herzls Tod im Jahr 1904 durch. Das Scheitern der ersten sozialistischen Revolution in Russland 1905 und zahlreiche Pogrome führen zu einer weiteren Auswanderungswelle russischer Juden (Zweite Alija).

1916 «Sykes-Picot-Abkommen»: Zwei Jahre vor der Kapitulation des Osmanischen Reichs teilen Frankreich und Großbritan-

245

nien den Orient in geheimen Verhandlungen auf. Den Arabern, unter denen sich eine Nationalbewegung entwickelt hat, wird ein Staat oder Staatenverbund zugestanden. Palästina soll internationalisiert werden.

1917 Mit der «Balfour-Deklaration» stimmt England der Errichtung einer «nationalen jüdischen Heimstatt in Palästina» zu. Zu einem arabischen Staatenverbund kommt es nicht: «Großsyrien» wird unterteilt in Palästina, Libanon und «Restsyrien». Die beiden Letzteren stehen unter französischem Mandat, Palästina wird wie der Irak zum britischen Mandatsgebiet erklärt. Nach dem Ende des Ersten Weltkriegs 1918 nimmt die Einwanderung vor allem aus Russland wieder zu (Dritte Alija).

1920 Gründung der jüdischen Verteidigungsmiliz Hagana nach ersten Aufständen der arabischen Bevölkerung in Jaffa gegen die jüdische Einwanderung. In Hebron kommt es 1929 zu einem Pogrom gegen die seit Jahrhunderten dort ansässige jüdische Gemeinde; die Überlebenden flüchten oder werden vertrieben. Aufgrund des wachsenden Antisemitismus in Polen wandern Angehörige des polnisch-jüdischen Mittelstands verstärkt nach Palästina aus (Vierte Alija).

1930 Die britische Mandatsregierung schränkt den Landerwerb durch Juden empfindlich ein. Nach der «Machtergreifung» Hitlers 1933 strömen dennoch zahlreiche Einwanderer aus Deutschland und Mitteleuropa nach Palästina (Fünfte Alija – nach der Staatsgründung werden keine weiteren Einwanderungswellen mehr gezählt). Insgesamt kommen zwischen 1920 und 1939 etwa 190 000 jüdische Einwanderer ins Land.

1936 Der radikale Mufti von Jerusalem, Amin Al-Husseini, übernimmt den Vorsitz des Obersten Arabischen Komitees und ruft zu einem Generalstreik auf, der sich zur «Großen arabischen Revolte» entwickelt und sich zunächst gegen die zionistischen Siedler, dann auch gegen die britischen Mandatsbehörden richtet. Die Briten schlagen mit harter Hand zurück, zwischen 1936 und 1939 kommen etwa 5000 Araber, 400 Juden und 200 Briten ums Leben.

246

1937 Die britische Peel-Kommission, die die Ursachen des Aufstandes untersuchen soll, schlägt eine Teilung des Landes vor, die von der jüdischen Gemeinschaft in Palästina, dem Jischuw, akzeptiert, von der arabischen Seite aber abgelehnt wird.

1939 Im Mai beschränken die Briten die jüdische Einwanderung auf ein Minimum. Während des Zweiten Weltkriegs gelangen etwa 60 000 jüdische Immigranten auf illegalem Weg ins Land. Die meisten siedeln sich wegen der Beschränkungen des Landkaufs in den Städten an.

1947 Die britische Regierung sieht sich nicht mehr in der Lage, das Mandat auszuüben, und bittet die Vereinten Nationen um Vermittlung. Tausende Überlebende des Holocaust versuchen, illegal nach Palästina zu gelangen, da die britischen Behörden weiterhin eine Einwanderung verweigern. Im November stimmt die UN-Vollversammlung mit 33 Ja- und 13 Neinstimmen bei zehn Enthaltungen einer Teilung Palästinas in einen jüdischen und einen arabischen Staat zu. Jerusalem soll internationalisiert werden. Zu diesem Zeitpunkt leben etwa 650 000 Juden und 1,2 Millionen Araber in Palästina. Der Jischuw akzeptiert den Plan, die arabische Seite lehnt ihn ab. Im November kommt es zum Bürgerkrieg zwischen der jüdischen und der arabischen Bevölkerung Palästinas.

1948 Im April versucht die «Hagana» mit einer militärischen Offensive die Zugangswege in das belagerte Jerusalem zu sichern. Bei einem Angriff auf das Dorf Deir Jassin durch die jüdische Miliz «Ezel» werden etwa 250 Männer, Frauen und Kinder getötet. Die Nachrichten von Deir Jassin verbreiten sich schnell und führen zu einer Massenflucht: Bis zum Ende des Unabhängigkeitskrieges fliehen etwa 711 000 Palästinenser aus ihren Dörfern, davon verlassen etwa 650 000 das Land.

Staatsgründung

14. Mai 1948 Offizielles Ende des britischen Mandats. David Ben Gurion erklärt in Tel Aviv die Unabhängigkeit des Staates Israel. In der folgenden Nacht beginnt die Invasion der Armeen Ägyptens, Transjordaniens, Iraks, Syriens und des Libanon.

1949 Bis Mitte des Jahres werden Waffenstillstandsabkommen mit den Nachbarstaaten geschlossen. Israel hat ein größeres Gebiet erobert, als vom UN-Sicherheitsrat zugestanden. Jerusalem ist geteilt, deren Altstadt sowie die West Bank werden von Jordanien annektiert, der Gazastreifen unter ägyptische Militärherrschaft gestellt. Im Mai wird Israel Mitglied der Vereinten Nationen.

1950 Im Mai beginnt die Aktion «Esra und Nehemia», bei der 120000 irakische Juden nach Israel gebracht werden; im September endet die Aktion «Fliegender Teppich»: 50000 jemenitische Juden kamen innerhalb von zehn Monaten auf dem Luftweg nach Israel. Bis Mitte der fünfziger Jahre folgen Hunderttausende Juden aus den arabischen Staaten. Damit endet eine jahrtausendealte Diasporageschichte der Juden im Orient und in Nordafrika.

1956 Die neue ägyptische Regierung unter Gamal Abdel Nasser nationalisiert den Suezkanal. Ende Oktober landen französische und britische Truppen in der Kanalzone. Israel besetzt die Sinai-Halbinsel. Vor allem auf Druck der USA und der Sowjetunion ziehen sich die Verbände im darauffolgenden Frühjahr wieder zurück. Die UN stationieren eine Friedenstruppe im Sinai.

1964 Gründung der Palästinensischen Befreiungsorganisation (PLO) in Kairo. Von Jordanien aus verüben Kämpfer der Fatah unter Jassir Arafat zahlreiche Attentate in Israel.

1967 Ägyptens Staatspräsident Nasser verstärkt im Frühjahr seine Streitkräfte im Sinai, die UN-Truppen werden auf seine Bitte hin abgezogen. Im Mai sperrt er wiederum die Straße von Tiran für die israelische Schifffahrt und schließt Militärbündnisse mit Syrien, Jordanien und Irak. Am 5. Juni greift die israelische Luftwaffe die Verbände Ägyptens und Syriens an. Sechs Tage später hat Israel Ostjerusalem (das 1980 annektiert wird), die Golanhöhen (annektiert 1981), West Bank und Gaza erobert. Weitere 300 000 Palästinenser fliehen. Im November verabschiedet der UN-Sicherheitsrat die Resolution 242, die Israel zum Rückzug aus den besetzten Gebieten und die arabischen Staaten zur Anerkennung Israels auffordert.

1968 Die regierende Arbeiterpartei lässt erste «Wehrdörfer» in den besetzten Gebieten, vor allem im Jordantal, errichten und erlaubt die Ansiedelung von Juden in Hebron.

1969 Golda Meïr wird zur Premierministerin gewählt. Im März kündigt Nasser einen «Zermürbungskrieg» gegen Israel an. Die PLO, deren Führung in diesem Jahr Jassir Arafat übernimmt, verübt zahlreiche Attentate innerhalb der besetzten Gebiete, in Israel und im Ausland. Nach dem Tod Nassers im September 1970 wird Anwar as-Sadat ägyptischer Staatschef.

1971 Die PLO wird aus Jordanien vertrieben und geht in den Libanon. Dort gründet sie einen Staat im Staat und stationiert eine bewaffnete Truppe von etwa 20 000 Mann im Süden des Landes, von wo aus sie zahlreiche Angriffe gegen den Norden Israels führt.

1973 Am höchsten jüdischen Feiertag, dem Jom Kippur, überqueren ägyptische Truppen den Suezkanal, syrische Verbände überrennen die Golanhöhen. In den ersten Tagen muss Israel große Verluste hinnehmen, doch dann wird der Vormarsch gestoppt. Premierministerin Golda Meïr, der man militärstrategische Versäumnisse vorwirft, tritt zurück und wird von Jitzchak Rabin abgelöst. Innerhalb der nationalreligiösen Bewegung formiert sich die radikale «Gusch Emunim» (Block der Getreuen), die mit einer Ansiedlung in «Groß-Israel» (der West Bank und dem Gazastreifen) das Kommen des Messias beschleunigen möchte. Bis heute wurden in den besetzten Gebieten etwa 150 Siedlungen errichtet, in denen etwa 220 000 Juden leben.

1974 Aufgrund der Vermittlungen des US-Außenministers Henry Kissinger kommt im Mai ein israelisch-syrisches Waffenstillstandsabkommen zustande; Israel zieht sich aus einem Teil der Golanhöhen zurück, der zur «entmilitarisierten Zone» erklärt wird. Jassir Arafat hält eine Rede vor der UN-Vollversammlung, die PLO wird fortan als alleinige Vertreterin der Palästinenser anerkannt.

1977 Mit Menachem Begin wird zum ersten Mal ein Premierminister des rechten Likud gewählt. Seine Regierung treibt die Besiedelung der besetzten Gebiete vor allem aus religiösen Gründen voran. Ägyptens Präsident Sadat startet eine Friedensinitiative. Im November spricht er als erster und bisher einziger arabischer Staatsmann vor der Knesset, dem israelischen Parlament.

1979 Unterzeichnung eines ägyptisch-israelischen Friedensvertrages im amerikanischen Camp David, bei dem die Rechte der Palästinenser allerdings unberücksichtigt bleiben. Israel beginnt mit dem Rückzug aus dem Sinai. Zahlreiche arabische Staaten brechen die diplomatischen Beziehungen zu Ägypten ab.

1982 Im Juni beginnt die Operation «Friede für Galiläa»: Die israelische Armee dringt in den Libanon vor, bis nach Beirut. Im September begehen christliche Milizen unter den Augen der israelischen Armee ein Massaker in den Flüchtlingslagern Sabra und Schatilla. Die PLO und Jassir Arafat müssen ins tunesische Exil. Ihren Platz nimmt die 1982 formierte schiitisch-fundamentalistische «Hisbollah» ein.

1983 Nach den Wahlen wird eine große Koalition gebildet. Jitzchak Schamir und Schimon Peres regieren nach einem Rotationsverfahren jeweils zwei Jahre.

1984/1985 Im Rahmen der «Operation Moses» werden etwa 8000 Juden, die vor einer Hungersnot in Äthiopien in den benachbarten Sudan geflohen waren, auf dem Luftweg nach Israel gebracht. Nach etwa sechs Wochen muss die Aktion wegen des Protests arabischer Staaten abgebrochen werden. 1991 wird Israel in einer weiteren, viertägigen Rettungsaktion («Operation Salomon») etwa 14 000 äthiopische Juden ausfliegen.

1987 Nach einem Autounfall am 7. Dezember, bei dem eine israelische Militärpatrouille im Flüchtlingslager Dschebalija ein palästinensisches Kind überfährt, bricht die «Erste Intifada» aus: In den folgenden Jahren kommt es in Gaza, der West Bank und Ostjerusalem immer wieder zu Ausschreitungen, bei denen vor allem palästinensische Jugendliche israelische Soldaten mit Steinen und Molotowcocktails bewerfen. Israel versucht den Aufstand mit Gewalt niederzuschlagen.

1988 Bei den Wahlen gewinnt der Likud eine eindeutige Mehrheit. Im Dezember erkennt Jassir Arafat in Genf öffentlich die UN-Resolution 242 und damit das Existenzrecht Israels an.

1990 Nach dem Zusammenbruch der Sowjetunion wandern bis 1992 etwa 400 000 russische Juden in Israel ein.

1991 Die PLO, die sich im Golfkrieg hinter den irakischen Staatsführer Saddam Hussein gestellt und die Unterstützung der anderen arabischen Staaten verloren hat, erklärt sich bereit, eine internationale Friedenskonferenz in Madrid mitzutragen, die im Oktober beginnt. Die Verhandlungen scheitern nicht zuletzt an der kompromisslosen Haltung der israelischen Regierung unter Jitzchak Schamir.

1992 Die Arbeiterpartei kann die Wahlen für sich entscheiden, Jitzchak Rabin wird zum zweiten Mal Premierminister.

1993 Ab Januar führen eine israelische Delegation und die PLO Geheimverhandlungen in Oslo. Am 13. September unterzeichnen Rabin, Außenminister Schimon Peres und Jassir Arafat in Washington das «Osloer Grundsatzabkommen». Es sieht einen schrittweisen Rückzug aus den besetzten Gebieten und die Errichtung einer palästinensischen Autonomiebehörde vor.

1994 Im Juli kehrt Arafat aus seinem tunesischen Exil zurück und baut die Autonomiebehörde auf, nach weiteren Zusatzabkommen zieht sich Israel aus den palästinensischen Städten (Zone A) komplett zurück, einige Gebiete (Zone B) stehen unter gemeinsamer Verwaltung, die übrigen (Zone C) bleiben unter israelischer Kontrolle. Anschläge der 1987 gegründeten fundamentalistischen «Hamas» und Proteste vor allem der israelischen Siedlerbewegung verzögern den Friedensprozess.

1995 Jitzchak Rabin wird am 4. November von einem jüdischen Fundamentalisten in Tel Aviv ermordet.

1996 Am 20. Januar finden die ersten Wahlen in den palästinensischen Gebieten statt, die Jassir Arafats Fatah für sich entscheiden kann. Die israelischen Parlamentswahlen vom März gewinnt Benjamin Netanjahu vom rechten Likud. Er unterzeichnet weitere Zusatzverträge, darunter das Hebron-Abkommen (1997), das einen Rückzug Israels aus dem palästinensischen Teil Hebrons vorsieht.

1999 Ehud Barak von der Arbeiterpartei löst Netanjahu als Regierungschef ab.

2000 Im Juni räumt Israel die südlibanesische «Sicherheitszone» bis auf ein kleines Gebiet, das völkerrechtlich zu Syrien gehört. Die Verhandlungen über ein Endstatusabkommen, die palästinensische und israelische Delegationen im Sommer unter der Ägide von US-Präsident Bill Clinton in Camp David führen, scheitern. Am 28. September besucht der damalige Oppositionsführer Ariel Scharon den Haram al Scharif oder Tempelberg, was zu heftigen Protesten der Palästinenser in den besetzten Gebieten und israelischer Araber führt. Bei den folgenden Ausschreitungen werden zahlreiche Palästinenser getötet. «Hamas» und die Fatah-Miliz «Al-Aksa-Brigaden» verüben im Lauf der «Zweiten» oder «Al-Aksa-Intifada» zahlreiche Attentate, auf die Israel mit Vergeltungsschlägen und der gezielten Tötung palästinensischer Aktivisten antwortet.

2001 Im ägyptischen Küstenort Taba finden im Januar weitere Verhandlungen statt. Israel stimmt der Errichtung eines palästinensischen Staates auf 97 Prozent der West Bank und im Gazastreifen, der Teilung Jerusalems und einer Lösung des palästinensischen Flüchtlingsproblems zu, welche eine Rückkehr der Mehrzahl der Flüchtlinge in einen zukünftigen Staat Palästina vorsieht. Jassir Arafat lehnt ab – er fordert ein Rückkehrrecht aller palästinensischen Flüchtlinge in ihre ehemalige Heimat, das heutige Kernland Israel. Die Neuwahlen im Februar kann Ariel Scharon für sich entscheiden.

2003 Nach einer Welle von Selbstmordattentaten besetzt die israelische Armee die autonomen palästinensischen Zonen und stellt Jassir Arafat in dessen Hauptquartier in Ramalla unter Hausarrest.

2004 Am 11. November stirbt PLO-Chef Arafat. Die Nachfolge tritt sein bisheriger Stellvertreter Mahmud Abbas an.

2005 Abbas und Scharon handeln Anfang des Jahres einen Waffenstillstand aus. Im August zieht sich Israel aus dem Gazastreifen zurück und lässt sämtliche dort befindlichen Siedlungen räumen. Im November trennt sich Premier Ariel Scharon vom rechten Likud und gründet die «Kadima», eine «Partei der Mitte», der sechs Minister und zahlreiche Mitglieder des Likud und der Arbeiterpartei beitreten.

2006 Scharon erleidet am 4. Januar einen schweren Schlaganfall; seine Amtsgeschäfte übernimmt Ehud Olmert, der bei Wahlen im März im Amt bestätigt wird. Am 25. Januar gewinnt die fundamentalistische Hamas die Parlamentswahlen im Gazastreifen. Nach der Entführung dreier israelischer Soldaten an der Grenze zum Libanon durch die Hisbollah beginnt am 12. Juli der «Zweite Libanonkrieg»: Die israelische Armee bombardiert die libanesische Infrastruktur und zahlreiche zivile Ziele, etwa 1000 Zivilisten werden getötet, die Hisbollah verstärkt den Raketenbeschuss auf den Norden Israels. Einen Monat später führen Waffenstillstandsverhandlungen zur Stationierung internationaler UN-Friedenstruppen im Libanon.

2007 An der Friedenskonferenz im amerikanischen Annapolis beteiligen sich neben Israelis und Palästinensern auch Delegationen aus Ägypten, Syrien und Saudi-Arabien. Man einigt sich darauf, bis «Ende 2008» einen palästinensischen Staat zu errichten. US-Präsident George W. Bush bekräftigt diese Forderung noch einmal während seines Besuchs in der Region im Januar 2008.

Dank

Mit Israel und dem Nahostkonflikt beschäftige ich mich seit 25 Jahren. Aber ohne die nachdrückliche Ermunterung Gunnar Schmidts wäre dieses Buch nicht entstanden. Ihm möchte ich ebenso herzlich danken wie meiner Lektorin Julia Kühn und Bernd Klöckener.

Ein herzlicher Dank gebührt auch meiner Schwester Kerstin. Sie erwies sich, wie immer, als kluge, kritische, inspirierende Testleserin. Juta Brasch, die seit Jahren ebenso kundig wie unterhaltsam Gruppen durch den Sinai führt (www.spiritofsinai.de), verdanke ich den Kontakt zu meinem Beduinenführer Selim Suleiman. Vielen, die in diesem Buch vorgestellt werden, bin ich rein zufällig begegnet. Ihnen allen sei Dank für die Offenheit, mit der sie meine endlosen Fragen beantworteten. Ganz besonders aber möchte ich Hanne Foighel danken, die mich seit Jahren «begastmuttert», Irena Steinfeldt, die eine wunderbare Beobachterin ist, Gad Granach und Lotte Geiger, den letzten der deutsch-jüdischen Mohikaner, die auch im hohen Alter weder ihren Witz noch ihren Optimismus verloren haben, sowie meinen Freunden Jair, Elias, Dana, Glenys, Adam, Sira und Eitan, kurz, meiner israelischen «Ersatzfamilie».

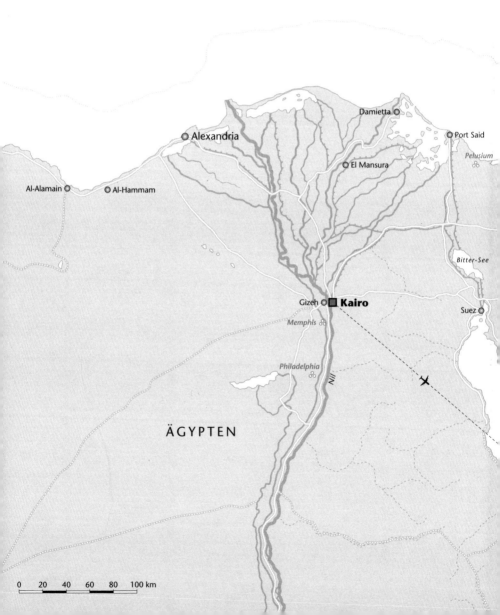